CRIMINAL PROFILING

범죄인 프로파일링

제2판

허경미 저

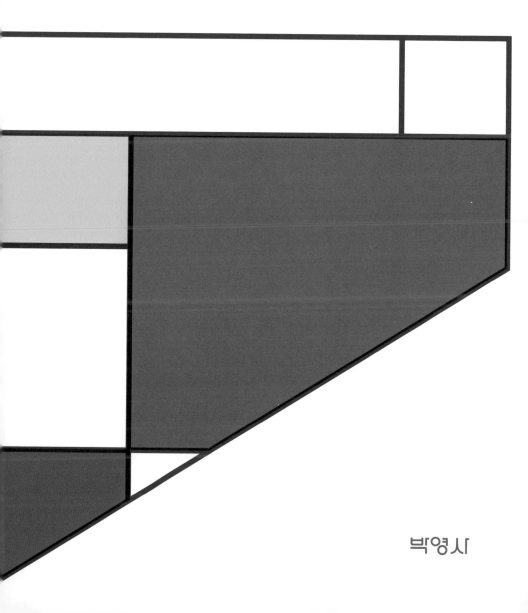

박영사

바야흐로 메타버스(metaverse) 시대이다. 우리는 제페토나 로블록스와 같은 메타버스 플랫폼에 자신만의 아바타를 세워 가상세계에서의 일상생활과 현실에서의 나의 삶을 공유하고 있다. 메타버스에서 아바타를 대상으로 한 성폭력이나 살인 등이 발생하고 있고, 이는 현실세계에서 이루어지던 프로파일링 방식과는 또 다른 연구와 기술 개발이 요구되는 시점이라는 의미이기도 하다. 이미 우리 사회는 텔레그램 n번방 사건의 조주빈의 범행동기나 수법은 기존의 사이버범죄 혹은 디지털 성범죄보다 진화하였고, 복잡다단한 것을 목격하였다. 그만큼 프로파일러의 입장에서는 새로운 범죄양상을 진단하고 그 수법과 동기를 파악하여 범인상을 맞추어가는 프로파일링 작업이 더 어려워졌음을 의미한다.

따라서 이 범죄인 프로파일링 개정판은 최근 시대적 추세를 반영하여 전반적으로 기존 내용을 보완하는 작업을 벌였다. 우선 초판 이후 보다 정교하게 발달된 법과학(forensic science) 분야의 정보를 담았다. 국외 프로파일링 관련하여서는 미국과 영국의 프로파일링 조직과 특히 FBI의 프로파일러(supervisory special agent)의 자격요건 및 영국 법과학규제관의 권한 강화와 관련된 내용을 보완하여 독자의 이해를 돕고자 하였다. 우리나라의 프로파일링 관련 조직에 대해서는 경찰청을 중심으로 보다 논의를 확장하였다.

　　프로파일링의 방법론 중 귀납적 및 연역적 프로파일링 기법에 대해서는 해당 내용을 보다 이해하기 쉽게 다듬었다. 프로파일링 대상 범죄유형으로는 흉악범 중 살인, 강간, 방화 등에 대해 최신사례를 들고 귀납적 데이터 등을 보완하였다. 글로벌 지구촌 사회의 공통적인 갈등으로 대두된 범죄로 제노포비아 및 자생테러 프로파일링에 관해서도 충실하게 내용을 보충하였다. 또한 인류가 메타버스로 가는 길의 일탈적 행위인 섹스팅 및 사이버범죄의 실태와 관련 프로파일링 기법 등을 정비하였다.

　　기실 우리들은 세 모녀를 살해한 김태현 사건이나 박사방 조주빈 사건 또는 최신종 전주 연쇄살인 사건 등과 같이 사회적 이목을 끄는 범죄가 발생할 때마다 프로파일러의 역할에 대해 궁금해 한다. 또 범인의 체포와 자백을 이끌어내는데 도움을 주었는지 등에 대해서 후속 언론보도를 기다리곤 할 정도로 프로파일링에 대한 사회적 관심이 높다. 이는 크리미널 프로파일링이 단순히 수사과정에서만이 아니라 재판과 교정 나아가 보호관찰과 같은 사회내처우에 이르기까지 업무 영역의 확장 필요성이 인정되는 이유이기도 하다.

　　부디 이 범죄인 프로파일링 개정판이 프로파일링 조직의 정비와 프로파일링 대상 범죄의 확장 그리고 보다 숙련된 자격요건을 갖춘 프로파일러를 양성하는 기틀이 되길 바란다. 더욱 바라는 것은 형사사법절차상 프로파일러의 업무영역 확장으로 범죄로 인한 사회적 비용을 줄이고, 시민의 일상생활의 안전을 담보하는 데 기여하는 것이다.

　　개정판을 기다려주신 독자여러분의 사랑과 지지에 감사드리며, 봄의 메시지 스노우드롭(snowdrop) 한 바구니를 선사한다.

2022년 1월에
계명대학교 쉐턱관에서
저자 허경미

머리말

범죄인 프로파일링(criminal profiling) 작업 중 샤이니 종현의 안타까운 소식을 접했다. 아티스트로서의 그의 음악적 재능은 익히 알았다. 수고했다고 말해달라는 마지막 글이 아프다.

그가 우리에게 준 내일쯤이라는 곡이다. 잠시 종현을 기억하며, 같이 듣고 싶다.

··· "··· 우리가 살면서 매일 신날 수는 없잖아 우리가 평생을 눈물 흘릴 것도 아니잖아 괜찮아 괜찮아 하루쯤 모두 제쳐 두고 쉬어도 돼 내일쯤 힘내면 돼 아니 너 모레쯤이라도 좋아 한 달쯤 ···"

내일쯤(종현 소품집 '이야기 Op.1' 수록곡 중).

불현 듯 범죄인 프로파일링이라는 작업도 결국 범인의 마음을 읽어내고, 그의 입장에서 피해자 선정동기를 찾아내며, 그의 행동을 증명할 증거를 범행현장과 피해자에게서 찾아내고, 그로부터 범행을 인정하고, 반성하며, 범죄에 상응하는 처벌을 받고, 정상적인 사회인으로 복귀할 수 있도록 지원하는 일이라는 면에서 때론 살인자와 때론 연쇄성폭력범과 때론 자생적 테러범과 마주하는 고독한 그리고 치열한 삶의 한 마당이라는 생각이 들었다.

범죄인 프로파일러(profiler)는 모든 범죄문제를 해결하는 완벽한 해결사(solver)도 아니며, 또 범인을 직접 체포하는 수사관도 아니다.

다만 범죄문제를 보다 빨리 해결할 수 있도록 수사관, 교도관, 그리고 보호관찰관을 돕는 서포터즈(supporters)로서의 역할을 충실하게 해내야 하는 전문가이어야 한다.

프로파일링이 본격적으로 활용되기 시작한 때는 20여명을 살해하고 시체를 훼손하여 암매장하는 등 엽기적인 범행을 벌여 유가족과 시민들에게 커다란 고통을 준 유영철이 검거된 2004년 7월 중순부터라고 할 수 있다. 물론 1970년대부터 특별수사관(special agent)들에게 프로파일링 교육훈련을 시행한 FBI 아카데미에 비하면 아직 초보적인 단계지만 한국 경찰 역시 범죄분석관제를 이제 막 도입한 시점이기도 하였다.

이후 정남규, 김길태, 강호순 등의 연쇄살인과 조선족 오원춘(2012), 박춘풍(2014), 김하일, 인천 초등생 살인(2017)에 이르기까지 잔인한 살인사건들을 접하면서 범죄인 프로파일링과 프로파일러에 대한 학계 및 수사기관, 그리고 이에 못지않게 시민들의 관심이 더욱 높아졌다.

범죄인 프로파일링에 대한 높은 관심은 나와 이웃, 그리고 지역사회의 평화로운 삶을 희망하는 마음이 그만큼 절실하다는 의미일 것이다.

물론 현실의 범죄인 프로파일링에 대한 기대나 관심은 높지만, 현실에서는 프로파일링을 위한 법의학적, 법과학적 지식이나 전문성을 확보하고, 충분한 임상경험 기회, 관련 정보를 주고받을 다양한 채널이나 인프라는 여의치 않은 실정이다.

프로파일링 기관을 체계화하고, 프로파일러의 역량을 강화한다면 살인, 강간, 방화, 제노포비아, 테러, 섹스팅, 리벤지 포르노, 해킹 등 흉악범부터 사이버범죄에 이르기까지 보다 신속하게 문제를 해결할 수 있을 것이다. 미국 CBS에서 방영되는 크리미널 마인드(criminal minds)가 그저 드라마가 아니라 리얼리티(reality)가 될 수도 있다.

필자는 범죄인 프로파일링이라는 교과목을 개발하여 대학에서 수년간 사이버강좌를 진행하면서 끝없이 밀려드는 수강생들을 보며 일반대중에게도 프로파일링을 제대로 알려야겠다는 생각을 하였다.

이 책은 범죄인 프로파일링을 보다 쉽게 이해할 수 있도록 프로파일링의 방법과 그 역사적 발달, 미국과 영국, 한국의 프로일링 관련 기관과 프로파일러의 자격요건, 프로파일링이 적용되는 연쇄살인, 연쇄강간, 연쇄방화, 제노포비아, 테러, 섹스팅, 사이버범죄에 등에 대한 귀납적 데이터 및 관련 범죄의 동향, 그리고 다양한 이슈 및 사례 등을 담았다. 이 책을 접하는 독자들은 프로파일링뿐만 아니라 프로파일링을 위한 법과학적인 배경지식에 이르기까지 흥미진진한 정보를 접하게 될 것이다.

집필하는 내내 온갖 범죄를 접하였다. 샤이니 종현의 "하루쯤 모두 제쳐 두고 쉬어도 돼 내일쯤 힘내면 돼 …"라는 노랫말을 되뇌면서 이젠 좀 내려놓으려 한다.

주변의 모두에게, 그리고 이 책의 독자들에게 감사하다.

계명대학교 경찰행정학과
허경미 교수

목차

▌제3부 **프로파일링 방법**

▌제4부 **범죄유형별 프로파일링**

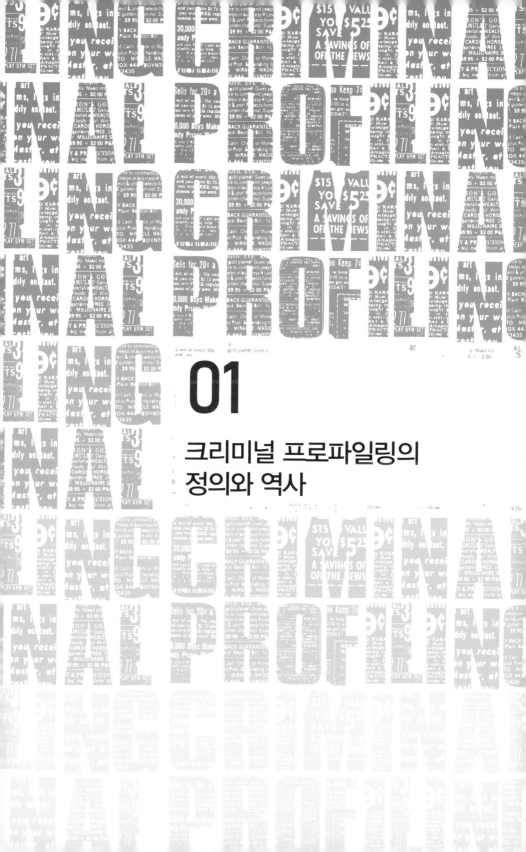

01

크리미널 프로파일링의
정의와 역사

CRIMINAL
PROFILING

1장

크리미널 프로파일링과
크리미널 프로파일러

크리미널 프로파일링, 크리미널 프로파일러

일반적으로 프로파일링(profiling)이란 일반적인 특성 또는 과거 행동을 기반으로 한 사람이나 그룹을 이해하려는 방법을 말한다. 예를 들어 인종별, 종교별, 소비성향별, 레저활동별 등 일정한 기준을 바탕으로 유사한 특징을 가진 사람, 물건, 현상 등을 분류하는 일련의 작업이라고 할 수 있다.

범죄인 프로파일링(Criminal Profiling)에 대한 개념 정의는 매우 다양하다. 게베스(V. J. Gebeth)는 범죄에 가담한 개인에 대한 구체적인 정보를 수사기관에 제공하는 과정이라고 한다.[1] 베네트와 헤스(Bennett & Hess)는 범죄인 프로파일링에 대해 명확하게 정의하지 않고, 범죄 프로파일링의 목적에 따라 개인적인 지능, 감정, 그리고 심리적인 특징 등을 강조하고 있다.[2]

페트릭(W. Petherick)은 범죄인 프로파일링이란 범죄현장에 남겨진 범죄자의 증거와 행동양태를 기초로 범죄자의 개괄적인 성격과 행위적 단서를 수사기관에 제공하려는 작업이라고 한다. 즉, 범죄자와 피해자, 범죄현장, 범행도구의 선정, 사용한 말씨 등과 범죄자와의 상관성을 분석하고, 범죄자를 추론하는 과정이라는 것이다.[3]

국내 범죄학계에서는 범죄인 프로파일링의 개념에 대해 곽대경은 동일인에 의하여 행해지는 범죄는 공통성을 갖는다는 전제하에 범행 전의 준비과정, 범행특성, 피해자특성, 범행 후 행적 등을 파악함으로써 범죄자 유형을 추정하는 수사기법이라고 정의하고 있다.[4] 권창국은 프로파일링 증거 또는 수사기법이란 범인의 범행현장행동 분석을 통해 범죄자의 성격, 행동패턴, 직업, 학력, 거주지 등 범인과 일정한 관련성 있는 각종 인구사회학적 특정요소를 추출, 수사기관에 제공함으로써 용의대상 및 용의자선정 등에 활용할 수 있는 수사기법이라고 규정하고 있다.[5]

경찰이나 검찰, 국립과학수사연구원 등 프로파일링 관련 업무를 행하는 수사기관 및 관련 법규정은 범죄인 프로파일링이라는 용어보다는 범죄분석(criminal analysis)이라고 칭하고 있다.[6] 그리고 관련 업무의 종사자를 범죄분석관이라고 명칭한다. 미디어 역시 프로파일러와 범죄분석관을 혼용하고 있어 대체로 프로파일러와 범죄분석관을 동일한 개념으로 인식하는 것으로 보인다.[7]

프로파일링에 대한 국내외의 정의들을 바탕으로 이 책에서는 범죄인 프로파일링(criminal profiling)이란 범죄현장 및 범행과정, 수집한 증거 등을 근거로 범죄자의 특성과 행동양태를 추론하여 형사사법기관에 용의자 또는 범인의 체포, 심문 및 재판, 교정교화 등에 필요한 판단자료 또는 정보를 제공하는 일련의 작업이라고 정의한다. 그리고 형사사법기관 및 국립과학수사연구원에서 이러한 업무를 행하는 공무원을 범죄인 프로파일러, 범죄 프로파일러, 또는 프로파일러라고 정의한다. 이러한 개념 정의는 일반적으로 범죄현장과 범행과정에서

평상시 범죄자의 성격과 행동양태가 드러날 수밖에 없다는 가정을 전제로 한 것이다.[8]

한편 범죄인 프로파일링은 다양한 용어로 대체되기도 한다. 즉, 행동프로파일링(behavioral profiling)이나 범죄현장 프로파일링(criminal scene profiling), 범죄자성격프로파일링(criminal personality profiling), 범죄프로파일링(offender profiling), 심리학적프로파일링(psychological profiling), 그리고 범죄수사분석(criminal investigative profiling)이라는 용어로 사용된다.

특히 FBI는 프로파일링을 심리학적 프로파일링, 혹은 행태적 프로파일링이라는 용어로 지칭하다가 최근에는 범죄수사분석(Criminal Investigative Analysis: CIA)이라고 지칭하고 있다. 범죄수사분석(CIA)은 기본적으로 프로파일링과 용의자 성격진단, 변사체분석, 심문전략까지를 포함하는 보다 확장된 개념이라고 할 수 있다.[9]

FBI의 범죄인 프로파일링에 대한 이러한 개념정의는 프로파일링의 목적을 보통 사람들과 차별화된 범죄자의 특성과 습벽을 파악하여 수사기관에 제공하는 것을 전제로 하며, 이는 프로파일링의 기본적인 목적이기도 하다.[10]

한편 이 책에서는 범죄인 프로파일링과 범죄 프로파일링, 크리미널 프로파일링을 혼용할 수 있다. 즉, 특정 사건에 대한 설명을 할 경우 명확하게 구분할 것이나 그 외의 경우에는 혼용할 수 있다.

2장

크리미널 프로파일링의 역사

크리미널 프로파일링의 출발과 발전

크리미널 프로파일링의 역사는 명확지 않지만 1880년대 런던 일대에서 발생한 이른바 연쇄 살인범 잭 더 리퍼(Jack the Ripper) 사건이 출발점이라고 할 수 있다. 당시 메트로폴리탄 경찰은 당시 경찰 부검의인 토마스 본드(Thomas Bond)에게 살인범의 살해 방법 및 사체훼손 수법과 인체지식 정도에 대한 자문을 구하였다. 본드는 다섯 구의 훼손된 사체를 부검한 기록 등을 바탕으로 1888년 11월 10일 최종의견을 제시하였다. 그는 살인범은 뚜렷한 여성혐오증(Misogyny)과 과성애증(Hypersexuality)을 가진 것으로 추론하였다.

본드는 "살인자는 상당한 체력을 가졌고, 냉정하고 대담한 성격을 가진 남자로 보이며, 살인 당시 광적인 에로티시즘에 사로잡혀 여성을 살해하고, 시체를 훼손하였을 것"이라는 의견을 제시하였다.

┊┊┊┊┊ 잭 더 리퍼(Jack the Ripper) 사건

잭 더 리퍼는 1888년 런던 화이트 채플 지역과 그 주변의 빈곤지역에서 활동하는 미확인 연쇄 살인범으로 추정되는 인물이다.

Jack the Ripper에 의한 살인 피해자들은 주로 런던 이스트 엔드의 빈민가에서 성매매에 종사하는 여성들로 이들은 묵과 복부 등이 잘렸으며, 일부 희생자들은 내부 장기가 적출되거나 훼손되었다. 이에 따라 범인은 신체해부학적 지식을 가진 인물일 것으로 추정되었다. 잭 더 리퍼라는 이름은 한 언론사에 보낸 편지에 훼손된 시신의 신장일부가 담겨진 봉투에 쓰여진 발신인 이름에서 나왔다는 설과 언론들이 신문이나 잡지의 판매부수를 늘리려는 계산에서 사용했다는 주장 등이 엇갈리고 있다.

1888년부터 1891년까지 런던 화이트 채플 일대에서 모두 11건의 살인사건이 발생했지만, 이 가운데 1888년 8월 31일부터 11월 9일 사이에 발생한 다섯 건은 살해수법과 시체훼손 등의 패턴 등을 고려할 때 동일수법(modus operandi)이 인정되며, 잭 더 리퍼의 소행으로 간주되고 있다.

한편 잭 더 리퍼 사건은 마침 당시 런던을 포함하여 세계 각국에 우후죽순으로 발간되던 신문과 잡지에 무분별하게 보도되어 국제적인 관심거리로 등장하였고, 취재기자들은 경쟁적으로 사건을 보도하였다. 또한 살인사건이 발생하면 닉네임을 붙여 보도하는 관행들이 생겨나 French Ripper, Düsseldorf Ripper, Camden Ripper, Blackout Ripper, Jack the Stripper, Yorkshire Ripper 및 Rostov Ripper 등으로 보도하며 세간의 관심을 끌었다.

잭 더 리퍼 사건 등을 소재로 하는 수 많은 범죄소설과 시, 영화 등이 발표되었고, 특히 셜록홈즈와 같은 탐정소설의 발달을 가져왔으며, 2015년에는 박물관(the Jack the Ripper Museum)이 런던 동부에서 개관되었다.

자료: Wikipedia, Jack the Ripper, https://en.wikipedia.org/wiki/Jack_the_Ripper

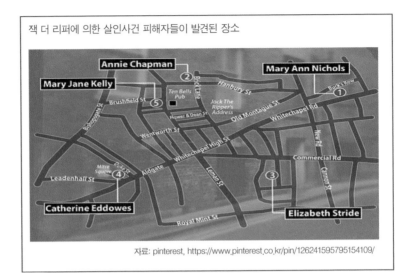

잭 더 리퍼에 의한 살인사건 피해자들이 발견된 장소

자료: pinterest, https://www.pinterest.co.kr/pin/126241595795154109/

미국의 경우 1912년, 뉴욕의 Lackawanna에 있는 한 심리학자는 언론에서 "The Postcard Killer"라고 불리는 연쇄살인범 John Frank Hickey을 분석하였다. 그는 18세때부터 뉴욕 동부 일대를 돌아다니며 30여년간 살인을 저질렀다. 그는 자신의 범죄행위를 엽서에 담아 언론에 발송했고, 이러한 수법으로 포스트카드 킬러로 불리우게 되었다. 그는 심리학적 프로파일링에 의해 검거된 최초의 연쇄살인범으로 기록된다.[11]

1932년에 Dudley Schoenfeld 박사는 뉴저지주의 Charles Augustus Lindbergh 라는 20개월된 유아의 납치 사건의 범인에 대한 특성 예측 자료를 제공했다. 이에 따라 결국 범인은 검거되었고, Little Lindbergh Law라고 불리는 연방 납치법을 통과 시키는 계기가 되었다.

한편 1956년 정신과 의사인 제임스 브루셀(James Brussel)은 뉴욕 일대에서 10여년간 화재와 폭발을 일삼은 범인, 일명 미치광이 폭파범(Mad Bomber)에 대한 프로필을 뉴욕타임즈에 기고하였다.[12] 1964년에 브루셀은 보스톤 경찰에 Boston Strangler 프로필을 제공하였다. 이 사건은 1962년부터 1964년 사이에 보스톤 일대에서 19세에서 85세 사이의 미혼 여성 13명이 성폭행을 당하고 살해 당한 사건이다. 언론은 범인을 Boston Strangler이라 묘사하며 사건을 보도했는데 범인은 Albert H. DeSalvo라는 배달원이었다. 그는 일부 성폭행만을 인정하고 살인은 부인하였다. 그는 1964년 10월에 검거되어 1967년에 종신형을 받아 복역하다가 교도소에서 1973년에 사망했다. 2013년 7월에 보스톤 경찰은 DNA 분석기법을 통해 그가 모든 부인한 모든 살인 사건의 범인임을 밝혀냈다. DNA 분석을 위해 그의 시신은 묘지에서 파내어졌다.[13]

1972년에 FBI는 패트릭 멀라니(Patrick Mullany)와 하워드 테틴(Howard Teten)를 중심으로 행동과학부(Behavioral Science Unit)를 창설하였다. 1974년에 로버트 케펠(Robert Keppel)과 심리학자 리차드 월터(Richard Walter)가 연쇄 살인범 테드 번디(Ted Bundy)와 그린 리버 킬러(Green River Killer)에 대한 조사를 진행하였다. 이 조사를 바탕으로 폭력범죄의 유형과 특징을 네 가지 형태로 분류하여 HITS(Hunter Integrated Telemetry System) 데이터베이스를 개발했다.

FBI의 BSU에서 로버트 레슬러(Robert Ressler)와 존 더글라스(John Douglas)는 1978년 초부터 36명의 흉악범들을 대상으로 인터뷰를 진행하였고 이것을 바탕으로 성적으로 동기화된(sexually motivated violent offenders) 폭력범들의 유형화를 시도했다. 그리고 FBI는 1984년 6월 21일 레이건 대통령의 승인으로 국립강력범죄분석센터(National Center for the Analysis of Violent Crime: NCAVC)를 발족하여 본격적인 프로파일링 시스템을 구축하였다.[14]

1980년부터 FBI는 정기적으로 프로파일링 자료를 소개하기 시작하였다.

1985년에 영국의 심리학자이면서 수사심리학의 발전을 이끌던 David Canter 박사는 철도 강간범에 대한 프로파일링 자료를 수사당

국에 제공하였다.[15]

　　한편 FBI는 1992년에 범죄분류매뉴얼: 폭력범죄 수사 및 분류기
준(Crime Classification Manual : A Standard System for Investigating and Classifying Violent
Crimes)을 발간하였다. 이 텍스트는 국립강력범죄범분석센터(NCAVC)의
존 더글라스, 앤 버제스, 앨런 버제스 및 로버트 레슬러(John E. Douglas,
Ann W. Burgess, Allen G. Burgess 및 Robert K. Ressler)가 집필하였다. 이 매뉴얼은
범죄수사 분석이라는 용어를 사용하며, 범죄수사에 있어 프로파일링
기법을 적극 활용하기 시작하였다.[16]

⠿⠿⠿ 시어도어 로버트 번디(Theodore Robert Bundy)

테드 번디(Ted Bundy, 1946-1989)라 불리며,
1970년대에 미국의7개 주에 걸쳐 30건의 살인을
자백한 연쇄살인범이다. 테드 번디는 1989년 1월
24일 플로리다 주 라이 포드에 있는 플로리다 주립
교도소 에서 처형당했다. 그의 피해자는 모두 젊은
여성으로 강간과 시간, 칼이나 전기톱 등을 이용한
사체 훼손 등의 행태를 보였다. 테드 번디는 교도소
수감 중 두 번이나 탈출에 성공하였으며, 10여년
간 감형을 받기 위해 범행을 숨기거나 유죄답변거
래 등을 시도하였다. 그를 소재로 한 영화나 소설
등 다양하게 등장하였다. 그를 면담하거나 수사한

Theodore Robert Bundy(1946-1989)

전문가들은 그를 사이코패스(psychopath), 소시오패스(sociopath), 냉혈한, 더 이상 표
현할 수 없는 정도의 악랄한 사람이라고 묘사하였다.

░░░░ 그린 리버 킬러(Green River Killer)

Gary Leon Ridgway(1949-)

그린 리버 킬러로도 알려진 게리 레온 리지웨이(Gary Leon Ridgway, 1949-)는 1080년대와 1990년대에 걸쳐 워싱턴 주 일대에서 48건의 살인으로 유죄판결을 받았다. 피해자들은 성매매 여성과 가출한 아동들이었으며, 범행수법은 끈을 사용하여 목을 졸라 살해하였다. 피해 사체는 주로 숲이나 야산, 들판에 버렸고, 시체훼손과 시간도 서슴치 않았다.

수사당국은 리지웨이가 총 49건의 살인혐의를 인정하는 조건으로 유죄답변거래(Plea bargain)를 통해 그를 기소하여 가석방없는 종신형을 선고했다. 그는 종신형을 선고받은 후에는 미국 전역에서 모두 71명을 살해하였다고 자백했다.[17] 리버 킬러에 대한 영화로 Green River Killer라는 이름으로 2005년에 영화로도 제작되었다.[18]

현대: 다양한 법과학과의 접목

　　범죄인 프로파일링의 유효성에 대한 기존 논란에도 불구하고 범죄 수사에서 이 기술의 사용은 수년에 걸쳐 증가하고 있다. 특정 범죄에서 가장 가능성이 높은 용의자를 기술하거나 식별하기 위해 범죄를 저지른 사람들에 대해 수집된 데이터를 사용하는 것은 매우 당연한 수사기법이기도 하고, 이를 정교하게 진행하기 위한 다양한 과학적 기술이 접목된다.

범죄인 프로파일링(Criminal profiling)은 법과학(forensic Sciences) 지식을
활용하여 범죄자의 성격 패턴, 행동 및 인구통계학적 특성을 예측하
는 작업이다. 범죄 프로파일링은 사용자에게 가해자 특성에 대한 통
찰력과 더 나은 이해를 제공한다.

특히 최초의 법과학 분야의 놀라운 발전은 프로파일링을 보다
논리적으로 진행케하는데 도움을 주고, 각 국의 형사사법기관은 매
우 체계적으로 관련 분야의 전문성을 도모하는 추세이다. 이 책에서
는 미국과 영국 그리고 우리나라의 크리미널 프로파일링 관련 제도
와 배경학문, 대표적인 범죄 유형 등을 기술한다.

참고문헌

1_Geberth, V. J. (2013). *Practical homicide investigation checklist and field Guide*. CRC Press.

2_Bennett, W., & Hess, K. (2006). *Criminal investigation*. Cengage Learning.

3_Chifflet, P. (2015). Questioning the validity of criminal profiling: an evidence–based approach. *Australian & New Zealand Journal of Criminology*, 48(2), 238–255.

4_곽대경. (2001). "경찰수사를 위한 범죄심리연구의 활용방안", 「한국경찰학회보」, 제3호, 6.

5_권창국. (2002). "범죄 프로파일링 증거의 활용과 문제점에 관한 연구", 「한국공안행정학회보」 제14호, 4.

6_경찰청과 그 소속기관 직제 시행규칙 제6조.

7_서울신문, 미제될 뻔한 '부산다방 여종업 살인 사건', 지리 프로파일링 '홈즈' 개발로 범인 잡아, 2017년 11월 12일자 보도.

8_허경미. (2015). 「범죄 프로파일링 제도의 쟁점 및 정책적 제언」, 경찰학논총, 10(1), 205–234.

9_Kocsis, R. N., & Palermo, G. B. (2015). Disentangling criminal profiling: Accuracy, homology, and the myth of trait–based profiling. International journal of offender therapy and comparative criminology, 59(3), 313–332.

10_Morton, R. J., Tillman, J. M., & Gaines, S. J. (2014). Serial murder: Pathways for investigations. Federal Bureau of Investigation, US Department of Justice.

11_Marklund, L., & Patterson, J. (2010). Postcard killers. Piratförlaget.

12_Brussel, James (1968). Casebook of a Crime Psychiatrist. Bernard Geis Associates.

13_Bidgood, Jess (July 11, 2013). "50 Years Later, a Break in a Boston Strangler Case". The New York Times. New York City. Retrieved October 16, 2013

14_FBI, Convicted Killer Linked to 90 Murders FBI's Violent Criminal Apprehension Program Connects Cases to Prolific Serial Killer, https://www.fbi.gov/news/stories/vicap – links – murders – to – prolific –

serial — killer — 112718

15_Egger, Steven A. (1999). "Psychological Profiling". Journal of Contemporary Criminal Justice. 15 (3): 242 — 261. doi:10.1177/1043986 299015003003. ISSN 1043 — 9862. S2CID 147167123

16_Devery, Christopher (2010). "Criminal Profiling and Criminal Investigation". Journal of Contemporary Criminal Justice. 26 (4): 393 — 409. doi:10.1177/1043986210377108. ISSN 1043 — 9862. S2CID 144499374.

17_Johnson, Tracy; Castro, Hector (October 30, 2003). "Green River victims' list may grow by six". Seattle Post Intelligencer. Seattle, Washington: Hearst Corporation. Retrieved September 19, 2013.

18_wikipedia, https://en.wikipedia.org/wiki/Green_River_Killer_ (film)#Filming

3장

프로파일링의 배경 학문: 법과학

법과학의 정의

법과학(Forensic Science)이란 일정한 법적 기준을 갖춘 과학적 전문성을 바탕으로 증거를 수집, 분석하여 수사 및 재판에 활용할 수 있도록 기여하는 다양한 학문 및 과학분야를 말한다.

메리엄 웹스터(Merriam-Webster) 사전은 포렌식(forensic)의 어원은 라틴어이며, 시장터, 공중, 공공의(of the market place or form, public)의 뜻을 지니면서 법원에서 속하거나 사용되거나, 또는 적합한, 공공의 토론 및 논쟁 등을 의미한다고 정의한다. 따라서 포렌식스(forensics)란 법적 문제에 대한 과학적 지식의 적용을 말한다. 법과학(forensic science)이란 형사사법 문제에 과학적 원리 및 기법을 적용하여 물리적 증거의 수집, 조사 및 분석을 행하는 일련의 작업을 의미한다.

한국에서는 포렌식 사이언스를 법의학(forensic medicine)으로 번역하기도 하지만, 법의학만이 아니라 많은 관련 학문을 총체적으로 말하기 때문에, 포렌식 사이언스는 법과학(Forensic Sciences)이라고 번역하는 것이 타당해 보인다.

한편 법과학 학회는 최초로 1948년 미국 법과학 학회(American Academy of Forensic Sciences)가 창설되었다. 2021년 현재 미국 전역 및 세계 70여개국 회원 6,600명 정도가 활동한다. 회원은 병리학자, 변호사, 치과의사, 독성학자, 인류학자, 문서분류관, 디지털 증거 전문가, 정신과의사, 엔지니어, 물리학자, 화학자, 범죄학자, 교육자, 연구자 등 다양한 영역에 걸쳐 있다. 저널(Journal of Forensic Sciences) 발간 및 연구, 교육 등 다양한 학술활동 및 교류, 연구정보 교환 및 교육 등이 이루어지고 있다. 본부는 미국 콜로라도 주 콜로라도 스프링스에 있다.[1] 한국의 법과학 학회는 2000년 3월에 발족되었다.[2]

법과학을 좀 더 구체적으로 설명할 수 있다.

첫째, 범죄수사에 있어 과학적 지식을 이용한다. 즉, 의학 · 이학 · 화학 · 물리학 · 생물학 · 기계공학 · 토양학 · 곤충학 · 건축학 등의 자연과학 분야의 지식은 물론이며, (범죄)심리학 · 사회학 · 논리학 · 통계학 · 음향학 등의 인문 사회과학을 모두 포함하는 모든 분야의 과학적 지식이 이용된다.

둘째, 다양한 감식기자재 등을 활용한다. 수사자료의 검출 · 채집 · 감별 등을 위한 감식기재 · 재료와 기술이 끊임없이 개발되어 수사활동에 이용되고 있다.

법과학은 지문감식, 화재감식, 혈액 · 모발 · 뼈 등의 감식, 정액 · 타액 · 땀 등 분비물의 감식, 총기 탄알의 감정, 문서 필적 인영의 감정, 잠재지문 · 족흔적 · 윤적(바퀴흔) · 혈흔의 검출 등을 위한 기기 및 재료, 자타살의 감별, 거짓말탐지기 활용, 슈퍼임포즈, DNA분석기법 등이 개발되어 활용되고 있고 그 영역도 확장되고 있다.

이와 같이 법과학의 영역은 법의유전학(법의혈청학), 법의인류학, 법의곤충학, 법의독극물학, 법의미생물학, 법의동물학, 법의전산정보

분석(디지털포렌식) 등 매우 다양한 영역에 걸쳐 있다.

　법과학은 프랑스의 셜록 홈즈라고 불리
는 리옹대학교 범죄학 교수였던 에드몽 로카르
(Edmond Locard, 1877. 12. 13 ~ 1966. 4. 4.)가 그 창시자라
고 할 수 있다. 로카르는 "모든 접촉은 흔적을 남
긴다."(Every contact leaves a trace.)라는 격언을 통하여
범죄현장은 어떠한 형태로든 흔적을 남기며 이
러한 흔적을 토대로 과학을 이용한 수사를 통하여
범인을 찾아낼 수 있다고 강조하였다.

에드몽 로카르

법의병리학

　법의병리학(Forensic Pathology)은 질병으로 인한 사망 이외의 모
든 죽음, 즉 변사의 사인을 규명하는 법과학을 말한다. 법의학(legal
Medicine)은 법과학의 일부로 즉 법(law)분야의 문제를 해결하기 위
해 의학적 원리와 지식을 적용하는 응용의학을 말한다. 법의병리
학자들은 시체(상처의 형태, 질병, 환경적 조건, 피해자의 이력 등)의 사인(死因)과
관련이 있는 모든 법의학적 증거
(forensic evidence)에 대한 감정을 담
당한다.[3]

　법의병리학자들의 역할은 사
망에 대한 사실과 상황을 구체화시
키고, 용의자의 진술을 반박할 근거
를 제시하는 것이므로 범죄인 프로
파일링을 지원한다고 볼 수 있다.

　그러나 한편으로 법의병리학

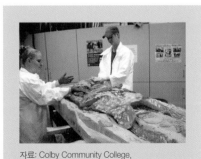
자료: Colby Community College,
http://colbycriminaljustice.wikidot.com/

의 독창적인 역할로 범죄인 프로파일링을 그 영역으로 주장하는 경우도 있다. 즉, 물리적 증거에 대한 감정 및 범죄의 재구성을 통한 범죄 프로파일링의 가능성과 용의자의 추정이 가능하다는 것이다.

따라서 법의병리학은 필연적으로 검시(檢視, death investigation)를 하게 되며, 검시란 죽음에 대한 조사 즉, 죽음에 대한 법률적 판단을 위하여 시체 및 그 주변의 현장을 포함하여 종합적으로 조사하는 것을 말한다.

법의병리학에서 검시의 대상이 되는 경우를 미국의 검시모델법(1954 Model Postmortem Act)에서 일목요연하게 제시하고 있다.[4]

a. 폭력적인 죽음 – 살인, 자살, 사고사(발열, 화학, 감전사 또는 방사선 누출 등은 제외), 범죄적인 낙태로 인한 사망

b. 쉽게 인식할 수 있는 질병에 의한 급사가 아닌 경우

c. 의심되는 환경에서의 죽음

d. 사체가 화장되었거나, 해부되었거나, 바다에서 발견된 경우, 검시가 불가능하도록 훼손된 경우

e. 공공기관에 수용된 수형자가 병원에 입원해 있지 않은 상태에서 질병으로 사망한 경우

f. 산업재해로 얻은 질병으로 인한 사망 또는 업무 중 사망

g. 죽음과 관련된 질병이 공중보건에 위협을 줄 관련성이 있는 경우

한편 한국의 국립과학수사연구원은 시신이 보여 주는 정보들을 다음과 같이 알기 쉽게 설명하여 법의학에서 사체 부검의 중요성을 일깨워 주고 있다.[5]

시신에게서 찾을 수 있는 정보

모발	마약투약
모근	DNA
뇌	독극물
치아	연령대
목	목졸림
피부	폭행, 감전
심장	화재, 가스중독
뼈(대퇴부)	DNA, 독극물, 폭행여부
근육	DNA, 독극물
손톱 밑	폭행, 목졸림, 저항흔적
장기(폐, 간, 신장, 비장)	플랑크톤 채취로 익사여부
위	독극물
방광	마약투약
혈액	DNA, 혈중알콜농도, 마약
음부	강간여부, DNA 채취로 가해자 확인

자료: 국립과학수사연구원, http://www.nfs.go.kr/

검시, 검안, 부검의 차이

- 검시(postmortem inspection): 주검(시체)을 검사하는 것
- 검안(postmortem inspection): 주검의 외관만 관찰하는 것
- 부검(autopsy): 주검을 해부하여 내부까지 관찰하여 판단하는 것

검시관의 임무 : ① 사망 선고 ② 주검의 신원 확인 ③ 사망시각 추정 ④ 사망원인 결정 ⑤ 사망의 종류(유형) 결정 ⑥ 증거물 확보 ⑦ 시체를 검사하여 손상이나 사망의 상황을 객관적이고 과학적으로 재구성(reconstruction)

::: 법의관 인력 턱 없이 부족

국립과학수사연구원(국과수)에서 부검을 담당하는 법의관의 정원 충원율이 매우 낮은 것으로 드러났다. 법의관 인력이 부검 수요에 비해 턱없이 부족해 정원을 높였지만, 지원자는 그만큼 늘지 않았기 때문이다 … 중략 …

2019년 국정감사 자료를 보면 지난해 12월31일 기준 법의관은 29명으로 정원 53명에 크게 못 미친다. 법의관 충원율은 2015년 100%(28명 중 28명)를 채운 뒤 2016년 89.4%(38명 중 34명), 2017년 65.9%(47명 중 31명), 2018년 59.2%(54명 중 32명), 2019년 54.7%(53명 중 29명)로 꾸준히 감소했다.

법의관 정원을 늘린 것은 부검 수요가 매년 늘고 있기 때문이다. 국과수에 따르면 시신 부검·검안 건수는 2015년 6789건에서 2019년 8529건으로 증가했다. … 중략 …

인력 부족으로 인해 법의관들은 과로와 스트레스에 시달린다. 부검은 '시신 해부'만으로 끝나지 않는 긴 작업이다. 수사기관·유가족 등 관계자를 만나 수사자료를 검토하고, 부검을 진행하고, 1차 소견을 낸 후 정밀검사를 거쳐 종합소견이 나오기까지 약 3주가 걸린다. 살인사건이라면 법정에 가서 증언해야 하는 일도 자주 생긴다. 유성호 서울대 의대 법의학교실 교수는 "시신 1구당 10시간 정도는 들어가고, 어려운 케이스엔 24시간도 넘게 쓴다. 여기에 행정업무와 연구도 해야 하니 오후 9~10시에 퇴근하는 게 일상"이라고 말했다. … 중략 …

자료: 경향신문, '부검할 손이 없다'…국과수 법의관 충원율 5년래 최저, 2020년 10월 28일자 보도

법의유전학

법의유전학(Forensic Genetics)이란 DNA를 분석하여, 특정인의 신상정보를 파악하는 법의학으로 범인을 추적하고, 피살자의 신원을 확인할 수 있다. 즉 개인식별, 친자감정, 이산가족찾기, 범인 확인 등에 활용된다. 인간은 60조 개 정도의 세포를 가지고 있고, 각각의 세포는 서로 다른 염색체를 보유하고 있다. 인간은 각각 고유의 염색체 구조를 가지며, 이를 DNA(디옥시리보 핵산)라고 한다.

일란성 쌍둥이를 제외한 모든 사람이 서로 다른 유전정보를 가지고 있다. 또 죽을 때까지 변함없이 유지되며 매우 소량의 시료로도 분석이 가능하다. 또 안정된 이중 나선구조로 돼 있어 극심한 환경에 노출된 증거물도 분석이 가능하다.

　　한국의 과학수사에 유전자(DNA) 분석이 본격적으로 도입된 것은
1991년 7월로 국립과학수사연구소에 유전자분석실이 신설되면서부
터이다. 2021년 2월 경북 구미 3세 여아 사망 사건이나 2019년 이춘
재의 연쇄 살인 행각을 밝혀낸 것도 유전자 분석 덕이었다. 현재 1년
동안 수사 목적으로 이뤄지는 유전자 분석은 약 20만 건에 이른다.[6]

　　1990년대 중반엔 분석할 수 있는 좌위의 수가 4, 5개에 불과했
지만 2021년 현재는 이론적으로 23~26개 정도 분석이 가능하다.

　　과학수사 담당자들은 "범인이 외계인이면 틀릴 수도 있다"는 농
담을 할 정도로 유전자분석을 신뢰한다. 유전자 분석은 장기 미제 사
건의 용의자를 찾는 데 큰 역할을 해왔다. 2017~2019년 유전자 분석
결과를 토대로 수사가 재개된 건수는 991건에 이른다.

　　한국은 범죄수사 및 범죄예방에 이바지하고 국민의 권익을 보호
함을 목적으로 「디엔에이신원확인정보의 이용 및 보호에 관한 법률」
을 2010년 4월 15일 제정하였다.

　　이 법은 수형자, 구속된 피의자, 범죄현장 등에서 유전자정보를
채취하고, 보관 및 수사 등에 활용하며, 나아가 관련 정보에 대한 관
리방법 등을 제시하고 있다.

　　법의유전학 즉, DNA 분석이 발달하기 전까지는 법의혈청학이
활용되었다. 법의혈청학은 혈액·타액·정액·질액·모발·치아 및
골격 등 인체의 분비물 또는 조직을 재료로 한 혈액검사를 중심으로
개인을 식별하는 법과학이다.[7]

　　범죄현장에는 혈액, 정액, 뼈, 치아, 모발, 타액, 대소변, 손발톱
조각, 근육, 담배꽁초, 우표, 편지봉투, 비듬, 지문, 개인물품(면도날, 껌,
손목시계, 귀지, 칫솔) 등 다양한 유류품이 있다. 이러한 것들 중 인체 세포
가 포함돼 있는 모든 증거물은 유전자 감식이 가능하다.

⠿⠿ 범인이 외계인 아니면 틀릴 수 없다...

경기 안산단원경찰서는 20년 전 발생했던 강도 살인 사건의 범인을 최근 검거했다. 2001년 9월 8일 오전 3시경 안산시 단원구의 한 연립주택에 괴한 2명이 침입해 남편을 흉기로 살해하고, 현금을 훔쳐 달아났다. 당시 경찰은 범행 도구를 여럿 확보해 국과수에 유전자 분석을 의뢰했지만 아무것도 검출되지 않아 사건이 미궁에 빠졌다.

지난해 6월 경찰은 '혹시나' 하는 심정으로 보관하던 증거물을 다시 국과수에 보냈다. 두 달 뒤 회신이 왔는데, 피해자를 묶었던 테이프에서 유전자가 검출됐다는 내용이었다. 수형자 데이터베이스(DB)에서 같은 유전자를 가진 범인도 찾아냈다. 한 교도소에 수감 중인 40대 남성이었다. 경찰은 최근 이 남성을 해당 사건의 강도 살인 혐의로 검찰에 송치했다.

이달 초 경기 일산서부경찰서도 미제 성폭행 사건의 범인을 13년 만에 검거했다. 실마리는 3개월 전인 1월 고양시 일산서구의 한 아파트에서 일어난 절도 사건 현장에서 나왔다. 경찰이 현장에서 채취한 증거물들을 국과수로 보냈는데, 미확인 유전자 정보를 모아 놓은 '범죄 현장 등 DB'에서 동일한 유전자가 발견됐다.

해당 유전자는 바로 2008년 7월 강간치상 사건 현장에서 나온 것이었다. 범인은 한 상가 1층 화장실에서 여성을 성폭행한 뒤 달아났는데 미제 사건으로 남아 있었다. 분석 결과를 받아든 경찰은 70일 가까이 추적해 이달 5일 30대 남성을 붙잡았다. 해당 피의자는 성폭력범죄의 처벌 등에 관한 특례법 위반 혐의로 구속 송치됐다.

○ "세포 1ng만으로도 충분하다"

장기 미제 사건을 하나둘씩 해결할 수 있었던 원동력은 11년 전 시행된 'DNA신원확인 정보의 이용 및 보호에 관한 법률'(DNA법)에 따라 만든 '유전자 DB' 덕이 크다. 이 DB에는 살인과 성폭행, 마약, 방화 등 11가지 범죄를 저지른 구속 피의자와 수형자 23만9377명(2019년 기준)의 유전자 정보가 담겨 있다. '범죄 현장 등 DB'에는 2010년 이전 보유하던 정보까지 포함해 모두 12만8075건(2019년 기준)의 정보가 저장돼 있다.

유전자 증폭 기술의 발전도 한몫했다. 최근 신종 코로나바이러스 감염증(코로나19)으로 익숙해진 PCR 증폭 방식을 쓰면 1ng(나노그램·1ng은 10억분의 1g)의 유전자만 있어도 양을 늘려 분석이 가능하다. 경찰청 과학수사담당관실 관계자는 "손가락을 잠깐 터치한 정도로도 유전자를 발견할 수 있다"고 했다. … 중략 …

자료: 동아일보, 2021년 4월 13일자 보도

구분	2016	2017	2018	2019	2020
국과수감정처리건수(건)	476,560	572,765	526,315	601,336	581,796
시체부검 · 검안	7,772	12,897	9,131	8,529	9,110
병리조직검사	16,030	23,787	18,345	19,110	19,776
혈액형	99,372	116,128	107,627	125,302	115,662
유전자(DNA)분석	152,214	192,079	176,404	208,290	200,026
거짓말탐지 · 법최면 · 범죄분석	1,367	1,180	1,216	1,358	1,169
디지털포렌식	3,457	5,090	9,776	12,880	10,766
문서감정	2,652	3,613	3,014	3,121	3,489
영상분석	9,320	8,476	6,102	9,247	9,648
일반독물 · 약물 · 불량식품	63,768	67,555	69,479	72,071	69,793
마약류	49,082	56,787	44,374	64,298	65,706
혈중알콜올(음주)	29,617	32,120	33,487	33,538	32,791
토양 · 환경 · 중금속등화학적 분석	13,200	18,235	19,487	22,024	21,068
화재 · 폭발 · 기계구조물	6,141	5,959	6,038	5,811	5,343
총기 · 화약	300	284	370	238	321
음성 · 음향	948	2,056	1,243	1,224	2,959
교통사고	18,994	23,519	17,500	10,226	9,761
기타	2,326	3,000	2,722	4,069	4,408

자료: 행정안전부 국립과학수사연구원, 연도별 국과수 감정처리 현황, 2021.

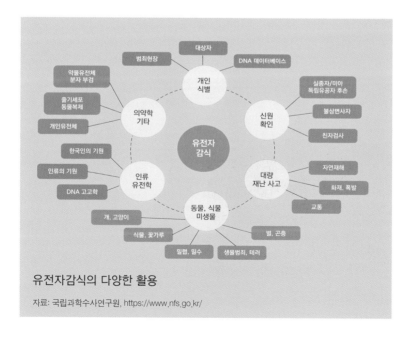

유전자감식의 다양한 활용

자료: 국립과학수사연구원, https://www.nfs.go.kr/

법의인류학

법의인류학(Forensic Anthropology)은 체질인류학적 및 뼈대생물학을 활용하여 사회공동체가 요구하는 법률적 문제를 해결하려 노력하는 법과학이다. 법의인류학 감정의 목적은 시신의 신원확인에 도움을 주는 개인식별 항목을 찾아내고, 사망의 원인과 그 종류를 추정하여 죽음의 과정을 법의학적으로 재구성하는 것이다.[8]

즉, 신장, 체중 등의 계측적 방법과 비계측적 방법인 형태학적 변이, 뼈의 모양 등 형태학적 특징을 통해 신원(사람)을 추측한다. 즉 신원을 알 수 없는 희생자의 정보와 이미 연구된 체질인류학 연구결과를 비교하여 유추하는 것이다.[9]

법의인류학자는 성별, 사망당시의 나이, 사망전 키, 인구집단, 사후경과시간 추정, 뼈 손상, 병리소견 분석 등 개인 식별항목을 추정하는 역할을 수행한다. 사람과 동물의 뼈를 구분하고, 뼈 손상을 검사하여 원인이 되는 기전과 물체를 규명하며, 사후 경과시간을 추정한다. 위 과정을 통해 향후 신원확인을 위한 정보를 제공하게 된다.

법의인류학의 중요성이 크게 부각된 것은 2003년에 발생한 대구 지하철 방화사건으로 인한 대규모 참사현장에서 신원을 확인하는데 활용되면서부터라고 할 수 있다.

법의인류학자는 개인 식별항목(biological profile)을 추정할 때 사망 이전 정보를 알고 있는 뼈 표본을 이용하여 이미 규명된 통계학적 자료를 활용한다.[10] 따라서 법의인류학적 측

자료: Journal of Young Investigators, http://www.jyi.org/

면에서는 뼈 표본의 확보가 필수적이다. 외국의 경우 정해진 인구집
단을 대상으로 체질인류학적 방법으로 연구한 통계학적 자료가 이미
존재하기 때문에 개인식별항목을 추정할 수 있는 가능성이 높다. 그
러나 한국의 경우 체질인류학의 역사가 일천하여 사망 이전 정보를 알
수 있는 뼈 표본이 거의 없기 때문에 개인식별항목을 추정하기 위한
통계학적 자료 역시 부족하다는 문제가 있다.

법의치학

　법의치학(Forensic Odontology)이란 전문적인 치과 지식과 기술 및
경험을 통해 법에 관련된 사항을 해결하는 법과학의 한 분야이다. 법
의치학의 주요영역은 개인식별, 연령감정, 교흔 분석, 구강악안면 영
역의 손상 분석, 치과 의료분쟁의 법의치학적 감정 등의 영역으로 나
눌 수 있다.[11]
　법치의학에서 사망자의 신원 확인은 대상자의 생전 및 사후 치
과 기록을 바탕으로 비교검사를 통하여 개인식별한다. 대상자의 생전
기록을 이용할 수 없는 경우 결손치아, 매복치아, 과잉치아, 해부학적

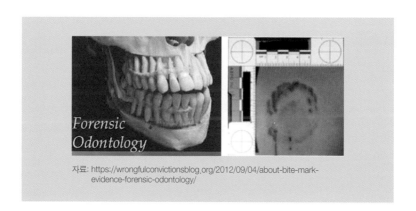

자료: https://wrongfulconvictionsblog.org/2012/09/04/about-bite-mark-
evidence-forensic-odontology/

이상, 치아우식증, 잔존치근, 심한 교모, 치경부 마모, 치아파절, 근관 충전 상태, 유치와 영구치의 재료와 구별,충전물의 재료, 형태 및 와동, 보철물의 재료와 형태, 교정치료와 관련된 장치와 치열의 정보 등 치아의 특징을 관찰하여 신원을 식별한다.[12]

범행현장에 있던 껌, 담배꽁초, 깨물어 먹은 과일자국 등을 통해서도 용의자 중 누가 범인인지 가릴 수 있으며 특히 강간범인 경우 가해자에게 남긴 치흔이 결정적인 증거가 될 수 있다.

법의곤충학

법의곤충학(Forensic Entomology)이란 곤충학적 지식을 법적 판단이 필요한 사회문제에 활용하는 곤충학의 한 분야이다. 분류학, 생태학, 분자생물학, 법의학이나 수사과학 등의 분야의 지식이 상호 요구되는 법과학 영역이다.[13]

법곤충학은 도시곤충학(Urban Entomology),[14] 창고곤충학(Stored Product Entomology),[15] 그리고 법의곤충학(Medicolegal Entomology)으로 세분될 수 있지만, 실제 과학수사 현장에서는 법의곤충학으로 통칭한다.

시신에는 반드시 곤충이 몰려든다. 그런데 시신에 몰려드는 곤충은 그 종류에 따라 시간대가 다르며, 사망 시점과 장소에 따라서도 차이가 있다. 시체의 생전 건강상태와 질병유무에 따라서도 곤충의 종류와 성장은 달라진다.[16]

시체는 시간이 지나면 부패하므로, 시간경과에 따라 시체에 접근하는 곤충들도은 점점 더 다양해진다. 따라서 시신의 부패 정도에 따라 나타나는 여러 종류의 곤충군집을 검토하여 사망장소나 사망시간을 추정하는 것이 법의곤충학의 핵심적 역할이다.

곤충들의 성장속도를 이용하여 사후경과시간을 추정할 수도 있

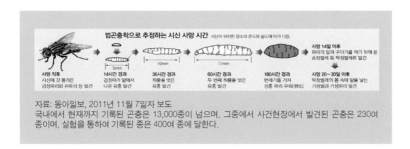

법곤충학으로 추정하는 시신 사망 시간 시산이 위치한 장소의 온도와 습도에 따라 다름.

사망 직후	14시간 경과	36시간 경과	60시간 경과	180시간 경과	사망 14일 이후
사산에 갓 몰려든 검정파리와 쉬파리 등 발견	검정파리 알에서 나온 유충 발견	허물을 벗은 유충 발견	두 번째 허물을 벗은 유충 발견	번데기를 거쳐 성충 파리 우화(羽化)	파리의 알과 구더기를 먹기 위해 온 송장벌레 등 딱정벌레류 발견

사망 20~30일 이후
딱정벌레의 몸 속에 알을 낳는 기생벌과 기생파리 발견

자료: 동아일보, 2011년 11월 7일자 보도
국내에서 현재까지 기록된 곤충은 13,000종이 넘으며, 그중에서 사건현장에서 발견된 곤충은 230여 종이며, 실험을 통하여 기록된 종은 400여 종에 달한다.

다. 즉, 파리와 같이 특정 곤충들은 시체에 머물면서 시체를 영양원으로 섭취하고 자라므로 시체에서 채집한 곤충들의 성장속도를 이용하여 사후경과시간을 추정하는 것이다.

따라서 특정 곤충의 생명주기와 행동양식을 알면 사망 이후 발견될 때까지 어느정도 시간이 흘렀는지를 추정할 수 있다. 사체가 원래 장소에서 다른 장소에 옮겨졌다는 사실도 밝혀낼 수 있다.[17]

법의곤충학자들은 곤충의 분류와 생태를 익혀야 하고, 여러 종류의 시체 곤충의 생육 온도와 성장률의 관계에 대해 정확한 자료를 확보하고 있어야 법적인 판단에 도움이 되는 감정을 하는 것이 가능하다.

한편 사망 전에 체온이 오르거나 내리는 질병을 앓았을 경우 시체의 사후경직 상태는 더 오래가거나 곧 풀리게 된다. 또한 사후경직 상태는 계절, 영유아, 성인, 노인, 온도, 사체의 이동여부 등에 따라 다르다. 사후경직 뒤에는 조직과 세포가 붕괴되는 자가융해가 일어나면서 암모니아, 황화수소, 이산화탄소, 질소 등의 가스를 방출한다. 이 시점부터 시체의 부패가 진행되며, 시식성 곤충들이 몰려든다.

시체의 부패 초기단계에는 검정파리나 쉬파리들이 눈, 코, 귀, 입, 생식기, 항문, 상처, 멍든 주위에 산란한다.

시체가 부패돼 팽창되는 단계에는 시체 자체의 분해열과 구더기 활동으로 인한 대사열로 시체의 온도가 상승한다. 이때 파리와 구더기가 가장 많아진다. 시체가 놓인 자리의 토양생물이 사라지는 것

도 이 때다. 시체에서 부패가스가 빠져나가면 파리 구더기가 가장 많
지만 반날개, 송장벌레 등과 같은 딱정벌레 종류가 나타난다. 시체의
피부와 뼈만 남는 건조단계에는 파리 구더기들이 많이 사라지고 수
시렁이, 개미붙이 등이 보이기 시작한다. 뼈만 남는 백골화단계에서
는 곤충들이 거의 보이지 않게 되며 토양생물들이 다시 나타나기도
한다.

⠿ 유병언 사망 추정 시점 나와 … 구더기 감정 결과 경찰에 전달

　… 중략 … 경찰은 유병언 씨의 사망 시점을 순천 별장에서 마지막으로 행적이 확인
된 5월 25일과 시신이 발견된 6월 12일 사이로 보고 있다.

　경찰은 유 씨 시신에서 나온 구더기를 분석하면 사망 추정 시점의 범위를 최대 4일
이내로 좁힐수 있을 것으로 기대하고 있다.

　감정을 진행한 고려대 법의학 연구실과 국립과학수사연구원은 최근 구더기 분석을
모두 마친 것으로 알려졌다.

　고려대 연구진은 12일 오후 이메일과 등기 우편으로 수사본부에 감정 결과서를 전
달했고, 국과수 분석팀도 구두로 감정 내용을 전달한 것으로 확인됐다.

　감식 보고서엔 유 씨의 '사후 경과 시간', 즉 사망 추정 시간이 포함된 것으로 전해졌다.

　경찰은 이번 감식 결과가 유 씨의 사망을 둘러싼 의혹을 풀어줄 핵심 단서 중 하나
가 될 것으로 보고 있다. … 중략…

자료: TV조선, 2014년 8월 14일자 보도

법의독극물학

법의독극물학(Forensic Toxicology)이란 생체에 유해작용을 일으키는 화학물질이나 중독을 일으킨 물질을 찾아내어 중독 및 사망의 원인을 밝히는 법과학을 말한다.[18]

법의독극물학에서 분석되는 대표적인 시료는 알콜, 약물투입, 약물오남용 등이다. 특히 약물에는 ① 마약성 진통제(아편류), ② 중추신경계 억제제(수면제), ③ 중추신경계 흥분제(각성제), ④ 환각제, ⑤ 기타 청산가리와 같은 독극성물 등으로 구분된다.

독은 무기물에서 추출한 독과 생물에게서 추출한 독으로 나뉜다.

무기물 독에는 비소, 안티몬, 베릴륨, 시안화칼륨 등이, 생물독에는 코브라, 보툴리누스의 보톡스, 복어의 독 등이 있다.

중독작용을 나타낸 물질이 무엇인지를 찾는 선별검사 또는 예비검사를 거쳐, 확인검사(confirmative test)를 진행한다. 극히 소량일지라도 검출할 수 있고, 남용약물의 불순물 양상으로 불법 제조원을 확인할 수도 있다.

1978년 11월 18일 남미 가이아나 조지타운 외곽의 '인민사원(The People's Temple)' 교회 소속의 신도 914명의 시체가 발견됐다. 이들은 교주 짐 존스(Jim Jones)의 명령에 따라 극약을 먹고 집단 자살한 것으로 드러났다. 이 안에는 300여 명의 아이들이 포함되어 있어 더욱 충격적이었다. 부검결과 이들은 일명 청산가리라고 하는 맹독성의 시안화칼륨(KCN)을

목사 짐존슨과 사망사체

자료: New York Post, https://nypost.com/2014/08/07/remains-of-9-jonestown-mass-suicide-victims-found-in-delaware/

마신 것으로 나타났다. 시안화칼륨은 전기도금, 금 제련, 농약 등에
사용되는 약품이지만 자살자들이 즐겨 쓰는 독약이다.[19]

2017년 2월 13일에 말레이시아 쿠알라룸푸르 국제공항에서 피
살된 김정남은 독극물인 VX가스에 의해 사망한 것으로 부검결과 밝
혀지기도 하였다.

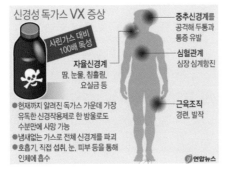

⬚⬚⬚ 독극물 살인: 김정남 피살사건

신경성 독가스 VX 증상

사린가스 대비
100배 독성

중추신경계를
공격해 두통과
통증 유발

심혈관계
심장 심계항진

자율신경계
땀, 눈물, 침흘림,
요실금 등

근육조직
경련, 발작

● 현재까지 알려진 독가스 가운데 가장
유독한 신경작용제로 한 방울로도
수분에 사망 가능
● 냄새없는 가스로 전체 신경계를 파괴
● 호흡기, 직접 섭취, 눈, 피부 등을 통해
인체에 흡수

ⓒ연합뉴스

자료: 연합뉴스, 김정남 암살한 독은? … 다양한 독극물 '용의선
상', 2017년 2월 16일자 보도

김정남 피살 사건에 사용
된 독극물 성분을 조사 중인
말레이시아 화학청 과학수사
국은 김정남의 시신에서 신
경작용제 VX가 검출됐다고
경찰에 보고했다. … 'VX가
스'가 국제적 기준에서 화학
무기로 분류되는 물질이며 이
와 관련돼 화학국이 추가 조
사 중이라는 내용도 적혀있

다. … 중략 …

VX가스는 '아세틸콜린에스테라제 억제제'로써 신경계에 들어가 아세틸콜린의 분해
를 저해하는 물질이다. 인체에서 아세틸콜린의 분해가 저해되면 심장 박동수가 감소하
고 근육이 수축하며 호흡곤란이 일어난다. 증상이 지속되면 자율신경에 손상을 입혀
숨을 멎게한다. VX가스에 노출되면 아트로핀 등 해독제를 즉시 맞아야 한다. 그렇지 않
을 경우 피해자의 치사율은 100%에 가깝다. VX가스는 사람의 피부에 닿는 순간 사망
에 이르는 강력한 독성 물질이다.

국제연합(UN)은 'VX가스'를 대량살상무기로 분류하고 있다.

자료: 매일경제, 김정남 피살 독극물은 신경작용제 'VX가스', 2017년 2월 24일자 보도

법의생리학

법의생리학(Forensic Physiology)은 인체를 구성하는 기관, 개체 및 세포의 기계적, 물리적, 생화학적 기능의 본질에 대한 과학적 탐구결과를 형사사법과정에서 활용하는 법과학이다.

해부학이 생물체의 형태에 관해 연구하는 것이라면, 생리학은 생물체의 기능에 대해 연구하는 것이다. 형태와 기능은 서로 밀접하게 연관되어 있기 때문에, 생리학과 해부학은 밀접하게 연관되어 있다. 그리고 병적인 상태의 기능을 연구하는 병리학 역시 생리학과 밀접하다.[20] 법의생리학은 다중생리검사(polygraph test) 및 뇌파검사(Electro Encephalo Graph test) 등으로 범죄인 프로파일링 및 법원의 재판 등에 기여하고 있다.

다중생리검사

다중생리검사(Polygraph Test)는 피검사자가 특정진술을 할 때에 나타나는 혈압, 맥박, 피부전류저항, 호흡 등의 변화를 심리적 · 생리적인 검사, 분석을 통해 진술의 진위를 추론하는 것을 말한다. 다중생리검사는 폴리그래프(polygraph)를 활용하여 이루어진다.[21] 즉, 폴리그래프는 뇌파 · 근활동 · 안구운동 · 안진(眼振) · 심장박동 · 호흡 등 여러 가지 생리적 현상을 동시에 기록하는 장치를 말한다. 일명 거짓말탐지기검사라고도 한다.

폴리그래프는 1921년 캘리포니아 대학의 버클리대 의과 대학생이었던 존 아우구스투스 라슨(John Augustus Larson)과 캘리포니아 버클리 경찰국이 발명했다.

거짓말탐지기검사는 본질적으로 주관적이다. 따라서 심사관의 경험 부족과 편견 등으로 심사관이 잘못된 결론을 내릴 수 있다.

미국의 경우 FBI를 비롯한 다양한 법집행기관이 폴리그래프를 매우 광범위하게 활용하고 있지만, 미 대법원은 폴리그래프의 증거능력은 각 법원의 재량에 있다고 판시하였다. 즉, 폴리그래프 검사결과에 대해 법원은 제한적으로 증거능력을 인정하고 있다.[22] EU의 경우 회원국 대부분이 폴리그래프 검사를 개인의 침묵의 권리를 침해하는 것으로 인식하며 사용하지 않고 있다. 따라서 증거능력도 인정되지 않는다.

　한국의 법원은 폴리그래프 검사결과에 대해 직접적인 물적 증거능력을 부여하지 않고, 정황증거로서의 증거능력을 인정하고 있다.

폴리그래프 테스트 원리

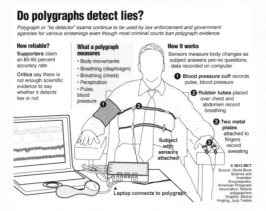

자료: Marisa Taylor, Glitch in widely used polygraph can skew results, http://www.mcclatchydc.com/

경찰의 거짓말탐지기 조사 현황

연도별	2016	2017	2018	2019	2020
서울	920	1313	1144	1273	1193
부산	842	846	1014	977	878
대구	429	668	677	643	659
인천	767	950	988	1013	1108
광주	483	508	498	502	461
대전	320	330	321	314	334
울산	390	366	372	345	330
경기남부	1135	1361	1404	1246	1461
경기북부	488	594	555	629	510
강원	285	285	272	183	171
충북	466	372	452	553	629
충남	299	337	343	336	274
전북	800	930	895	848	852
전남	610	509	623	677	534
경북	469	472	465	488	385
경남	796	768	777	972	942
제주	346	502	456	509	506

자료: 공공데이터포털, https://www.data.go.kr/

대법, 상주 '농약사이다' 할머니 무기징역 확정: 거짓말탐지기 검사

대법은 사이다에 농약을 넣어 이를 마신 할머니 2명이 숨지게 하는 등 6명의 사상자를 낸 일명 상주 '농약 사이다' 사건의 주범 박모(83) 할머니에게 무기징역을 확정했다. … 중략 …

재판부는 "박씨가 피해자를 살해하려고 할 만한 동기가 있었던 것으로 보인다"며 "박씨가 이 사건 범행을 저지른 것이 합리적인 의심의 여지없이 증명되었다고 판단한 원심은 정당하다"고 밝혔다. 또한 "박씨가 피해자들에 대한 구호조치를 충분히 할 수 있었고 범행 현장에 피고인 외에 달리 구호조치를 할 수 있는 사람이 없었음에도 아무런 조치를 취하지 않았다"고 지적했다. … 중략 …

박씨는 화투놀이를 하다 다툰 피해자들을 살해하기로 마음먹고 마을회관 냉장고에 들어있던 사이다에 농약을 넣은 것으로 조사됐다. 또 그는 농약이 든 사이다를 마시고 쓰러져 괴로워하는 피해자들과 1시간이 넘도록 마을회관에 함께 있으면서 아무런 구호조치를 하지 않은 혐의도 받았다. 박씨는 국민참여재판으로 진행된 1심에서 배심원 만장일치로 무기징역을 선고받고 항소했지만, 2심도 같은 형을 선고했다. … 중략 …

한편 2016년 8월 7일 대구지검 상주지청은 "거짓말탐지기 검사와 행동·심리분석 조사에서 A씨의 진술이 명백한 허위로 나왔다"고 밝히기도 하였다.

자료: 연합뉴스, '농약 사이다' 사건 국민참여재판, 2015년 12월 7일자 보도;
동아일보, 2016년 8월 30일자 보도

뇌파검사

뇌파검사(Electro Encephalo Graph Test)는 뇌파측정장치를 활용하는 것이다. 사람의 뇌는 알고 있는 사실이나 그와 관련된 사진, 단어를 보여 주면 순간적으로 특수한 뇌파가 발생하는데 이를 측정하는 것이

뇌파측정장치이다.[23] 이 장치는 피의자가 범죄와 관련된 단서와 일치
하는 사진이나 소리를 들을 경우 뇌에서 발생하는 전압의 차이로 범
죄와의 관련성을 알아낼 수 있다는 점에 착안해 과학수사에 도입됐
다. 또한 뇌파검사는 폴리그래프의 문제점을 보완하기 위하여 수사에
활용되고 있다.

　　그런데 사람의 뇌는 알고 있는 사실이나 그와 관련된 사진, 단어를
보여 주면 순간적으로 특수한 뇌파가 발생하며, 이 속도가 0.3초이기
때문에 이 뇌파를 P300이라고 한다. 따라서 피의자가 알고 있는 범죄
정보와 일치하는 영상이나 소리를 들으면 뇌에서 발생하는 양극전위가
급격히 증가함에 따라 뇌파의 급격한 변동이 나타나며, 이 변동을 체크
하여 0.3초(p300, 300msec) 이내에 범죄관련 여부를 파악한다.

　　즉, 조사방법은 검사 대상자의 머리에 장치를 연결하고 사건과 관
련된 화면을 보여 주면서 뇌의 반응을 측정하는 것으로 P300 뇌파가
나오면 검사 대상자가 사건과 관련된 것을 알고 있다는 것을 의미한
다. 뇌파검사 대신 자기공명 뇌영상촬영기법(fMRI)을 활용할 수도 있다.

　　그러나 EEG검사는 법원에서 증거능력이 매우 제한적으로 받아
들여지고 있다. 법원은 EEG가 증거능력을 갖추려면 측정기술의 표준
화, 정상적인 리듬과 그 변화의 명확한 정의, 대뇌 리듬을 조절하는

자료: Ten eyewitness News, https://images.tenplay.com.au/

대사 요인들에 대한 과학적인 증명이 있어야 한다고 요구하고 있다.[24]

법최면

법최면(forensic hypnosis)이란 최면 기법을 활용하여 사건 관련 피해자나 목격자 등의 기억을 되살려 사건의 단서 또는 증거를 수집하는 활동을 말한다. 프로파일러는 외부 소음 등 자극의 영향이 없고 녹음 및 녹화시설이 갖추어진 장소에서 법최면을 실시하여야 한다.

과학수사요원 또는 프로파일러는 수사목적상 적합하다고 판단되는 경우에 피최면자가 동의할 경우에만 법최면을 실시하여야 한다.[24]

국내에서는 1978년 일어난 초등학생 납치 사건을 해결하기 위해 1999년 처음으로 최면 수사가 도입됐다. 국립과학수사연구원에도 2021년 현재 법최면 전문가 2명이 재직하고 있다. 경찰은 2010년부터 법최면전문수사관을 양성하고 있고, 2021년 현재는 전국에 30여 명의 전문수사관들이 활동하고 있다. 2011년 10월에는 경찰과 軍수사관들이 주축이 돼 한국법최면수사연구회를 발족하고 2015년도부터는 한국법최면수사학회로 활동하고 있다.[25]

법최면 수사에서 확보된 진술은 법적 증거 능력이 없다. 최면 상태에서 기억해낸 사실이 진실인지 확인할 수 없다는 한계점이 있다. 그러나 최면수사로 범죄사건의 정황, 범인을 추정할 수 있다. 예를 들어 2019년 화성연쇄살인사건을 재수사하던 경찰은 7차 범행 이후 용의자를 본 것으로 알려진 버스 안내양을 대상으로 법최면 수사를 실시했다. 이 여성은 법최면 수사에서 용의자 모습과 당시 상황에 대해 31년 전 경찰 조사와 유사한 진술을 한 것으로 알려졌다.

2021년 4월에 서울 서초구 반포한강공원에서 실종된 뒤 5일 만에 숨진 채 발견된 고 손정민씨(22) 사건과 관련해서도 경찰이 여러 차례 법최면 조사를 실시했다. 손씨 친구 A씨와 사건 목격자들, A씨 휴대전화를 습득한 환경미화원 B씨 등이 대상으로 알려졌다.[26]

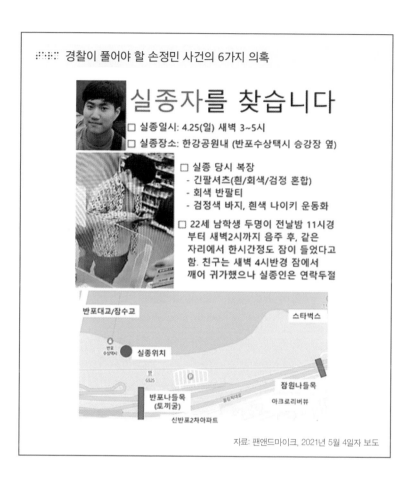

디지털포렌식

디지털포렌식(Digital Forensics, Digital Forensic Science)은 디지털 장치에서 발견되는 자료의 복구 및 조사를 포함하는 법과학이다. 즉, 디지털포렌식은 데스크톱/노트북/라우터/휴대폰/내비게이션/차량용 블랙박스/CCTV/의학용 전자기기/스마트TV/전자시계/디지털 도어[27]등의 기기나 인터넷상에 남아있는 디지털 정보를 분석해 범죄 단서를 찾아내가는 수사기법이라고 할 수 있다. 디지털 기록매체에 복원 프로그램을 사용하고, 암호 보안을 해제한 뒤 메타데이터를 활용해 디지털 기기의 사용자나 이를 통해 오간 정보를 추적하고 조사하는 것이 디지털 포렌식의 일반적 실행 방법이다.[28]

디지털포렌식은 초기에는 컴퓨터범죄의 수사와 관련하여 출발하였지만, 최근에는 디지털 데이터를 저장할 수 있는 모든 장치에 대한 조사로 확대되었다.

즉, 디지털포렌식은 다양한 영역에 활용된다. 가장 일반적인 것은 형사사건이나 민사사건의 수사 및 재판과정에서 자료를 조사하고 증거의 진실성을 찾고 입증하는 기능이다. 또한 해킹이나 바이러스유포 등과 같은 사이버상의 일탈적인 행위 및 범죄수사 등에 적극적으로 활용할 수 있다. 디지털 포렌식을 활용한 프로파일링은 컴퓨터 포렌식, 네트워크 포렌식, 데이터분석, 모바일법의학, 데이터베이스 포렌식 등의 영역으로 구분될 수 있다. 프로파일러는 디지털포렌식을 활용하여 용의자를 확인하고, 알리바이 또는 진술을 확인하고, 의도를 파악할 수 있다.

디지털 증거가 증거능력을 인정받기 위해서는 물리적 증거와 마찬가지로 우선적으로 적법하게 수집된 증거이어야 한다. 적법하게 수집된 증거라 하더라도 증거의 진정성이 인정되어야 하며, 법원에 제출된 증거가 경험적 정보를 담고 있는 전문증거에 해당될 경우에는 당사자의 동의가 있거나 전문법칙의 예외에 해당되어야 한다.[29]

디지털포렌식 프로파일링이란 인간은 사이버상에서도 일정한 행동적 특징을 가지며, 이는 개개인이 사용하는 컴퓨터, 모바일, 네트워크, 프로그램, 사이트 등에 대한 특징뿐만 아니라 사이버상에서의 행위 역시 일정한 행동패턴(MO)을 갖고 있어 이를 찾아내어 범인을 추론하는 것을 말한다.

디지털포렌식 프로파일링을 다음과 같이 정리할 수 있다.[30]

디지털포렌식의 절차

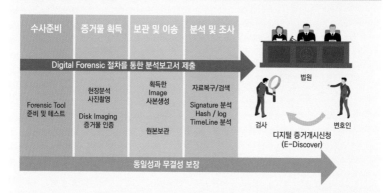

자료: 세계일보, 숙명여고 쌍둥이 발목 어떻게 잡았나..."디지털 포렌식'의 숨겨진 비밀, 2018년 10월 10일자 보도

디지털포렌식의 활용범위 · 개념 · 응용분야

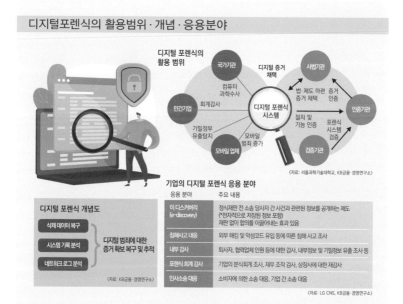

자료: 국민일보, 명탐정 디지털 포렌식, 광화문 집회 참석 명단까지 밝혀졌다, 2020년 8월 29일자 보도

형사소송법 제131조 전문
제313조(진술서등) ① 전2조의 규정 이외에 피고인 또는 피고인이 아닌 자가 작성한 진술서
나 그 진술을 기재한 서류로서 그 작성자 또는 진술자의 자필이거나 그 서명 또는 날인이
있는 것(피고인 또는 피고인 아닌 자가 작성하였거나 진술한 내용이 포함된 문자 · 사진 ·
영상 등의 정보로서 컴퓨터용디스크, 그 밖에 이와 비슷한 정보저장매체에 저장된 것을 포
함한다. 이하 이 조에서 같다)은 공판준비나 공판기일에서의 그 작성자 또는 진술자의 진
술에 의하여 그 성립의 진정함이 증명된 때에는 증거로 할 수 있다. 단, 피고인의 진술을 기
재한 서류는 공판준비 또는 공판기일에서의 그 작성자의 진술에 의하여 그 성립의 진정함
이 증명되고 그 진술이 특히 신빙할 수 있는 상태하에서 행하여 진 때에 한하여 피고인의
공판준비 또는 공판기일에서의 진술에 불구하고 증거로 할 수 있다. 〈개정 2016. 5. 29.〉
② 제1항 본문에도 불구하고 진술서의 작성자가 공판준비나 공판기일에서 그 성립의 진정
을 부인하는 경우에는 과학적 분석결과에 기초한 디지털포렌식 자료, 감정 등 객관적 방법
으로 성립의 진정함이 증명되는 때에는 증거로 할 수 있다. 다만, 피고인 아닌 자가 작성한
진술서는 피고인 또는 변호인이 공판준비 또는 공판기일에 그 기재 내용에 관하여 작성자
를 신문할 수 있었을 것을 요한다. 〈개정 2016. 5. 29.〉
③ 감정의 경과와 결과를 기재한 서류도 제1항 및 제2항과 같다. 〈신설 2016. 5. 29.〉

법의정신의학

　　법의정신의학(Forensic Psychiatry)은 정신장애의 진단과 치료를 다루
기 위한 의학의 한 분야이다. 법의정신과의사(forensic psychiatrist) 또는 법
정증언 정신과의사(alienist)는 정신병을 법률적 관점에서 해석하고 연
구하는 정신과의사라고 할 수 있다. 법의정신과의사는 개인 이력에
대한 조사, 검사결과의 활용, 성격 진단 및 직접 대면하여 실시한 임
상적 면접을 통해 정신장애에 대한 구체적 정보를 도출하도록 훈련
된다. 이러한 전문적 지식을 특정 범죄사건의 용의자를 추정하는 데
활용함으로써 범죄수사를 지원하고 있다. 즉, 범죄사건의 여러 가지
물리적인 증거 및 범죄현장, 피해자의 특징, 피해상황 등을 바탕으로
범죄자의 정신이상을 추론하고, 범죄자에 대한 추정결과를 제시하는
것이다.

　　프로파일링 발달 초기의 대표적인 사례는 미국의 정신분석과 의
사인 브루셀(James A. Brussel)이 제시한 1940년대 후반부터 1950년대 중

반까지 뉴욕시민들을 공포로 몰아넣었던 미치광이 폭파범(Mad Bomber) 메데스커 사건을 예로 들 수 있다. 범인은 적어도 37개의 폭탄을 도시 대부분의 기차역과 극장에 설치했다. 브루셀은 이 사건을 분석하여 폭파범의 특징들을 다음과 같이 제시하였다.[31]

미치광이 폭파범(Mad Bomber) 프로파일링

- 금속가공(metalworking), 배관공사(pipefitting) 그리고 전기학적 지식이 풍부한 남성
- 철도회사로부터 중요한 권리침해를 당하고, 그로부터 만성적인 병을 얻었다.
- 편집증을 겪고 있다.
- 야행성 환자이다.
- 만성장애를 가지고 있다.
- 지속적인 망상을 겪고 있다.
- 망상이 변하지 않고, 조직화되어 논리적으로 구성된다.
- 병적으로 자기중심적이다.
- 스포츠맨 같은 체격을 가지고 있다.
- 중년일것이고 폭파경험이 있다.
- 상당한 지적 수준, 대학은 가지 않았다.
- 미혼
- 어쩌면 동정(童貞)
- 혼자 살거나 어머니 같은 친척 여성과 함께 산다.
- 슬라브계 사람
- 가톨릭교도
- 코네티컷주(connecticut)에 거주
- 단추가 달렸거나 더블 브레스트 정장 차림을 즐겨한다.

뉴욕타임즈 기사와 폭파범 메데스커 머그샷

자료: New York Times, http://www.boweryboyshistory.com/2010/05/crazy-tale-of-mad-bomber-
1950s-new-york.html

　　뉴욕타임즈는 1956년 12월 25일자에 브루셀 박사의 프로파일링
기사를 게재했다. 드디어 경찰은 1957년 1월 21일에 폭파범 조지메
테스키(George Metesky)를 체포하였다. 그런데 경찰이 메테스키를 체포
하러 그의 집을 방문했을 때 그는 더블 브레스트 정장을 입고 나타났
고, 이후 재판과정에서도 브레스트 정장을 고수했다. 나머지 대부분
의 프로파일링도 일치하였다.

　　브루셀 박사는 자신의 정확한 프로파일링 결과에 대해 이렇게
설명했다. "단지 뒤집어보기를 시도했다. 즉 그동안 다른 환자들을
통해 얻은 편집광적인 행동양식을 바탕으로 범인의 행동을 분석함으
로써 경찰이 찾고 있는 폭파범의 윤곽을 추론했다"는 것이다.

　　이는 전형적인 귀납적인 추론방법(경험을 바탕으로 추론을 해 나가는 방식)
으로 이후 행동과학수사의 바탕이 된다. 이 방법은 사건현장에서 확
인된 증거들을 바탕으로 논리적인 결론으로 나아가는 연역적인 추론
방법과는 반대되는 것이다.[32]

　　정신의학에서의 프로파일링은 범죄현장의 행동적 증거로부터
알려지지 않은 범죄자의 정신적 장애를 찾아내고, 유사한 장애를 가

지고 있는 다른 환자들의 행동 및 자신의 전문적 지식으로 범죄자 행동을 비교하면서 범죄자를 추론하는 것이라 할 수 있다.

이와 같은 배경에 의하여 심리학적 배경지식이 범죄인 프로파일링에 매우 중대한 영향을 미치고 있고, 관련 분야의 저서 및 다양한 영화나 드라마의 소재가 되고 있다.

정신장애와 범죄 상관성

정신장애 중 환청이나 망상 등의 증세를 보이는 조현병(정신분열증) 환자의 경우 정상적인 치료를 하지 않을 경우 폭력적이며, 공격적인 행태를 보이며, 이는 범죄로 이어질 수 있다. 실제로 우발적이며 충동적인 폭력범, 살인범의 경우 조현병질을 갖는 경우가 있다.

그러나 정신질환이 곧 범죄 원인이라고 인식하는 것은 편견에 불과하다는 지적도 많다.

다만, 프로파일링 과정상 사건의 흉악성, 피해자선택, 증거훼손, 서명, 트로피 등 일련의 데이터를 기초로 범인상을 그리거나 범행패턴을 추론할 수 있다.

국립정신건강센터에 따르면 정신질환자의 범죄율은 0.151%로, 전체 인구 범죄율 1.43%의 10분의 1 수준에 불과하다. 살인, 강도, 방화, 성폭력 등의 강력 범죄만 따져도 정신질환자는 0.055%, 전체는 0.294%로 6배가량 차이가 난다. 통계만 보면 정신질환자가 범죄를 일으킬 가능성은 훨씬 낮다는 의미다.[33]

최근 5년간 정신장애자에 의한 형법범 범죄자의 추이는 2015년 5,952명을 기점으로 2016년 7,072명으로 전년 대비 18.8% 증가하였고, 2017년 7,840명으로 전년 대비 10.9% 증가하였고, 2018년 6,424명으로 전년 대비 18.1% 감소하였고, 2019년 6,912명으로 전년 대비 7.6% 증가하였다.[34]

정신장애자에 의한 범죄

구분	2015	2016	2017	2018	2019
형 법 범 죄	5,952 (84.8)	7,072 (84.8)	7,840 (86.3)	6,424 (88.0)	6,912 (88.4)
살 인	66 (0.9)	73 (0.9)	72 (0.8)	59 (0.8)	55 (0.7)
강 도	36 (0.5)	47 (0.6)	43 (0.5)	32 (0.4)	25 (0.3)
방 화	125 (1.8)	134 (1.6)	145 (1.6)	133 (1.8)	136 (1.7)
성 폭 력	554 (7.9)	593 (7.1)	677 (7.4)	514 (7.0)	489 (6.3)
폭 행	848 (12.1)	1,023 (12.3)	1,189 (13.1)	936 (12.8)	1,135 (14.5)
상 해	601 (8.6)	676 (8.1)	635 (7.0)	486 (6.7)	479 (6.1)
절 도	1,749 (24.9)	2,148 (25.7)	2,413 (26.5)	1,949 (26.7)	1,974 (25.2)
사 기	278 (4.0)	307 (3.7)	315 (3.5)	261 (3.6)	259 (3.3)
폭 처 법 (손괴 등)	48 (0.7)	2 (0.0)	5 (0.1)	-	-
폭 처 법 (단체등의구성·활동)	14 (0.2)	3 (0.0)	-	-	1 (0.0)
기 타	1,633 (23.3)	2,066 (24.8)	2,346 (25.8)	2,054 (28.1)	2,359 (30.2)

자료: 동아일보, 정신질환 범죄자의 재범…법무부-복지부, 책임은 누가 더 클까, 2020년 12월 11일자 보도

　　2019년 정신장애자에 의한 형법범죄의 경우 죄명별로는 절도가 1,974명으로 전체 인원의 25.2%를 차지하여 가장 많은 점유율을 나타내고 있고, 그 다음이 폭행 1,135명 14.5%, 성폭력 489명 6.3% 등의 순으로 나타나고 있는데, 최근 5년간 순위에 있어 다소 변동은 있지만 절도, 폭행이 전체 형법범죄에서 가장 많은 비중을 점하고 있는 것은 변함이 없다.

　　위와 같이 정신장애자의 범죄 중에서 절도와 폭행 등의 비중이 많다는 것은 정신장애자들의 사회경제적인 여건이 악화되고 있는 데 따른 결과로 보인다.

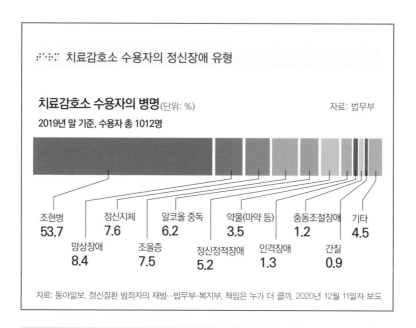

⣿⣿⣿ **치료감호소 수용자의 정신장애 유형**

치료감호소 수용자의 병명(단위: %)   자료: 법무부
2019년 말 기준, 수용자 총 1012명

조현병	망상장애	정신지체	조울증	알코올 중독	정신정적장애	약물(마약 등)	인격장애	충동조절장애	간질	기타
53.7	8.4	7.6	7.5	6.2	5.2	3.5	1.3	1.2	0.9	4.5

자료: 동아일보, 정신질환 범죄자의 재범…법무부-복지부, 책임은 누가 더 클까, 2020년 12월 11일자 보도

형법 제10조(심신장애인) ① 심신장애로 인하여 사물을 변별할 능력이 없거나 의사를 결정할 능력이 없는 자의 행위는 벌하지 아니한다.
② 심신장애로 인하여 전항의 능력이 미약한 자의 행위는 형을 감경한다.
③ 위험의 발생을 예견하고 자의로 심신장애를 야기한 자의 행위에는 전2항의 규정을 적용하지 아니한다.

사이코패스

사이코패스(Psychopath)는 정신장애진단 및 분류편람상(DSM) 성격장애의 한 유형이라고 할 수 있다.

성격장애(personality disorders)란 그 개인이 문화적 기대로부터 심하게 벗어나 지속적인 내적 경험과 행동양식을 보이는 것으로서 광범위하고, 고착화 되어 있고, 청소년기 또는 성인기 초기에 시작되며, 시간이 지나도 변하지 않아, 이로 인하여 고통과 장애, 부적절한 행동을 초래하는 것을 말한다.[35]

정신장애진단 및 분류편람 제5판(DSM-V)은 성격장애의 유형을 열 가지 정도로 크게 분류하고 있다.[36]

이 가운데 범죄인 프로파일러 및 법의학에서 주목하는 성격장애
는 반사회적 성격장애(psychopath)이다.

DSM-V는 반사회적 성격장애(antisocial personality disorder)의 필수증
상은 생활전반에 걸쳐서 타인의 권리를 무시하거나 침해하는 것이며,
이는 소아기 또는 사춘기 초기에 시작되어 성인기까지 지속된다. 정
신병질, 사회병질, 비사회적 인격장애로 불리기도 한다. 이들은 공감
능력이 결여되어 있고, 냉담하며, 냉소적이고, 타인의 감정이나 권리,
고통을 무시하는 경향이 있다고 진단한다. 한편 정신의학계에서는 온
전하지 못한 정신적 작용은 비정상적이며, 일탈적인 행동을 설명하는
여러 요인 중 일부라고 인식하는데, 대체로 사이코패스(psychopath)를
반사회적 정신장애 혹은 반사회적 정신장애자라고 정의한다.[37]

사이코패스는 사이코패시(psychopathy)와 같이 쓰인다. 사이코패스
라는 용어는 1879년에 독일의 신경의학자인 에빙(R. v. Krafft Ebing)이 그
의 저서 「정신이상론」(Textbook of Insanity)에서 사용하였다. 사이코패스
(psychopath)는 그리스어 psyche(영혼, 정신)와 pathos(고통, 질병) 등의 합성어
에서 유래하며, 피해자에 대한 동정심이 없는 극도의 잔인성을 가진
범죄자로 이해하고 있다.

사이코패스는 매사 자기를 과대평가하여 현재 일을 자기능력에 걸
맞지 않는 시시한 일로 여기며, 지나치게 자신의 의견을 주장하는 경향
이 있다.

사이코패스는 그럴 듯한 겉치레를 하며, 언변이 유창하고, 전문적인
용어를 적절히 구사하며, 인격자인척 행동함으로 가면을 쓴 인격자(The
Mask of Sanity)라고 불리기도 한다.

또한 이들은 성관계에서도 무책임하며, 착취적이다. 여러 명의
성적 대상자를 만난 경력이 있다. 부모역할 역시 제대로 하지 못하
며, 반복적으로 생활비를 탕진하거나 군대에서 불명예 제대를 당하거
나 자활에 실패하기도 한다. 이들은 일반인에 비해 자살, 타살, 사고
사 등 비정상적 원인에 의해 일찍 사망하는 경우가 많다.

사이코패스에게는 불안장애, 우울장애, 물질관련장애, 신체화장애, 병적 도박 및 기타 충동조절장애 등 다른 인격장애가 함께 나타나기도 한다. 10세 이전에 품행장애와 주의결핍 및 과잉행동장애를 갖고 있던 사람들이 성인기에 반사회성 인격장애로 진행될 가능성이 높다. 한편 소아학대 또는 유기, 불안정하고 변덕스러운 부모의 태도, 일관성 없는 부모의 가정교육 등에 의한 품행장애가 반사회성 성격장애로 진행될 가능성을 높인다.[38]

사이코패스에 대한 연구의 출발은 정신의학이었지만, 사이코패스의 반사회성에 대한 연구는 범죄학계에서 더욱 발전하였다. 이는 사이코패스의 행동이 아니고서는 이해할 수 없는 잔인하고, 극악한 범죄의 증가가 영향을 끼쳤다. 사이코패스에 대한 연구를 거듭하면서 범죄학자들은 사이코패스의 범죄적인 행동이 사회적으로 상당한 훈련과 학습을 거친 계산된 행동이라는 것에 동의하면서도 한편으로 왜 특정인이 사이코패스적인 인격을 가지는가에 대한 의문을 가지기 시작하였다.

이 의문은 1990년대 초부터 네덜란드의 로퍼스(H. H. Ropers) 및 부루너(H. Brunner)를 비롯한 많은 학자들이 다양한 연구와 실험을 통하여 뇌 속에 모노아민(Mono Amine Oxidase A, MAOA)이라는 염색체가 부족할 경우, 공격성, 감정, 인지능력에 영향을 주는 세로토닌, 도파민, 노에피네프린 같은 호르몬을 제대로 생산해내거나 전달해주지 못하여 결국 반사회적인 행동을 한다는 일명 모노아민이론(Monoamine Theory)을 제시함으로써 상당 부분 해소되었다. 그런데 모노아민효소가 부족한 상태로 태어난다고 해서 모두가 살인이나 강간 등을 상습적으로 행하는 범죄인이 되는 것은 아니다. 수 많은 선행연구에서 모노아민효소가 정상인보다 상대적으로 부족하고, 아동기 시절 일관성 없는 부모 등의 통제, 학대, 유대감 결여 등으로 인한 불안정한 정서 및 왜곡된 사회화로 인하여 일탈된 행동을 반복하고, 그것을 더욱 고착화하여 결국 강력범죄를 행하는 것으로 나타났다.[39]

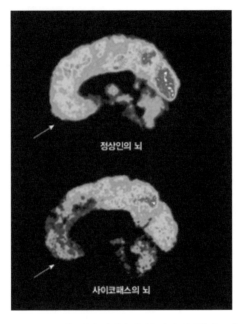

화살표가 가리키는 곳은 전두엽의 안와피질(전두엽의 아래쪽, 눈 위)로 사이코패스
의 뇌에서는 이 부분이 어두운 것을 확인할 수 있다.

자료: 코스모스, 사이코패스의 뇌구조는 다르다?, 2020년 9월 28일자 보도

모노아민이론은 사이코패스 범죄자에 대한 국가형벌권 행사의
한계라는 사회적 고민을 낳게 한다. 사이코패스를 뇌기능에 이상을
가진 정신질병자로 규정할 경우 그의 책임능력은 제한을 받게 되어
연쇄살인범이나 연쇄강간범이라고 해도 교도소에 수감하는 등의 형
벌권을 행사하기 보다는 오히려 보호 및 치료의 대상이 된다. 그러나
사회에 적응을 하지 못하는 이상성격자로 규정할 경우 사형집행 등
법에 따른 형벌권을 적정하게 행사할 수 있게 된다. 나아가 사이코패

스를 정신질병자로 규정한 경우에도 범죄자인 사이코패스를 국가가 감호시설에 수감 후 약물치료 등을 강제로 할 수 있는지에 대한 논쟁도 있다. 미국의 경우 20여 개 주가 사이코패스, 즉 반사회적 성격장애를 정신장애로 규정하지 않음으로써 사이코패스 범죄자에 대한 형벌권을 행사하고 있다. 그러나 이에 대해 미국의 수정헌법이 보장하는 개인의 기본권을 침해하는 것이라는 지적이 강력하게 제기되는 형편이다.[40]

사이코패스 여부에 대한 진단은 주로 PCL－R이 사용된다. 이는 캐나다 범죄심리학자 로버트 헤어(Robert D. Hare) 박사가 1980년에 개발한 사이코패스 판정 도구(Psychopathy Checklist)로 1991년에 재개발되어 Psychopathy Checklist－Revised: PCL－R로 불린다.

PCL－R은 심리학자 또는 정신건강, 심리학 또는 정신과 분야에서 훈련받은 전문가에 의하여 20개의 항목을 사용하여 평가한다. 조사는 반구조적질문지조사 및 인터뷰를 통해 3개 척도로 점수가 매겨진다. 점수는 그렇지 않다 0점, 그렇다 1점, 매우 그렇다 2점 등이다. 정보를 수집하고 검토하는 데 최대 3시간 정도가 소요된다.

최대 점수는 40점이며, 사이코패스인지 진단여부의 기준은 헤어 박사는 25점 이상, 미국은 30점, 영국은 25점 이상으로 사용하고 있다. 대검찰청은 24점 이상일 경우를 사이코패스로 진단한다. 범죄경력이 없는 평범한 사람은 5점 이하가 대부분이며, 사이코패스가 아닌 일반 범죄인인 경우 22점 내외인 것으로 나타났다.[36]

⠿⠿⠿ 경찰 "이영학 사이코패스 성향 있어…딸은 아빠에 심리적 종속"

여중생을 살해해 시신을 유기한 혐의를 받는 '어금니 아빠' 이영학(35·구속)이 사이코패스 성향이 있는 것으로 조사됐다. 서울 중랑경찰서는 13일 수사를 마무리하고 사건을 검찰에 송치하면서 브리핑을 열어 수사 결과를 발표했다.

이씨를 면담한 서울청 과학수사계 소속 이주현 프로파일러(경사)는 "사이코패스 체크리스트를 평가할 때 이영학은 40점 만점에 25점을 받았다"며 "25점 이상이면 사이코패스 성향이 있다고 보는데 이영학은 아주 높은 편은 아니지만, 사이코패스 성향이 있는 것으로 판단했다"고 밝혔다.

경찰은 지난 12일 프로파일러를 투입해 이씨와 이씨의 딸(14)을 면담하고 성장 과정, 교우 관계 등 사회적 관계와 정신·심리 상태 등을 확인했다.

이씨의 사이코패스 성향에는 불우했던 어린 시절이 어느 정도 영향을 미친 것으로 보인다. 이 경사는 "어린 시절부터 장애로 놀림당하거나 따돌림을 당한 이씨가 친구들을 때리는 등 보복적 행동을 보였다"며 이 과정에서 사이코패스 성향이 복합적으로 작용한 것으로 판단했다.

아울러 사이코패스 성향이 이씨의 '이중생활'에 영향을 줬을 것으로 보인다.

이 경사는 "사이코패스 성향 중에 남을 속인다거나 남을 이용해서 무엇인가를 얻는 부분이 있다"며 "매스컴을 통해 모금하고 도움을 받는 과정에서 성향이 강화됐을 수 있지만, 아주 다 후천적인 요소는 아니라고 본다"고 말했다.

경찰은 또 이씨의 딸이 이씨의 범행을 도운 데 대해 아버지에 대한 종속 성향이 강한 것으로 분석했다. … 중략 …

자료: 매일경제, 2017년 10월 13일자 보도; 뉴시스, 2017년 10월 13일자 보도

:::::: 김태현, 사이코패스 아냐...

2021년 4월 20일 서울경찰청은 김태현의 사이코패스 진단 결과 "반사회성 등 일부 특성이 나타나긴 했으나, 사이코패스 진단을 내릴 정도에 이르지 않았다"고 밝혔다.

앞서 서울경찰청은 지난 6일부터 범죄분석관(프로파일러) 4명을 투입해 김태현과 신뢰 관계를 쌓으며 사이코패스 성향을 분석했다. 이들은 지난 8일부터 김태현과 면담하며 얻은 진술과 정보를 토대로 본격적인 사이코패스 진단을 해 이 같은 결론을 도출했다. … 중략 …

김태현은 지난달 25일 밤 9시8분께 서울 노원구 중계동의 한 아파트를 찾아 세 모녀를 살해한 혐의를 받는다. 경찰 조사에 따르면 김태현은 세 모녀 가운데 큰 딸 A씨를 지난해 온라인 게임을 통해 처음 만났다. 개인적인 연락을 주고 받다가 올해 1월에는 실제로 만나기도 했다.

그러나 둘 사이가 나빠지고 A씨가 그만 찾아오라고 거절 의사를 밝히며 연락을 차단했다.

이후 김태현은 A씨가 자신과 거리를 두자 스토킹을 하고 일가족을 살해한 혐의를 받고 있다. 김태현은 경찰에 검거되기 전까지 사흘간 현장에 머물며 술과 밥을 먹는 등 엽기적인 행각을 벌여 사이코패스로 의심받았다.

자료: 파이낸셜 뉴스, 프로파일러의 결론… "김태현, 사이코패스로 볼수 없다", 2021년 4월 20일자 보도

사이코패스진단지(PCL-R)

연번	질문	그렇지 않다(0)	그렇다 (1)	매우 그렇다(2)
1	유창한 언변, 매력적 외모 : 언변이 좋고 매력적인 외모라고 생각			
2	과대평가 : 자신의 능력에 대해 자부심, 오만함, 우월감이 대단함			
3	상습적 거짓말 : 늘 아무렇지 않게 거짓말, 속임수, 파렴치 함			
4	교활하고 교묘 : 기만과 속임수를 사용하여 다른 사람들을 속여서 개인적인 이익을 얻음			
5	양심의 가책이나 죄책감 결여 : 다른 사람의 상실, 고통 및 고통에 대한 감정이나 관심이 없으며 냉담하고 비 감정적			
6	정서적 빈곤 : 제한된 범위 또는 깊이의 감정, 냉정한 대인관계			
7	호의적 / 공감의 부족 : 타인에 대한 감정이 부족, 차갑고, 경멸적이며, 무신경			
8	자신의 행동에 대한 책임을 지려하지 않는다. : 책임을 거부하고, 다른 사람에게 책임을 전가하려는 시도			
9	지루함을 느끼고 스릴 추구 : 새롭고 흥미진진한 자극과 위험을 감수해야 하는 과도한 욕구			
10	기생하는 생활 양식 : 타인에게 의도적, 조직적, 이기적, 착취적, 경제적 의존			
11	낮은 자기 행동 통제 : 부정적인 감정, 거친 언어습관 및 부적절한 분노 표현			
12	현실적인 장기 목표 없음 : 장기 계획을 개발하고 성취하지 못하는 무능력 또는 지속적인 실패			
13	충동적 : 반성이나 계획이 결여되고 결과를 고려하지 않고 행동			
14	무책임성 : 약속 및 의무를 이행하거나 명예를 훼손하는 반복된 행위			
15	청소년 비행 경력 : 13-18세 사이의 범죄 경력			
16	아동기 품행장애 조기 행동 : 13세 이전에 다양한 비행여부			
17	조건부 가석방 취소 경험 : 규칙위반으로 보호관찰, 가석방 등 취소			
18	난잡한 성적 파트너 : 단기적인, 즉흥적인, 무분별한 성파트너 선택			
19	많은, 단기적인 결혼 : 장기적인 남녀관계에 대한 헌신 부족			
20	다양한 범죄경력			

행동과학

행동과학(Behavioral science)이란 인간 행동을 체계적으로 연구하여 인간행동의 목적, 의사결정방법, 그 영향요인 등을 규명하는 학문이다. 행동과학은 인지신경과학, 심리학, 경제학, 생물학, 법률, 정신의학 및 정치학 등의 학문을 포섭한다.

행동과학은 의사결정에 영향을 미치는 요인이 있고, 예측 가능한 패턴이 있기 때문에 이러한 인간의 행동패턴을 이해하면 사람들이 더 나은 결정을 내리는 데 도움이 되는 환경을 설계하는 데 사용할 수 있다고 본다. 특히 행동과학자들은 인간의 의사결정은 대부분 기존의 경험법칙을 바탕으로 자동적으로 이루어진다고 주장한다. 행동과학자들은 사회과학자들이 사용하는 연구방법들을 차용하였다.

FBI는 이러한 행동과학을 바탕으로 범인의 행동 역시 일정한 패턴이 있다는 것을 밝혀내고 이것을 범죄수사에 적용하려는 시도를 하게 되었다. 그 출발이 1972년에 설치된 행동과학부라고 할 수 있다.

즉, 1972년에 FBI는 범죄자의 행동을 연구하고, 범죄수사에 활용하도록 훈련시키는, 이른 바 행동분석(Behavioral Analysis)을 바탕으로 행동과학부(Behavioral Science Unit: BSU)를 발족했다.

캘리포니아 경찰이었던 하워드 테텐(Howard Teten)은 1962년에 FBI의 특수 요원이 되었고, 1970년에 범죄 프로파일링 기법들을 통해 수사를 지원할 것을 강조하여 FBI 국립아카데미에서 범죄 프로파일 과정을 가르쳤다. 테텐은 동료인 팻 멀루니(Pat Mullany)와 함께 미국의 최초의 프로파일러라고 할 수 있다.[41]

하워드 테텐

테텐 등은 범죄 프로파일링 기법을 우선 FBI 인질협상지침에 적용하였다. 1974년과 1975년에 멀루니는 몇몇 중요한 인질상황의 성공적

인 협상을 이끌었다. 이것은 후에 FBI의 특별수사관들에 의하여 더욱
정교하게 의해 수정되고 보완되면서 행동분석학이 발달하였다.

　　이후에 BSU는 프로파일러 양성을 위한 요원의 채용과 훈련을
계속하였고, 1990년에 개편되어 FBI 아카데미의 국립강력범죄분
석센터(The National Center for the Analysis of Violent Crime: NCAVC)의 소속으로
이전되면서 그 명칭은 행동분
석과(Behavioral Analysis Unit: BAU)

🏛 **Behavioral Analysis Unit**　　로 변경되었다.[42]

　　미국과 같이 프로파일링
부서의 중요성을 인정하고,
적극적으로 운영하는 국가로는 호주, 캐나다, 영국, 네덜란드와 같
은 국가를 들 수 있다. 한국 역시 행동과학을 프로파일링을 적용한
수사에서 활용하고 있다.

참고문헌

1_AAFS, About The American Academy of Forensic Sciences, https://www.aafs.org/

2_http://www.ksfs.org/board02/list.php/

3_Sugden. (1995). *The Complete History of Jack the Ripper*. New York: Caroll & Graff. 131.

4_National Association of Medical Examiners Web Site, https: //netforum.avectra.com/eweb/DynamicPage.aspx?Site = NAME&WebCode = NAMEInfo

5_국립과학수사연구원, www.nfs.go.kr/

6_동아일보, DNA 수사 진화⋯ "범인이 외계인 아니면 틀릴 수 없다", 2021년 4월 13일자 보도.

7_위키백과, https: //ko.wikipedia.org/wiki/

8_구형남, 김유훈, 최승규 & 김이석. (2011). 법의인류학 감정을 위한 머리뼈골절의 형태 분석 및 도구 추정. 대한체질인류학회지, 24(1), 1−8.

9_의대생신문, 법의인류학의 세계, 2019년 1월 19일자

10_박대균 외, 고리뼈를 이용한 한국인의 성별판별,

11_대한안면통증구강내과학회, 법치의학, http://www.kaom.org/info/part_10.html

12_안용우, 고철희, 허기영, 이상섭, 옥수민, 허준영, ⋯ & 정성희. (2010). 신원불상자의 개인식별에서의 치아의 역할에 대한 고찰. 대한구강내과학회지, 35(2), 111−117.

13_문태영, 곤충은 네가 지난 여름에 한 일을 모두 알고 있다. 카이스트, 2005년 6월 7일자 보도.

14_환경의 변화에 따른 곤충을 주로 연구하는 법곤충학을 말한다.

15_창고의 곡물, 의약품, 의류 등의 저장품에 해를 끼치는 해충을 배상문제와 연계하여 연구하는 법곤충학을 말한다.

16_부산일보, 「법의학과 인체기행」 ⑤ 법의곤충학(下), 2007년 3월 13일자 보도.

17_우동규. (2012). 법곤충학을 이용한 사후경과시간 추정 및 활용. 경찰연구논집, 10, 103−122.

18_이윤성, 독극물 법의학, 대한내과학회지 제76권 제2호, 특별강연, 2009. 261−264.

19_조행만, 변사체에서 풍기는 살구씨 냄새의 의미, 더사이언스타임지, 2011년 1월 12일자 보도.

20_ko.wikipedia.org, 생리학, https://ko.wikipedia.org/

21_Rosenfeld, J. P. (1995). Alternative views of Bashore and Rapp's (1993) alternatives to traditional polygraphy: A critique.

22_Meijer, Ewout H; van Koppen, Peter J (2017). "Chapter 3. Lie Detectors and the Law: The Use of the Polygraph in Europe". In Canter, David; Žukauskiene, Rita. Psychology and Law: Bridging the Gap. Routledge.

23_Niedermeyer, E., & da Silva, F. L. (Eds.). (2005). Electroencephalography: basic principles, clinical applications, and related fields. Lippincott Williams & Wilkins

24_경찰청, 과학수사기본규칙 제23조, 2020.

25_윤대중, & 곽대훈. (2017). 법최면 수사의 효용성에 대한 연구. 한국범죄심리연구, 13, 141−160.

26_머니투데이, 고 손정민씨 사건서 실시한 '법최면'⋯ 어떤 수사기법?, 2021년 6월 1일자 보도.

27_박세환, 차세대 디지털 포렌식 기술시장 동향 분석, ITFIND, 2020.

28_주간조선, '최순실 태블릿 PC' 잡은 일등 공신 디지털포렌식의 진화, 2017년 6월 12일자 보도.

29_권양섭. (2019). 디지털 증거의 증거능력에 관한 대법원 판례 분석−위법수집증거와 증거능력을 중심으로. 디지털포렌식연구, 13(1), 1−11.

30_Silde, A., & Angelopoulou, O. (2014, September). A digital forensics profiling methodology for the cyberstalker. In Intelligent Networking and Collaborative Systems (INCoS), 2014 International Conference on (445−450). IEEE.

31_Brussel. (1968). Casebook of a crime psychiatrist. Bernard Geis Associates; distributed by Grove Press. 29−46; Turvey, et, al. 13에서 재인용.

32_폴 폴랜드지음, 최수목 편역, 이웃집 사이코패스, 동아일보사, 2013. 56−57.

33_동아일보, 정신질환 범죄자의 재범⋯법무부−복지부, 책임은 누가 더 클까, 2020년 12월 11일자 보도.

34_법무연수원, 범죄백서, 2021. 144−146.

35_이근후 외, 정신장애의 진단 및 통계편람(역서), (서울: 하나의학사, 1995), p. 807; 권석만, 이상심리학의 기초 (서울: 학지사, 2014), 202; 허경미, 현대사회와 범죄학, 박영사, 2016. 62~66.

36_① 편집성(망상성) 성격장애: 타인의 행동이 악의에 찬 동기를 가지고 있다고 해석하는 등 불신과 의심을 많이 하며, 지속적인 갈등을 일으키며, 적대적 태도를 취하는 인격장애이다.

② 정신분열성 성격장애: 사회적 관계에서 고립되고 감정표현이 제한된 인격장애이다.

③ 분열형 성격장애: 관계가 가까워지면 급성불안이 일어나고, 인지 또는 지각의 왜곡, 그리고 괴이한 행동을 보이는 인격장애이다.

④ 반사회성 성격장애: 타인의 권리를 무시하고, 침범하는 인격장애이다.

⑤ 경계성 성격장애: 대인관계, 자아상, 그리고 정동이 불안정하고 심하게 충동적인 인격장애이다. 폭식과 폭음이 잦으며, 자살률이 높은 특징을 보인다.

⑥ 연극성 성격장애: 과도하게 감정적이고, 타인의 관심을 끌려는 인격장애이다.

⑦ 자기애성 성격장애: 자신에 대한 과대평가, 칭찬에 대한 과도한 욕구, 공감의 결여를 특징으로 하는 인격장애이다.

⑧ 회피성 성격장애: 사회활동의 억제, 부적합감, 부정적 평가에 대한 과민성을 특징으로 하는 인격장애이다.

⑨ 의존성 성격장애: 보살핌을 받고자 하는 과도한 욕구가 있는, 순종적이고 의존적 행동을 특징으로 하는 인격장애이다.

⑩ 강박성 성격장애: 정리정돈, 완벽성, 그리고 통제에 대한 과도한 집착을 특징으로 하는 인격장애이다.

37_Frank Schmalleger, Criminloogy Today: An Integrate Introduction, 3rd (ed.), (New Jersey: Prentice Hall, 2002), 175~176.

38_Albert Rabin, "The Antisocial Personality Psychopathy and Sociopathy," in The Psychology of Crime and Criminal Justice, (ed.), Hans Thoch, (NY: Holt, Rinehart and Winston, 1979), 236~251.

39_De Oliveira Souza, R., Hare, R. D., Bramati, I. E., Garrido, G. J., Ignácio, F. A., Tovar Moll, F., & Moll, J. Psychopathy as a disorder of the moral brain: Fronto temporo limic grey matter reductions demonstrated by voxel based morphometry, (NeuroImage, 40(3), 2008), 1202~1213.

40_허경미, 현대사회와 범죄학, 박영사, 2016.

41_Ronson, Jon (15 May 2010). "Whodunnit?". London: The Guardian. Retrieved 28 September 2010.

42_국립강력범죄분석센터(The National Center for the Analysis of Violent Crime: NCAVC)는 그 소속 기관으로 ① Behavioral Analysis Unit (BAU) — East/West Regions; ② Child Abduction Serial Murder Investigative Resources Center (CASMIRC); ③ Violent Criminal Apprehension Program (VICAP) 등이 있다. http://www.fbi.gov/hq/isd/cirg/ncavc.htm, 2007. 8. 9 검색.

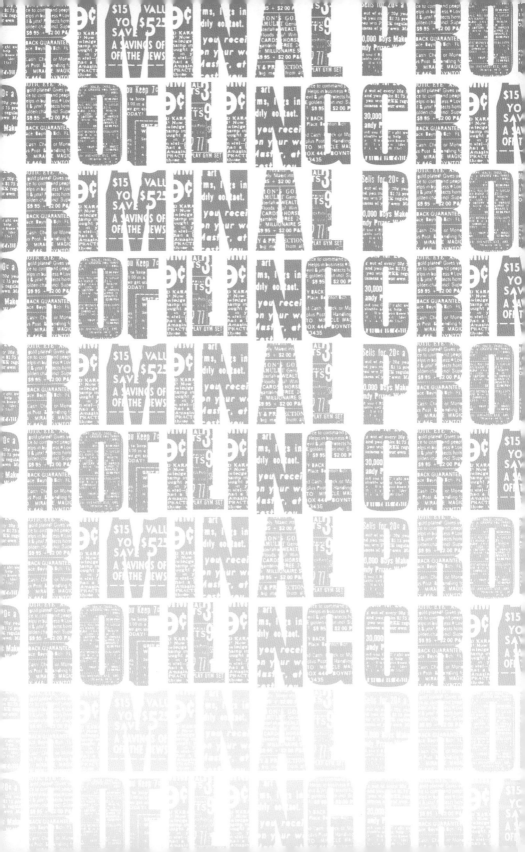

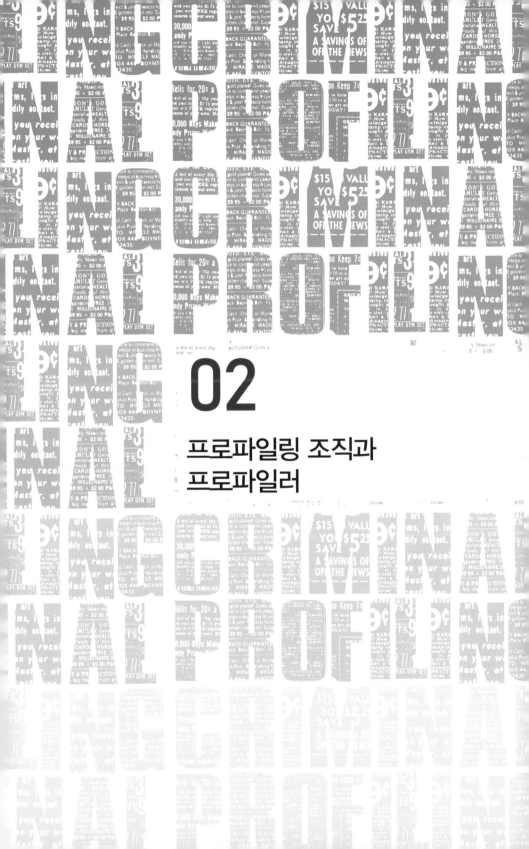

02

프로파일링 조직과
프로파일러

CRIMINAL
PROFILING

1장

미국과 영국의 프로파일링 조직

미국의 프로파일링 조직

행동연구및교육단(BRIU)

　미국은 1972년 FBI아카데미에 행동과학단(Behavioral Science Unit: BSU)을 만들어 경찰 및 FBI요원들을 대상으로 프로파일링 교육을 시작하였고, 이어 교도소 수형자들을 대상으로 성격조사프로젝트를 추진하는 등 프로파일링에 대한 연구와 현장수사에 적용하였다. 2018년에 FBI Academy의 행동과학단(Behavioral Science Unit: BSU)은 그 명칭이 행동연구및교육단(Behavioral Research and Instruction Unit: BRIU)으로 변경되었다. BRIU는 행동과학적 지식을 바탕으로 FBI 학생, FBI 신입요원, 경찰, 군수사기관, 관련 분야 학계의 종사자들에게 테러리스트 사고 방식과 경찰의 대응 이해, 폭력적 극단주의에 맞서기, 인질협상 및 체포론, 청소년범죄, 위기관리, 사망사건수사, 응용행동과학, 범죄학, 조직범죄, 교도소갱문화, 정신병리학 등에 대한 교과목을 개발하여 교육과정을 진행하고 있다.

BRIU는 또한 국제경찰미래학자협회및 FBI와 함께 미래워킹그룹 (Futures Working Group)을 형성하고 있다. Futures Working Group의 목 적은 공공의 안녕과 시민의 안전보호를 위해 지역, 주, 연방 및 국제 법 집행기관의 효율성을 극대화하기 위한 예측 및 전략을 개발하고 장려하는 것이다. 또한 일반 대학의 학생들에게 풀 타임 무급 인턴십 기회를 제공하고 FBI의 Honors Internship Program에 참여할 수 있 는 기회를 부여하고 있다.

국립강력범죄분석센터(NCAVC)

로버트 레슬러와 터텐, 멀루니 등이 1972년에 FBI아카데미에 설 치된 행동과학부(The Behavioral Science Unit)에서 근무하면서 교도소의 연 쇄살인범들을 면담하고, 그 관련자료를 분석하는 등의 범죄인성격조 사 프로젝트(Criminal personality research project: CPRP)를 진행하였다. 이와 같은 조사결과가 범죄사건 해결에 도움을 주자 좀 더 행동과학적인 측면에서 연구하고, 이를 다시 데이터베이스화할 필요가 있다는 공 감대가 형성되었다. 1981년 FBI의 프로파일러이자 수사관인 로버트 레슬러(Robert K Ressler)와 그의 동료들이 국립강력범죄분석센터(National Center for the Analysis of Violent Crime: NCAVC)를 FBI에 설치할 것을 제안하였 다. 레이건 대통령이 1984년 6월 21일 승인하였다. 이러한 과정은 미 국이 프로파일링을 활용한 수사 및 그 기법 등에 있어 독보적인 위상 을 차지할 수 있게 된 배경이기도 하다.

NCAVC는 크게 세 프로그램을 운영한다. 행동분석단(BAU), 아동 납치연쇄살인수사자료센터(CASMIRC) 및 폭력범죄체포프로그램(VICAP) 등이다. 그리고 이를 지원하는 두 개의 부서 등 모두 다섯 개의 부서 로 구성된다.

첫째, NCAVC의 행동분석단(Behavioral Analysis Unit: BAU)은 1997년에

설치되었다. BAU의 임무는 일반적으로 폭력 행위 또는 테러 위협과 같은 중대하고 심각한 범죄연구, 사례공유, 연교육 및 행동기반조사 등을 제공한다. BAU는 5개 부서(Behavioral Analysis Unit 1-5)로 분류된다. 이들은 각각 대테러, 방화 및 폭격 문제를, 위협, 사이버 범죄 및 공공부패, 아동대상범죄, 성인대상범죄(ViCAP) 및 연구, 전략개발 및 교육 등을 담당하고 있다.

둘째, NCAVC의 아동납치연쇄살인수사자료센터(Child Abduction Serial Murder Investigative Resources Center: CASMIRC)는 1998년 10월에 30일 의회에서 통과된 성범죄자로부터아동보호법(the Protection of Children From Sexual Predators Act)의 일부로 설치되었다. 이 센터는 아동 납치, 아동실종, 아동살인, 연쇄 살인 사건등과 관련하여 연방 법 집행 자원의 조정 및 제공, 교육 및 기타 전문 지식의 적용을 통해 관련 사건의 수사를 지원하는 역할을 하고 있다.

셋째, NCAVC는 1985년부터 교도소의 살인범 및 강력범 등을 면

ViCAP가 수배 중인 살인범 및 실종자 중 일부

ViCAP Homicides and Sexual Assaults
SANTANA ACOSTA

ViCAP Missing Persons
JENNIFER L. WILSON-DERBY, KANSAS

자료: https://www.fbi.gov/wanted/vicap/

담한 자료 및 기존의 강력범 등의 자료 등을 데이터 베이스화하는 작
업을 벌여 강력범체포프로그램(Violent Criminal Apprehension Program: ViCAP)
이라는 컴퓨터프로그램을 만들어 운영하고 있다.

　　이 프로그램은 전국의 법집행기관공무원들이 관할 지역에서 발
생한 강력사건(성범죄, 아동납치유괴사건, 살인사건, 실종사건 등 강력사건, 미제강력사건
등)에 대하여 정보를 입력하여 관리함으로써 동일범 및 용의자, 실종
자를 찾아내며, 미제사건 등을 해결하도록 하는 범죄정보공유시스템
이라고 할 수 있다.

　　연쇄살인 용의자가 확인 된 경우와 같이 범죄 활동 패턴이 발견
되면 ViCAP는 각 기관 간의 의사 소통을 조정하여 법 집행 기관을
지원할 수 있다. 또한 용의자에 대해 FBI 웹사이트에 공개수배(ViCAP
Alert)를 하며, 동시에 각종 온라인 사이트 및 뉴스 레터 및 기타 간행
물을 통해서도 수배를 진행한다. 이때 범행정보와 수법, 범죄자 개인
정보, 사건담당 기관과 담당자 전화번호 등에 대한 정보를 공개하여
효율적으로 범인을 식별하고 정보공유 및 체포 등이 이루어지도록
한다.

자료: https://www.fbi.gov/

∷∷∷ HOMICIDES

Victim - Janine Ann Johler
Aurora, CO 5/1/2009

Unknown Suspect
Yonkers, NY 1989~1996

Unknown Suspect Yuma,
AZ 6/24/2005

Victim - Oakey "Al" Kite, Jr.
Aurora, CO 5/25/2004

자료: ViCAP, https://www2.fbi.gov/wanted/vicap/vicap.htm

영국의 프로파일링 조직

민간기업

영국의 범죄인 프로파일링 관련 감정 및 분석 등은 원칙적으로 민간기업이 담당하며, 정부가 그 가이드라인을 제시하는 방식으로 진행된다. 이와 같은 민간분야 위탁방식은 형사사법행정의 민영화정책에 의해 추진되었다. 영국은 이미 1991년에 형사사법법(Criminal Justice Act, 1991)을 통하여 알콜중독범에 대한 치료 프로그램을 민간에 위탁토록 규정한 것을 시작으로 2003년의 형사사법법의 개정 및 2007년의 범죄인관리법(Offender Management Act, 2007), 2009년의 검시관 및 사법

법(Coroners and Justice Act, 2009) 등을 통하여 사회내처우의 강화 및 그 민
영화 작업을 체계적으로 진행해왔다. 또한 2015년 이후 민간교정회
사를 모든 사회내처우 프로그램에 참여케 한다는 방침을 발표함으로
써 민간교정회사와 보호관찰 트러스트가 사회내처우 프로그램의 집
행에 있어 상호 경쟁적인 관계를 형성하게 되었다. 법과학서비스(The
Forensic Science Service: FSS)는 1999년 4월 1일에 내무부 산하의 집행기관
으로 발족되어 1999년 4월 1일에 공공법인으로 전환했다. 이후 논의
를 거쳐 2005년 12월에 내무부 산하의 독립기관에서 내무부 산하의
공기업으로 변경되었다.

　　그런데 영국 정부는 민영 프로파일링 기업들과의 경쟁으로 시장
점유율이 낮아지면서 법과학서비스의 손실이 늘어나자 2009년 10월
22일 일단 일부 지역의 지소를 폐쇄하는 조치를 취하였다. 이후 2010
년 12월 4일 내무부는 2012년 3월까지 FSS를 매각하거나 폐쇄하겠다
는 방침을 밝혔다. 그리고 2012년 3월 31일 FSS는 해산되었다.

　　이에 대해 영국 정부는 국가의 형사사법 책임을 민간에게 떠넘
기며, 프로파일링 제도를 후퇴시켰다는 등의 비난에 직면했다. 그런
데 영국의 이와 같은 정책 변화는 형사사법시스템에 과감하게 추진
하고 있는 민영화 및 아웃소싱을 통한 예산절감 정책 등을 반영하는
것이다.[1] 이후 영국의 법과학서비스는 민간기업(private sector)들에 의해
서도 이루어지고 있다.

법과학 규제관

　　한편 영국 정부는 2007년부터 내무부 산하에 법과학자문위원회
(The Forensic Science Advisory Council)를 설치하는 방안을 의회와 논의하였
고, 의회는 2011년 법과학규제관(Forensic Science Regulator: FSR)을 임명하는
조건으로 이를 승인하였다(법의학과학감독관으로 칭하기도 한다).[2]

　　2021년 현재 법과학규제관은 2021년 5월 16일에 임명된 게리 푸

(Gary Pugh OBE)이다.[3]

　　2021년에 새로 제정된 신법과학규제법(The new Forensic Science Regulator Act 202)은 법과학규제관에게 부적절한 법고학서비스 제공 등에 대한 조사권(Investigations)을 매우 광범위하게 규정하고 있다.[4] 구체적인 권한은 다음과 같다.

　　─ 경찰 및 형사사법기관에 대해 제공되는 법과학 서비스의 품
　　　질 표준을 수립하고 준수 여부에 대한 모니터링
　　─ 경찰 및 형사사법기관에 대해 법과학 서비스를 제공하는 법
　　　과학공급자 및 종사자의 자격요건 심사 및 인증
　　─ 국가 법과학 정보 데이터베이스에 적용되는 품질 표준 준수
　　　설정 및 모니터링
　　─ 법과학의 품질 기준과 관련된 문제에 대해 내무장관, 경찰,
　　　형사사법기관, 공급 업체 및 저전문가들과의 의견조율
　　─ 법과학 서비스 제공의 품질 기준과 관련하여 이해 관계자 및
　　　일반 대중의 불만을 처리

　　법과학규제관은 내무부에 소속되어 있으나 독자적으로 업무를 수행하며, 그 소속으로 3명의 과학자와 1명의 연구원을 두고 있으며, 그 관할은 잉글랜드 및 웨일즈의 법집행기관 및 스코틀랜드와 북아일랜드의 법집행기관 중 양해각서를 맺은 법집행기관들에게 미친다.[5]
　　한편 FSR이 제시한 프로파일러의 자격요건과 기준에 의하여 확보된 범인의 진술이나 자료 등은 법정에 증거로 제출될 수 있으며, 증거능력이 인정된다.

법과학규제관(Forensic Science Regulator: FSR)의 관할 대상

- 법과학자문위원회(Forensic Science Advisory Council)
- 물질감식 전문가그룹(Contamination specialist group)
- 지문감식 전문가그룹(Fingerprint quality specialist group)
- 디지털포렌식 전문가그룹(Digital forensics specialist group)
- 유전자분석 전문가그룹(DNA analysis specialist group)
- 최종 사용자 전문가그룹(End user specialist group)
- 법의병리학 전문가그룹(Forensic pathology specialist group)
- 의료법의학 전문가그룹(Medical forensics specialist group)
- 품질표준 전문가그룹(Quality standards specialist group)
- 증거평가 전문가그룹(Evidence assessment specialist group)

자료: GOV.UK, Forensic Science Regulator.

::::: 법과학규제관 게리 푸

    게리 푸(Gary pugh OBE)는 2021년 5월 16일에 시작하여 임기 3년 동안 영국의 형사사법시스템 전반에 걸친 법과학 서비스의 품질기준을 제시하고, 그 준수여부를 모니터링하며, 규제하는 등의 임무를 수행한다. 게리 푸는 수도경찰청의 법과학서비스의 최고책임자이었으며, 관련 분야에 40여년 동안 근무하였고, 법과학자로서 「국가 거버넌스위원회및운영」(national governance boards and operations)를 이끌었다.

자료: GOV.UK, https://www.gov.uk/government/news/gary-pugh-appointed-forensic-science-
regulator-for-england-and-wales

참고문헌

1_BBC NEWS, Businessmen, lawyers and justice, 2013 .7. 9. http: //www.
bbc.co.uk/news/uk─20953644/ 2015년 1월 30일 검색.; 허경미, "영국
사회내처우제의 정책적 시사점 연구", 교정연구, 61, 한국교정학회, 2013,
127─152.

2_Parliament, UK,The Forensic Science Service─Science and Technology
Committee Contents, http: //www.publications.parliament.uk/pa/
cm201012/cmselect/cmsctech/855/85506.htm

3_GOV.UK, https://www.gov.uk/government/news/gary─pugh─
appointed─forensic─science─regulator─for─england─and─wales

4_legislation.gov.uk, Forensic Science Regulator Act 2021, https://www.
legislation.gov.uk/ukpga/2021/14/contents

5_GOV.UK, Forensic Science Regulator, https://www.gov.uk/
government/organisations/forensic─science─regulator/about

6_https://www.gov.uk/government/people/gary─pugh#biography/

2장

미국과 영국의 프로파일러가 되려면

미국, FBI의 프로파일러(Supervisory Special Agents)

FBI의 프로파일러는 정식명칭이 아니다. 프로파일러가 되려면 먼저 FBI요원(Special Agents)이 되어야 한다. FBI요원의 기본적인 자격요건은 다음과 같다.

프로파일러가 되려면 지원 당시 연령은 23세에서 36세 사이로 퇴직까지 20년 동안 근무할 수 있어야 한다. 4년제 대학의 법의학, 형사사법학, 심리학 또는 관련 분야에서 학사 학위를 취득해야 한다. 또한 2년 이상의 관련분야 정규직 근무경험이 필요하다. 석사의 경우 1년 이상의 정규직 근무경험이 필요하다. 유효한 운전면허증을 소지하고 6개월 간의 운전경험 및 일정한 체력기준을 충족해야 한다. 또한 FBI아카데미에서 20주 정도 교육을 받아야 한다.

이후 FBI요원으로 3년 이상 근무할 경우 프로파일러(Supervisory Special Agents) 지원 자격을 갖추게 된다.[1] 다음으로 프로파일러가 되

려면 지원자는 SASS(Special Agent
Selection System)를 통과해야 한다.
이는 프로파일러로서 정신적 및
신체적으로 가장 적합한 후보자
를 선발하는 절차로 3단계이다.

자료: FBI
https://www.fbijobs.gov/students/undergrad/

1단계는 논리와 추론(logic
and reasoning) 테스트를 통과해야
하며, 2단계는 면접과 서면평가(written assessment)를 통과해야 한다. 3단
계는 체력 테스트 및 신원조회(background check)를 통과해야 한다. 이후
FBI아카데미에서 20주 훈련 과정을 거쳐야 한다. 교육 수료 후 정식
으로 FBI NCAVC에 배치된다.

프로파일러와 관련한 교과목은 개인특성진단, 사망원인 분석, 전
략적 인터뷰, 범죄 연관성 분석, 위협의 평가 및 관리, 미디어 및 재
판전략, 법정에서의 전문가 증언, 지리적 프로파일링, 다기관 조정 등
이다.

한편 프로파일러에 대하여 국립강력범죄분석센터(NCAVC)의 행동과
학연구 및 교육부(BRIU)가 재교육을 담당하며, 행동과학적 측면에서 응
용 범죄학/범죄 행위의 심리·사회적 태도/갈등과 위기관리/커뮤니케
이션/법 집행의 미래학/청소년 폭력/변사사건수사/갱단의 심리·사회
적 행동과 갱단의 사고방식/법 집행의 스트레스 관리, 사이버 범죄자,
대인적 폭력 등 성격특징, 행동특성, 갈등해결 등의 전략과 기술 등을
중점적으로 강의한다.

한편 FBI아카데미의 BRIU는 경찰과 군대, 그리고 연방수사관 등을
비롯하여 미국의 법집행기관원들에게 뿐만 아니라 외국경찰 등에게도
연수기회를 부여하고 있으며, 대학생 및 FBI특별수사관을 희망하는 사람
들에 대하여 다양한 인턴십 프로그램(FBI Honors Internship Program)을 운영
하고 있다. 또한 BRIU는 범죄문제해결 및 시민의 안전을 도모하는 미
국의 경찰조직을 포함한 다양한 국내외 법집행기관들과 미래워킹그룹

(Futures Working Group)이라는 협력적 파트너십 관계를 구축하여 운영하고
있다.[2]

::::::: **국립강력범죄분석센터 자원봉사 실습 프로그램**
(National Center For The Analysis Of Violent Crime
Volunteer Practicum Program)

공고문 일부

필수 자격(Required Qualifications)

이 프로그램에는 제한된 수의 슬롯이 있기 때문에 우수한 학업능력, 뛰어난 성격 및
높은 수준의 의욕을 가진 개인만 선택됩니다. 고려 대상이 되려면 개인은 신청 당시 다
음 자격을 모두 충족해야 합니다.

* 후보자는 미국 교육부 장관이 인정한 지역 또는 국가 기관 협회 중 하나에서 인증
  한 대학에 재학 중이어야 합니다.
* 학부생은 최소 3학년 이상이어야 하며, 단과대학 또는 종합대학에 최소 시간제 재
  학 중이어야 합니다.
* 대학원생(석사, 박사, 법학)은 단과대학 도는 종합대학에 재학 중이어야 하며, 시간
  제 이상 재학 중이어야 합니다.
* 학생은 4.0 척도에서 최소 누적 학점 평균(GPA)이 3.0 이상이어야 하며 교육 기관
  과 좋은 관계를 유지해야 합니다.
* 응시자는 강력한 작문 능력, 분석 능력 및 컴퓨터 능력이 있어야 합니다.
* 후보자는 미국 시민이어야 합니다.
* 후보자는 모든 FBI 고용 요건을 충족하고 기본적인 FBI 배경 조사를 통과할 수 있
  어야 합니다....

자료: FBI, FBI-NCAVC Volunteer Practicum Application 2019-2020.

영국의 프로파일러

영국은 프로파일러를 공식적으로는 법의심리학자(Forensic Psychologist)라고 칭한다.[3]

영국에서 프로파일러가 되려면 영국심리학협회(The British Psychological Society: BPS)의 인증을 받은 심리학 3년제 과정의 심리학 학위, 법의심리학 대학원 석사와 영국심리학협회(BPS)가 감독하는 기관에서의 2년 동안의 공인된 실습과정을 거쳐야 한다.

영국고용부는 국립채용정보서비스(National Careers Service)를 통하여 프로파일러(Forensic psychologist)의 업무를 경찰수사과정에서의 범죄적 행동, 범죄인 심리진단, 교정시설의 사회복귀프로그램 지원 및 정신의학시설내 대상자 치료지원, 그리고 형사사법기관의 범죄자 처우 정책개발지원 및 참여, 범죄행동연구참여 등으로 설명하고 있다.[4] 좀 더 구체적으로는 범죄행동의 특별한 징후진단, 수형자분류, 개별수형자 교육 및 처우 프로그램 개발, 가석방대상자에 대한 정신진단, 수형자에 대한 행동관찰보고서작성, 개별처우정책 및 전략 등 제안, 신규 프로파일러에 대한 교육 및 훈련 등이라고 적시하였다.

범죄인 프로파일러는 경찰서나 검찰, 법원, 교도소, 병원, 보호관찰소, 일반기업체 등 다양한 기관에서 전임직 또는 시간제, 프리랜서 등의 형태로 다양하게 일할 수 있다.

영국의 경우 교정 및 보호관찰 업무의 상당영역이 민간기업에 위탁하는 방식의 민영화를 도입하고 있어 민영형사사법기관에 근무할 경우 범죄분석관 역시 민간인이라고 할 수 있다. 다만, 이들의 업무는 위탁받은 영역 내에서는 공공성을 가지고 있고, 범죄분석의 가이드라인이 이미 FSR에 의해 규정되어 있는 점 등이 반영되어 이러한 요건이 준수된 경우 법정에서의 증거능력은 제한되지 않는다. 급여수준은 경력에 따라 3~4만 5천 파운드 정도로 추정하고 있다. 관리자급은 7만 파운드 정도인 것으로 알려지고 있다.

특히 프로파일러의 자격을 갖추었더라도 정신건강전문가협회 (HCPC)를 통하여 반복적인 훈련을 받아야 하며, 고용주 역시 이를 승인하여야 하며, 교정시설 등을 통하여 임상경험훈련을 반복적으로 행하는 것을 조건으로 자격을 유지토록 함으로써 이들의 전문성을 강화하고 있다. 영국의 고용노동부는 프로파일러에게 필요한 자질과 태도를 다음과 같이 제시하고 있다.[5]

영국의 고용노동부가 제시한 프로파일러의 자질과 태도

- 범죄자에 대한 위험 평가 준비
- 수감자를 위한 최적 처우 프로그램 조언
- 치료 및 재활 프로그램 개발
- 심리 치료를 제공
- 가석방위원회, 정신장애판정 법정 및 법원에 전문가 조언 제공
- 공식적인 서면 보고서 작성
- 정책 및 전략 작성에 도움
- 새로운 심리학자를 교육하고 멘토링
- 수용자의 스트레스를 줄이는 적절한 처우방법 모색

자료: National Careers Service, https://nationalcareersservice.direct.gov.uk/

영국과 미국의 프로파일링제도의 특징을 다음과 같이 정리할 수 있다. 첫째, 영국은 프로파일러가 형사사법기관 전반에서 활동하며, 미국의 경우 기본적으로 NCAVC의 업무영역으로 둔다는 점은 근본적인 차이점이 있다. 둘째, 영국의 경우 FSR을 통해 자격요건 및 교육의 표준을 제시하여 전문성을 확보하려는 노력을 하고 있는데 비해 미국은 BRIU를 통하여 프로파일러의 교육 및 인턴십 과정 등을 운영하며, 경찰이나 FBI 요원으로서 최소 3년 이상의 근무경력을 요구함으로써 현장적응성 및 전문성을 사전적으로 확보하려는 장치를 가지고 있다. 셋째, 양국 모두 심리학을 바탕으로 하되, 미국의 경우 범죄학, 법의학, 사회학 등 인접학문을 인정하여 외연을 확장하고 있다. 넷째, 미국은 연방수사기관인 FBI의 특별수사관으로 프로파일러를 임명하여 연방범죄 수사 및 경찰 등 법집행기관의 수사를 지원토록 하고 있다. 다섯째, 양국 모두 범죄 프로파일링의 결과가 직접증거로 채택되지는 않지만, 일정한 자격요건을 갖춘 프로파일러에 의한 프로파일링은 범인행동이나 물적 증거를 증명하는 증거로 인정받고 있다. 여섯째, FSR과 BRIU가 연구, 기술, 절차, 교육 등의 표준을 제시하고 법집행기관 등에의 중심축 역할을 하며, 경찰을 포함한 국내외 법집행기관들과 Futures Working Group이라는 협조적 파트너십을 유지한다는 점이다.

참고문헌

1_STUDY.COM, Become a FBI Profiler: Education and Career Roadmap, https://study.com/articles/Become_a_FBI_Profiler_Education_and_Career_Roadmap.html/

2_FBI, Futures Working Group, http://www.fbi.gov/about－us/cirg/investigations－and－operations－support/fwg

3_prospects, https://www.prospects.ac.uk/job－profiles/forensic－psychologist

4_영국고용부는 국립채용정보서비스(National Careers Service)를 통하여 잉글랜드 및 웨일즈 지방의 13세 이상을 대상으로 영국내 직업의 종류, 자격, 요건, 학력, 취업기회, 급여수준, 고용조건, 경력개발 등에 관한 정보를 온라인 또는 전화로, 그리고 19세 이상을 대상으로는 대면으로 제공하고 있다. National Careers Service, https://nationalcareersservice.direct.gov.uk/Pages/Home

5_National Careers Service, Forensic psychologist, https://nationalcareers.service.gov.uk/job－profiles/forensic－psychologist

3장

한국의 프로파일링 조직과
프로파일러

한국의 프로파일링 조직

경찰청

경찰청은 2004년 7월부터 과학수사관리관 산하에 범죄분석담당
관실을 설치·운영 중에 있다. 2005년 및 2006년에 30명, 2007년 20
명을 채용, 경찰청 및 서울경찰청을 제외하고는 각 지방경찰청에 1명
또는 2명이 별도의 조직 없이 과학수사대에 소속되어 활동하고 있다.
경찰청과 그 소속기관 직제 시행규칙 제14조에 따라 2021년부터는
전국 18개 지방경찰청에 2인 이상 배치되어 있다. 모두 40여 명이다.

그런데 범죄분석관이 경찰청이나 지방청 단위의 상급 기관에 배
치됨으로써 오히려 사건에 대한 접근성과 집중성이 떨어진다는 의견
도 제시된다. 미국이나 영국의 경우에도 프로파일러와 수사관과의 업
무연계의 어려움과 원활하지 못한 의사소통이 지속적으로 지적되고

있어[1] 이는 비단 한국의 문제만은 아닌 것으로 보인다.[2] 다만, 그 신분을 수사경찰 경장계급으로 임용함으로써 계층제적인 경찰조직의 특성상 업무의 독립성을 더욱 인정받기 어려운 상태라는 것을 알 수 있다.

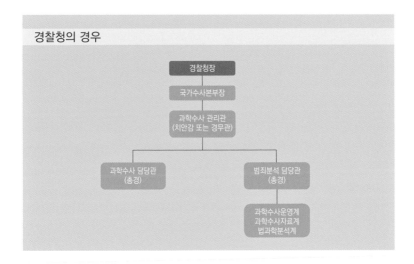

경찰청의 경우

경찰청장

국가수사본부장

과학수사 관리관
(치안감 또는 경무관)

과학수사 담당관
(총경)

범죄분석 담당관
(총경)

과학수사운영계
과학수사자료계
법과학분석계

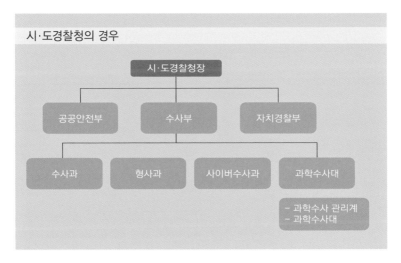

시·도경찰청의 경우

시·도경찰청장

공공안전부   수사부   자치경찰부

수사과   형사과   사이버수사과   과학수사대

- 과학수사 관리계
- 과학수사대

검찰청

검찰의 경우 2015년 2월 과학수사부서를 신설해 운영하고 있다.[3] 검찰은 심리분석에 대하여 다양한 심리학적 원리들을 적용하여 진술의 진위여부를 판단하는 기법이며 크게 심리생리검사(폴리그래프 및 뇌파검사), 행동분석 그리고 일상심리평가 등으로 구분하면서 이러한 세 분석을 통합하여 최종적으로 범죄자의 심리 및 행동을 재분석하는 통합심리분석을 그 기법과 유형으로 정의하고 있다. 즉, 이는 검찰이 사건이 송치된 이후에 또 다시 수사 중인 사건의 피의자나 기소하여 재판 중인 피고인에 대하여 심리분석을 진행하는 것으로 동일한 범죄자에 대한 중복적인 분석작업이 진행될 수 있다는 것을 보여준다.[4]

대검찰청의 분석검사 절차

검사의뢰 → 검사준비 → 검사전 면담 → 검사실시 → 결과분석 → 검사후 면담 → 결과통보

자료: 대검찰청, 과학수사, https://www.spo.go.kr/site/spo/

∷∷∷ 대검찰청의 범죄분석 사건 사례

'상주 농약사이다' 사건

일명 '상주 농약사이다' 사건 피의자에 대하여 통합심리분석을 실시하였습니다. 당시 피의자는 자신은 마을회관에 있던 사이다에 농약을 섞은 사실이 없으며 피해자들이 왜 쓰러졌는지 몰랐다고 주장하였으나 통합심리분석결과, 피의자의 주장은 신빙성이 없다고 결론내렸고 분석결과에 대한 분석관의 법정증언이 있었습니다. 피의자는 유죄가 인정되어 무기징역 확정판결을 받았다.

'양양 일가족 방화살인' 사건

강원도 양양군 조용한 시골마을에서 일가족이 불에 타 사망한 사건이 발생하였습니다. 피의자는 피해자에 대한 1,880만원의 채무를 면탈하려는 목적으로 수면제를 탄 맥주 및 음료수를 들고 피해자 집에 찾아가 피해자와 피해자의 아이들에게 먹여 정신을 잃도록 한 다음 집에 휘발유를 뿌린 뒤 불을 붙여 살해하였습니다. 피의자는 불이 붙은 뒤 자신의 행동에 후회하며 구호작업을 하였다고 주장하였으나 통합심리분석결과 이러한 주장은 신빙성이 떨어진다는 결론을 내렸고 피의자는 유죄가 인정되어 무기징역 확정판결을 받았다.

'내연녀의 청산가리 독살' 사건

피고인은 내연남의 부인인 피해자가 남편과의 내연관계를 정리할 것을 요구하자 이에 앙심을 품고 청산가리를 섞은 술을 피해자에게 마시게 하여 피해자가 사망한 사건이 발생하였습니다. 피고인은 모든 범죄혐의를 부인하였으나 통합심리분석결과 피고인의 주장은 신빙성이 낮은 것으로 밝혀졌고 피고인은 연극적인 성향을 갖고 있는 것으로 나타났습니다. 통합심리분석을 실시한 분석관들 모두 법정증언을 하여 통합심리분석결과가 증거로 채택되었고, 피고인은 유죄가 인정되어 무기징역 확정 판결을 받았다.

'부천 초등생 토막 살인' 사건

친부모인 피고인들이 친아들(7세)을 폭행하고 살해한 후 사체를 토막내어 집 안에 있는 냉장고에 보관한 엽기적인 사건이 발생하였습니다. 대검에서는 통합심리분석을 실시하여 피고인들 진술의 신빙성 유무를 밝혀내었고, 위 결과를 바탕으로 피의자들을 추궁한 결과 공소사실 모두 자백하였습니다. 피고인들은 친부는 징역 30년, 친모는 징역 20년 확정판결을 받았다.

국립과학수사연구원

국립과학수사연구원은 분석사무를 법의학부 법과학부와 법공학부로 분류하고, 법의학부 소속으로 법의검사과를 두었다.

법의검사과에서는 범죄예방, 수사, 재판 그리고 교정 분야 등 사법시스템에서 요구하는 다양한 요구들에 대해 심리학적 원리를 적용하여 법적인 조력을 하고 있다.

법의검사과는 심리검사실과 범죄분석실로 구분된다. 심리검사실은 대상자 진술의 진위를 확인하는 심리생리검사, 진술타당도 분석, 성격과 인지능력 검사 등을 담당한다.

범죄분석실은 피해자 및 목격자의 기억 회상을 돕기 위한 법최면검사와 범죄의 원인과 수법 등에 관한 연구를 수행하는 범죄분석 업무 등을 담당한다.

따라서 국과수의 법의검사과가 범죄인 프로파일링 및 범죄수사를 위한 지원을 하거나 직접 프로파일링 업무를 담당한다고 할 수 있다.

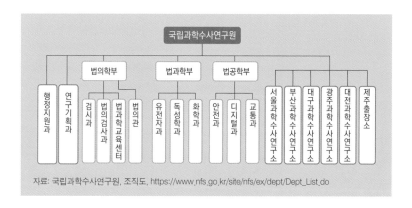

자료: 국립과학수사연구원, 조직도, https://www.nfs.go.kr/site/nfs/ex/dept/Dept_List.do

한국 경찰의 프로파일러

인정되는 경력으로는 범죄수사, 범죄행동(심리)분석, 심리측정(통계), 통계분석 관련 분야 근무(연구)경력을 적시하고 있다. 최종합격자는 실기시험과 체력테스트, 면접을 거치고 자격증 등에 대한 가산점 등을 부여하여 결정하는데 그 배점기준은 실기시험(50%)＋체력(25%)＋면접(20%)＋가산점(5%)의 고득점자순으로 결정한다고 공고하였다.

다음은 2021년도 경찰의 범죄분석관 채용 공고문 중 자격요건에 해당되는 내용이다.

〈아래의 요건 중 한 가지 이상을 충족하는 자〉
▶ 심리학 · 사회학 · 범죄학 · 통계학 전공 관련 학사 학위 소지자 중 동일 분야 석사 학위 이상 소지자
▶ 심리학 · 사회학 · 범죄학 · 통계학 전공 관련 학사 학위 이상 소지자 중 관련 분야에서 근무(연구) 경력 2년 이상인 자
 • 학위 : 전공/학위명에 '심리학 · 사회학 · 범죄학 · 통계학' 이 명시된 경우 인정(복수전공 인정, 부전공 불인정)
 • 경력 : 국가기관 · 지자체 · 공공기관에 준하는 기관 · 법인(외국법인 포함), 민간단체에 소속되어 2년 이상 실제 근무(연구)한 경력
  - 경력은 소속기관 · 단체에서 기획 · 행정업무가 아닌 실제 범죄수사, 범죄행동(심리)분석, 심리측정 · 평가, 통계 분석 활동경력을 필요로 함
  - 학교기관 및 연구기관 행정조교, 대학원 과정, 기숙사 사감

구술 실기는 관련 전공지식의 현장 응용력 및 '범죄행동분석(프로파일링)'에 대한 개념 등 지식을 평가한다.

실기시험의 평가기준은 다음과 같다.

구분	내용	비율(%)
직무지식	• 현장재구성 등 과학수사 기초 지식 • 범죄행동분석 직무 지식(Profiling, 범죄심리 등) • 사건자료 활용 방안 등	40
전공지식	• 심리 · 사회 · 범죄학 기초 • 심리평가 · 측정 • 심리(사회)통계 활용(연구방법론 포함) • 데이터 관리 및 통계(조사)분석 경험 등	40
발전역량	• 범죄행동분석 또는 전공분야 연구 실적 ※ KSCI 등재(후보) 학술지에 논문게재시 평가우대 • 학위 과정 외 관련 교육 실적 ※ Profiling, 범죄심리, 임상심리, 상담, 통계, 심리평가 등 • 관련 업무 실적, 근무 경력 • 개인 업무 추진 계획(발전방안) 등	20

합격자들에게는 수사경과를 부여하며 지역경찰관서(지구대·파출소) 6개월 근무 후 시·도경찰청 과학수사(관리)계·대에서 5년간 의무적으

로 복무하여야 한다. 2021년도에는 최종적으로 8명이 합격하였다.

이는 몇 가지 문제를 보여준다. 첫째는 실기시험과 면접의 내용이 중복될 수 있으며, 그 경계가 모호하다는 점이다. 두 번째는 5년간 프로파일링 업무에만 전종할 요원임에도 불구하고 이들에게 경찰과 동일한 체력종목과 기준을 부여하는 것이 과연 적정한가이다. 셋째, 이들은 수사부서에 곧바로 배치하지 않고 지구대(파출소)에 6개월간 배치한다는 점이다.

한국의 프로파일링 과제

전문화교육 문제

프로파일러의 신임교육과정은 중앙경찰학교에서 34주간 실시되고 있다. 초기단계에는 일반경찰과 별다른 교과내용의 차이를 두지 못하였으나 점차 개선하여 범죄분석실무나 범죄심리학, 형사사진학, 피의자면담기법 등의 프로파일링에 필요한 기초적인 이론을 강화하고 실무적응훈련 과목을 보완했지만, 여전히 현장실습기간은 제한적이다.[5]

프로파일러로 근무하는 동안에는 경찰수사연수원에서 제한적이긴 하지만 범죄분석전문화과정을 통해 재교육기회를 부여하고 있다.

사건정보공유 문제

현재 수사경찰이 관리하고 접근할 수 있는 있는 범죄사건정보시스템은 범죄정보관리시스템(CIMS)과 과학적분석시스템(SCAS), 수사종합검색시스템(CRIFISS) 등이 있으며, 프로파일러의 경우 전체 또는 부분적으로 이 시스템을 공유하고 있다.[6, 7]

그런데 이러한 프로그램들은 대부분 사건을 담당하는 수사경찰이 사건정보를 입력해야 하고, 또한 정보접근권한이 제한적으로 허용되는 경우도 있다. 한편 프로파일러의 업무특성상 광범위하면서도 세부적인 사건정보에 대한 접근권을 행사하여야 하나 대부분 사건 초기단계에서는 사실상 그 행사가 제한적이다.[8]

경찰청의 범죄분석업무운영지침 제4조는 살인 등 중요강력사건에 대해 6개월 이상 해결하지 못할 경우 반드시 사건서류를 편철하기 전에 범죄분석관에게 범죄분석을 의뢰하도록 규정하여 프로파일러의 업무영역을 구체화하였다. 제11조는 프로파일러의 담당수사관에 대한 정보요구권을, 그리고 동 지침 제12조 제1항은 사건담당관서의 형(수)사과장은 중요사건발생 및 검거시 경찰청 과학수사센터장, 지방청 형(수)사과장에게 범죄분석을 의뢰할 수 있고, 범죄분석요원은 신속히 범죄분석보고서를 작성, 통보해야 한다고 함으로써 중요사건에 대한 범죄분석의뢰와 그에 대한 응답의무를 부여하고 있으며, 제2항은 사건담당관서 형(수)사과장은 범죄분석보고서에 대한 수사보고서를 신속히 작성, 통보해야 한다고 함으로써 수사 이후의 결과를 범죄분석관에게 제공하도록 명시하고 있다.

프로파일링의 연속성 문제

경찰조직의 프로파일러는 수사경찰의 한 구성원으로 수사에 참여하는 것이다. 따라서 사건이 검찰에 송치되거나 재판에 계류 중인 경우에 원칙적으로 경찰관인 프로파일러가 다시 동일 범죄인을 대상으로 면담을 하는 등의 기회는 거의 없다고 할 것이다.

그런데 경찰과 검찰의 서로 다른 프로파일링은 수사절차상 검사지휘를 받는 현행 수사구조상 불가피한 측면이 있지만 동일 범죄인을 대상으로 수사단계 마다 다른 프로파일러가 개입하는 것이 과연 효과적인 방법인가에 대한 신중한 논의가 필요하다고 본다.

한편 교정처우 과정의 프로파일링은 범죄유형 및 범죄자 성격, 사회환경, 그리고 범죄패턴, 재판 후의 태도 등에 이르기까지 수사과정에서보다 더 많은 범죄자 정보를 수집하여 데이터베이스화 할 수 있다는 장점이 있다.[9] 그러나 지금까지는 더 이상의 프로파일링은 진행되지 않고 있다. 즉, 교정 및 보호관찰 기간 중의 범죄자의 태도변화 등에 대한 프로파일링 차원의 접근은 이루어지지 않아 대상자들의 정보관리가 단절되는 것이다.

이는 특히 2012년 8월 20일 서울 광진구 중곡동에서 전자발찌를 착용한 채 주부를 성폭행하려다가 살해한 서진환 사건에서 확연하게 드러났다. 당시 전자발찌 착용자였던 서진환을 담당하는 서울 보호관찰관은 지침대로 서진환을 면담관찰하지 않았고, 그나마 같은 해 6월 20일에 면담할 당시 서진환이 '사람을 성폭행하거나 칼로 찌르고 교도소에 들어가고 싶은 마음'이라는 취지의 진술을 했는데도 불구하고 별다른 후속조치를 취하지 않았다는 것이 2013년 감사원의 감사결과 밝혀졌다. 특히 감사원은 당시 서울보호관찰소가 관찰 대상 1,165명 중 서진환을 재범 위험 9위로 분류했으면서도 아무런 조치를 취하지 않았고, 서진환은 7월 18일 주부성폭력사건에 이어 8월의 살인사건까지 이르렀다며 보호관찰의 허술함을 지적하였다.[10]

중곡동 주부 살해사건 이후 달라진 것들

검·경찰 DNA정보 공유	-국과수 DAN검색→미 발견시 대검찰청에 사건정보 포함 검색의뢰→ 대검 자동검색 후 경찰서에 직접 통보 -단, DB통합이나 실시간 검색은 아님
전자발찌법 개정	-긴급 상황시 신상·위치정보를 파악한 뒤 사후영장 처리 가능 -지난 22일 국회 본회의 통과. 시행·공포 전
화학적 거세 확대적용	-피해자 나이에 관계없이 재발가능성에 따라 성 범죄자에 확대 적용 -지난 22일 국회 본회의 통과. 시행·공포 전

자료: 서울신문, 중곡동 주부살해 사건 100일 악마 서진환이 바꿔놓은 제도, 2012년 11월 27일자 보도

그런데 이 사건은 보호관찰소의 부실한 대상자관리도 문제지만 일정한 흉악범에 대하여 교도소의 형집행기간 및 출소 후 보호관찰 기간에도 교정보호처우와 함께 프로파일러와의 면담을 통한 태도 및 행동예측 등의 과정이 병행될 필요성을 보여주는 단적인 사건이며, 흉악범죄자에 대한 수사 및 형사사법기관 간 정보공유의 필요성이 얼마나 절실한지를 보여주는 경우라 할 것이다.

비슷한 사례는 2021년 8월에도 발생하여 출소한 전자발찌 착용자가 보호관찰관의 부주의로 2건의 살인을 저질렀다. 2021년 5월 6일 전자발찌를 부착하고 출소한 강윤성(56세)은 6월 1일과 8월 27일 두 차례 외출제한조치를 위반했다.[11] 그가 6월 1일 외출제한조치를 처음 위반하자 보호관찰소 직원이 찾아가 구두경고하고, 6월 7일 다시 방문해 자술서 형식으로 위반사유 진술조서를 받았다.

강윤성은 첫 살인을 저지른 직후인 8월 27일 0시 14분께 두번째 외출제한을 위반했다. 위반 사실을 감지한 보호관찰소가 전화하자 강씨는 "배가 아파 약을 사러 편의점에 들렀다"고 둘러댔다. 현장에 출동한 보호관찰관은 강씨가 0시 34분께 귀가하자 "30일 소환조사를 받으라"고 통지한 뒤 집 안을 들여다보지 않은 채 돌아갔다. 당시 집에는 강씨가 8월 26일 살해한 40대 여성 피해자의 시신이 있었다는 것이다.

이와 같이 보호관찰관의 단순감시로는 출소한 강력범의 재범억제는 한계가 있다. 이와 같은 사건들은 교도소와 출소 이후에도 프로파일러와의 연계가 필요한 이유를 보여준다.

이와 같은 문제점은 앞서 영국의 경우 교정시설이나 보호관찰소 등에 범죄분석관이 배치되어 필요한 서비스를 제공하는 것과는 대조적이다.

참고문헌

1_Laurence Alison, Alasdair Goodwill, Louise Almond, Claudia van den Heuvel and Jan Winter. "Pragmatic solutions to offender profiling and behavioural investigative advice", *Journal of Personality and Social Psychology, Vol.15, 2010.* 115-132

2_허경미, 「범죄 프로파일링(criminal profiling) 기법의 효과적 활용방안」, 치안정책연구소, 2008, 74

3_대검찰청, 과학수사, https://www.spo.go.kr/site/spo/

4_실제로 심리분석은 경찰청의 과학수사센터 및 국립과학수사연구원, 대검찰청 과학수사담당관실에서 각각 진행될 수 있다. 검찰청, 수사지원분야, http://www.spo.go.kr/spo/

5_허경미. (2015). 범죄 프로파일링 제도의 쟁점 및 정책적 제언. 경찰학논총, 10(1), 205-234

6_시스템의 구성 및 운영에 대해서는 허경미, 「범죄 프로파일링(criminal profiling) 기법의 효과적 활용방안」, 치안정책연구소, 2008, 74-77.

7_윤해성, 전현욱, 양천수, 김봉수, & 김기범. (2014). 범죄 빅데이터를 활용한 범죄예방시스템 구축을 위한 예비 연구 (I). 형사정책연구원 연구총서, 1-431.

8_허경미. (2015). 범죄 프로파일링 제도의 쟁점 및 정책적 제언. 경찰학논총, 10(1), 205-234

9_이창한, "범죄 프로파일링에 있어 경찰과 교정기관의 협력에 관한 연구", 교정연구, 제31호, 한국교정학회, 2006, 251-236.

10_서울신문, "전자발찌 관리 不實이 性범죄 더 키웠다," 2013년 1월 23일자 보도.

11_매일경제, "전자발찌 훼손 살해범은 전과 14범인 56세 강윤성", 2021년 9월 2일자 보도.

4장

유능한 프로파일러와
프로파일링 증거능력

터비가 제시하는 유능한 프로파일러

브렌트 터비(Brent Turvey)는 유능한 프로파일러가 되기 위해서는
다음과 같은 요건을 갖출 것을 주장한다.[1]

유능한 프로파일러가 되려면

- 분석적 사고능력
- 자신에 대한 이해
- 생활경험
- 직관에 대한 적절한 통제
- 편견배제
- 도덕적 평가배제
- 개방적 사고
- 범죄자적 사고

첫째, 분석적 사고능력(Ccritical Thinking)이 필요하다. 프로파일러는

무엇보다 비판적이고 분석적인 사고를 할 수 있어야 한다. 프로파일러들은 잘 연마된 비판적 사고 능력을 가지고 있어야 하며, 객관적이고 규칙적으로 사건들에 다가가야만 한다. 그들은 세부사항에 대한 열정을 가지고 있어야 하고 모든 가정들에 기꺼이 의문을 제기해야만 하며 또한 문제들을 확인하기 위해서는 법과학적 지식과 범죄수사를 이해할 수 있어야 한다.

둘째, 프로파일러는 자기 자신에 대하여 명확히 알고 있어야 한다(Understanding Self). 자신에 대한 명확한 이해는 자신의 욕구·취향·희망·도덕 등을 구별할 줄 안다는 것이다. 이는 직면한 사건에서의 범죄자의 욕구·취향·희망·도덕 등을 더욱 명백히 인식하는 데 도움을 준다. 프로파일러 자신이 스스로에 대한 이해가 부족할 경우 범죄자에 대한 이해와 판단을 그르칠 수 있으며, 자신의 경험과 감정을 범죄자나 피해자에게 전이시키는 부작용을 낳을 수 있다.[2]

셋째, 적당한 연령에서 나오는 생활경험이 필요하다(Life Experience). 나이가 많다고 반드시 현명한 것은 아니지만, 생활하면서 얻는 지혜와 특별한 안목은 무시할 수 없다. 한편 프로파일러는 프로파일링과 관련된 경험이 우선적으로 중요시되며, 경험에서 얻은 식견을 사건에 대한 추론과 판단에 활용할 수 있는 능력도 함께 필요하다.

넷째, 직관에 대한 적절한 통제가 요구된다(Appropriate Control over Intuition). 삶의 경험 축적은 반드시 어떤 방향으로든 직관을 이끌어낸다. 직관이란 특정한 이유, 또는 합리적, 또는 명료한 과정을 거치지 않고도 알거나 믿는 것을 말한다. 그러나 직관이 가지는 성격의 매력성에도 불구하고, 직관적인 본능은 선입견, 편견, 정형화, 그리고 축적된 무지의 연장선상일 수도 있다. 이러한 것들은 심각하게 수사전략에 피해를 줄 수 있다. 따라서 직관을 합리적이고 명확하게 증명할 수 있지 않다면, 수사전략, 제안 혹은 최종 프로파일링에서 제외되어야만 한다.

직관이 전문가를 무책임하게 만들어서는 안 되며, 과학적 사실

들과의 견해를 정당화하는 데에 사용할 수 있어야 한다.[3]

다섯째, 편견에서 벗어나야 한다(Appropriate Control over Intuition). 수사과정에서 프로파일러는 항상 객관적으로 사건과 관련된 정보들을 바라보아야 한다. 주어진 정보는 잠재의식적으로 프로파일러로 하여금 편견을 갖게 할 수 있고, 편견에 따른 용의자 프로파일을 결론으로 도출케 하는 잘못을 범할 수도 있다.

예를 들어, 살인사건의 용의자는 이웃, 배우자, 친척 등 시체를 발견한 사람일 수 있다. 특히 피해자 주변에 대하여 수집한 정보를 통하여 이들에 대한 선입감이나 편견이 더 강화될 수 있다. 따라서 프로파일러는 좀 더 객관적으로 얻어진 정보를 활용하고, 추론의 기술을 세련되게 하는 등의 방법을 통하여 용의자 프로파일을 만들어야 한다.

여섯째, 범죄자에 대한 도덕적 평가에서 벗어나야 한다(Exclude Moral Assessment). 이는 프로파일러가 최종 프로파일을 제시하면서 범죄자에 대하여 병자, 정신이상자, 미치광이, 쓰레기 같은 사람, 아무짝에도 못 쓸 사람, 부도덕한 사람 등 프로파일러 자신의 도덕적 감정을 담아 추정해서는 안 된다는 것이다.

개인적인 감정들은 프로파일링에서는 용납되지 않는다. 범죄자의 성격적 특징을 설명할 때 가능한 형용사들을 사용하지 않거나 최소화하는 훈련이 필요하다.

일곱째, 개방적인 사고를 가져야 한다(Open Mind). 개방적인 사고가 비판적 사고와 상충하는 것은 아니다. 이는 선입견이나 편견, 혹은 연역적 이론들에 의해 영향받지 않는 것을 의미한다. 또한 모든 가능성을 고려하고 아무것도 예단하지 않는 것을 의미한다.

개방적인 사고는 두 개의 매우 중요한 현실들을 받아들이는 것을 포함한다. 예를 들어 우리에게 불쾌하거나 역겹거나 생각할 가치도 없든지 간에 어떠한 행동들은 성적(Sexual)으로 자극할지도 모른다는 것과 보통 사람과는 전혀 다른 행동이나 물건, 또는 상황에서 쾌

락을 맛보려는 사람들이 존재한다는 사실이다. 따라서 개방적인 사고
는 어떠한 희생을 치르더라도 모든 생각들과 이론들에 같은 비중과
우선권을 준다는 것이 아니라 프로파일러 자신이 가지고 있는 관념,
선입견, 편견을 억제하고 모든 가능성을 받아들이는 마음자세라 할
수 있고, 프로파일러로 하여금 비판적인 사고를 가능케 하는 원동력
이라 할 수 있다.

여덟째, 범죄자처럼 생각할 수 있어야 한다(Thinking like a Criminal).
이는 프로파일러는 특정사건에 따라 해당 범죄자의 지식의 수준과
사용가능한 범죄자의 기술을 이해하려고 노력해야 하는 것을 말한다.
모든 범죄자는 완전하게 서로 다르다는 것을 전제하고, 다른 특정한
욕구, 경험, 그리고 관념들에 의하여 자극을 받고 범죄를 행한다는
것을 인정해야 한다.

따라서 프로파일러는 모든 행동증거를 시험하고, 각각의 행동에
의해 만족된 욕구들을 이해하려고 노력하여야 한다. 하나의 행동으로
범죄자를 추정할 수 없으며, 행동의 연속성과 패턴을 이해함으로써
비로소 유용한 프로파일을 제시할 수 있다.

재판에서의 프로파일링 증거능력

미국의 경우 범죄인 프로파일링이 법원의 증거로 채택되는 경
우는 연방증거법 제404조부터 제406조의 규정에 따라 일정한 제한이
따른다.[4] 제404조는 특성증거(Character Evidence)는 일정한 예외를 제외하
곤 유무죄를 결정짓는 증거능력이 없으며, 예외적으로 일정한 요건을
갖춘 피고인, 피해자, 증인 등의 특성증거를 인정하고 있다. 제405조
는 특성증거가 인정되려면 일정한 증명이 가능하여야 한다고 규정하
고 있고, 제406조는 목격자의 증언과 관계없이 개인과 조직의 행동이

특정한 상황에서 개인과 조직의 특성과 관계가 있다는 것이 증명되어야 한다는 것이다. 이는 재판과정에서 프로파일러가 제시한 특성증거의 증거능력이 인정되려면 특성증거의 보편성과 이를 증명하는 과학적 증거 및 프로파일러의 경력 등이 뒷받침되어야 한다는 것을 의미한다.[5]

한편 영국의 경우 법과학규제관이 제시한 프로파일러의 자격요건과 기준에 의하여 확보된 범인의 진술이나 자료 등은 법정에 증거로 제출될 수 있다.

프로파일링은 과학적인 실험이 가능한 방법으로 진행되는 것이 아니다. 즉 모든 범죄인이 프로파일러가 예측하는 대로 동일한 방식으로 범죄를 행하지도 않고, 동일한 범죄결과를 야기하지도 않는다.

한국의 경우 프로파일링은 수사과정의 일부이므로 특별히 증거능력의 유무에 영향을 준다고 보긴 어려울 것이나 일정한 요건을 갖춘 경우 법원은 양형의 판단자료로 활용하는 것으로 보인다.

즉, 대검찰청이 제시한 몇 가지 사례들을 분석하면 프로파일러의 증언을 증거로 채택한 경우와 프로파일링을 활용한 피고인이나 증인 등의 진술을 증거로 인정한 경우 등으로 구분할 수 있다. 이와 같은 사례는 프로파일링의 효용성을 인정하는 긍정적 결과이기도 하지만, 한편으론 프로파일링에 의한 피고인이나 증인의 자백이 진실인가에 대한 의문도 가질 수 있다.

이러한 의문은 몇 가지 연구결과에서 확인된다. 즉, 아이슬랜드 정부가 2004년 10월 전체 고등학생 및 대학생의 80%인 10,472명을 대상으로 청소년들의 범죄자백, 구금경력 및 범죄부인과 청소년들의 행동변인적 특성을 등을 함께 질문하였다. 조사결과 18.6%의 청소년들이 경찰에 의해 용의자로 지목되어 심문을 받은 경험이 있고, 이들 중 53%는 범죄인정 자백을 했다. 자백자 중 7.3%가 거짓으로 범행을 인정한 것으로 확인되었다. 그런데 경찰심문 경험이 많은 청소년은 최대 12%까지 거짓자백을 하고 있었고, 이들은 다른 청소년들보

다 비행경험이 많고, 비행친구가 많으며, 패배감이 높은 것으로 나타났다.[6]

또한 2009년에 유럽의 7개국 청소년 24,627명을 대상으로 한 연구에서 이들 중 11.5%인 2,726명이 경찰에 의해 피의자신문을 당한 적이 있고, 이들 중 13.8%인 375명 허위자백을 하였다고 답한 것으로 나타났다.[7] 그런데 주로 허위자백을 한 청소년은 남녀 모두 학교폭력 피해경험이 있거나 절도경험 등이 있었다. 특히 남자청소년의 경우 성폭행 피해경험이 매우 중요한 변수로 나타났다. 연구자들은 범죄피해경험과 청소년들 사이의 약물남용 경험이 경찰의 심문과정상 허위자백에 영향을 미친 것을 밝혀냈다.

한편 미국 경찰 631명을 대상으로 한 연구에서 경찰은 자신들이 처리한 사건 중 4.7% 정도의 무죄인 사람들이 오히려 유죄를 인정한 것으로 믿는다는 결과도 있다.[8]

이와 같은 연구들은 앞서 제시한 프로파일링에 의한 피의자나 피고인 자백 등의 신뢰성에 대한 검토와 이를 지지하는 정황증거 등에 의한 증명이 필요하다는 것을 보여주는 것이며, 프로파일링 역시 예외일 순 없다.[9]

⠿⠿⠿ 법원, 프로파일링 보고서를 판결문에 증거로 적시해

충남경찰청 프로파일러팀이 작성한 경찰 프로파일링(Profiling·범죄심리분석) 보고서가 법정에서 증거로 채택된 것으로 확인됐다. … 중략…

문제의 장기미제 사건은 속칭 '갱티고개 살인' 사건으로, 대전지법 천안지원은 2017년 11월 22일 범인 A(51)씨와 B(40)씨에 대해 강도살인 혐의로 무기징역을 선고하면서, 판결문에 프로파일링 보고서를 증거로 적시했다.[10] A씨와 B씨는 2002년 충남 아산시에서 노래방 여주인을 살해하고 시신을 아산 갱티고개에 유기한 혐의를 받았다.

지난해 1월 최규환 충남경찰청 프로파일러 등 미제사건 분석팀이 '2인 이상 면식범, 계획적 강도 사건'으로 수사방향을 잡아 사건 당시 범인 동선을 재구성한 것을 계기로, 경찰은 지난해 6월 A씨와 B씨를 검거했다. 이들은 범행을 시인하면서도 우발적 범행이라고 주장했으나, 법원은 '계획적인 강도 사건'이라는 경찰과 검찰의 손을 들었다.

프로파일링 보고서를 증거자료로 삼은 재판부 판단은 물증이 부족한 장기미제 사건 속성이 영향을 미친 것으로 보이지만, 법조계에서는 매우 전향적인 조치로 받아들이고 있다. 법원은 그간 증거 채택에 높은 수준의 증명력을 요구해 프로파일링, 최면수사로 얻은 진술 등을 인정하지 않았고, 거짓말탐지기 결과도 극히 예외적인 경우에만 채택해 왔다.

강동욱 동국대 법학과 교수는 "용의자 진술만 있는 상황에서 자백의 신빙성을 인정하기 위한 보강증거로 쓰인 것으로 보인다"면서 "범인 자백이 있어도 직접 증거가 없으면 처벌이 어려웠지만, 최근 법원이 '시신 없는 살인' 사건에도 유죄를 인정하는 등 증거인정 범위를 확장하는 추세"라고 말했다.[11]

자료: 한국일보, 프로파일링 보고서, 법정서 증거 능력 첫 인정, 2021년 1월 5일자 보도 외

참고문헌

1_Chisum, W., & Turvey, B. (2011). An introduction to crime reconstruction. Criminal profiling: An introduction to behavioral evidence analysis, 253 – 286.

2_Depue, Douglas, Hazelwood & Ressler. (1995). *Criminal Investigative Analysis: An Overview*, in Burgess, A. and Hazelwood, R.(Eds.), Practical Aspects of Rape Investigation, 2nd ed., NY: CRC Press. 119 – 123.

3_Petherick, W. A., & Turvey, B. E. (2011). Behavioral Evidence Analysis. Criminal Profiling: An Introduction to Behavioral Evidence Analysis, 133.

4_허경미. (2015). 범죄 프로파일링 제도의 쟁점 및 정책적 제언. 경찰학논총, 10(1), 205 – 234.

5_Ebisike, N., *The Use of Offender Profiling Evidence in Criminal Cases*, Golden Gate University School of Law, 2007, 165 – 169.

6_Gudjonsson, G. H., Sigurdsson, J. F., & Einarsson, E., The role of personality in relation to confessions and denials. *Psychology, Crime and Law, Vol.10, 2004*, 125-135.; Gudjonsson, Gisli H., et al. "Custodial interrogation, false confession and individual differences: A national study among Icelandic youth." *Personality and Individual Differences Vol.41 No.1, 2006*, 49 – 59.

7_Gudjonsson, G. H., Sigurdsson, J. F., & Sigfusdottir, I. D., Interrogation and false confessions among adolescents in seven European countries. What background and psychological variables best discriminate between false confessors and non – false confessors?. *Psychology, Crime & Law, Vol.15 No.8, 2009*, 711 – 728.

8_Kassin, S. M., Leo, R. A., Meissner, C. A., Richman, K. D., Colwell, L. H., & Leach, A. – M., Police interviewing and interrogation: A self – report survey of police practices and beliefs. *Law and Human Behavior, Vol.31, 2007*, 381-400.

9_Hill, C., Memon, A., & McGeorge, P., The role of confirmation bias in suspect interviews: A systematic evaluation . *Legal and Criminological Psychology, Vol.13, 2008*, 357-371.

10_대전지방법원 천안지원 2017. 11. 22. 선고 2017고합142호 판결.

11_이 사건은 항소심(대전고등법원 2018. 4. 13. 선고 2017노508호 판결) 대법원(대법원 2018. 6. 28. 선고 2018도6310 판결)은 피고인들의 상고를 기각하고 원심의 형을 확정하였다.

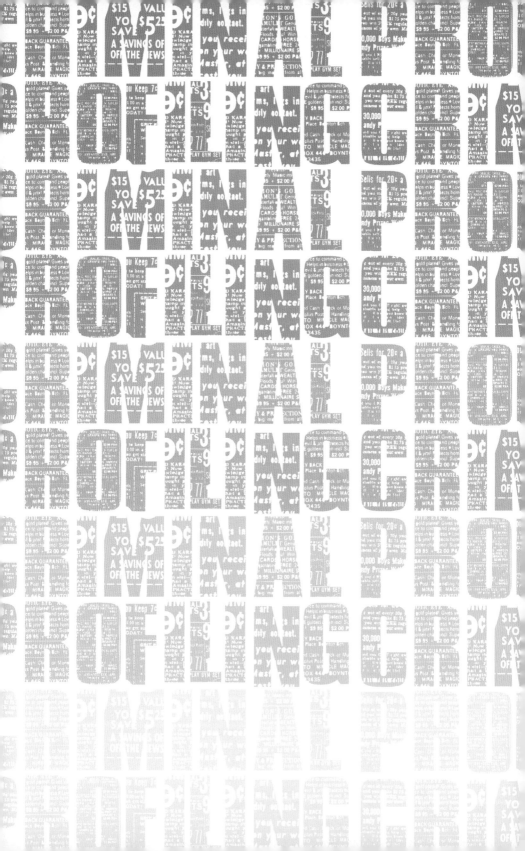

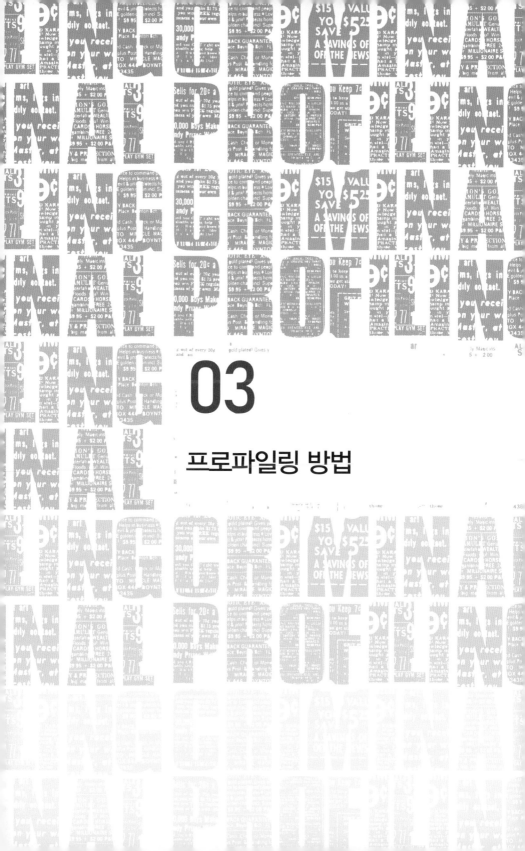

03

프로파일링 방법

CRIMINAL
PROFILING

1장

귀납적 범죄인 프로파일링

귀납적 범죄인 프로파일링 개념

귀납적 범죄인 프로파일링(Inductive Criminal Profiling)은 서로 다른 사건의 특징을 비교하고 분석하여 공통점을 찾아냄으로써 범죄인상(Criminal Image)을 추론하는 방법을 말한다.[1] 따라서 귀납적 프로파일링은 동일 유형 범죄의 경우 공통적인 범죄자의 특징이 존재한다고 가정하고 이를 밝히려는 노력을 한다.

귀납적 프로파일링은 범죄행위에 대한 이론적이고 실험적인 연구 결과를 바탕으로 한다. 따라서 귀납적 프로파일링은 범죄행동의 특징을 분류하고, 서로 비교하는 방식으로 프로파일링을 진행한다.

귀납적 프로파일링은 통계학적, 비교분석학적 정보의 일반화의 결과라고 할 수 있으며, 범죄자의 특성은 논리적이고, 서로 상관성이 있으며, 따라서 통계적으로 추론이 가능하다고 많이 전제한다.

따라서 귀납적 프로파일링은 프로파일러에게 전문화된 법과학

적 지식, 범죄행동에 대한 연구 및 훈련 등이 많이 필요하지 않다고
본다. 오히려 귀납적 프로파일링은 범죄에 대한 일반화된 데이터,
대중매체로부터의 정보, 범죄사건 자체의 정보 등을 기초로 이루어지
므로 심리학, 사회학, 범죄학 및 정신의학 등에 대한 체계적인 지식
을 더 요구한다.

따라서 귀납적 프로파일링은 범죄가 기존의 범죄와 유사성이 있
을 때 더욱 효과적인 추론방법이다.

귀납적 프로파일링을 위한 기초자료는 첫째, 수사기관이나 프로
파일링 전문기관 등이 국내외에서 발생한 강력사건을 정리하여 보관
중인 데이터, 즉 공공기관 보유 데이터, 둘째, 프로파일러 자신의 기
억, 경험 등에서 얻은 경험칙, 셋째, 교정시설 재소자면접 등에서 얻
은 공식적 또는 비공식적 연구결과 등이다. 이러한 점에서 FBI의 범
죄수사분석, 한국의 범죄분석관 채용, 다양한 데이터수집프로그램 등
은 귀납적 프로파일링의 연장선상에 있다.

귀납적 프로파일링은 몇 가지 장점이 있다. 첫째, 기존의 데이
터를 사용하므로 간단하고, 빠르게 결과가 도출되어 쉽게 활용할 수 있
는 방법이다. 둘째, 보편적인, 통계적인 자료를 바탕으로 함으로 전문
적인 법과학 지식, 교육, 훈련 등을 필요로 하지 않는다. 즉, 많은 시간
이나 훈련을 위한 노력이 필요하지 않다는 것을 의미한다. 셋째, 귀납
적 프로파일링은 많은 시간을 절약할 수 있으며, 잠재적 특징과 관련된
자료를 빠르게 제공한다는 장점이 있다.

그러나 한편으로 귀납적 프로파일링은 단점도 있다. 첫째, 정보
자체가 모집단 표본의 한계를 가진 상태에서 일반화되기 쉽고, 구체
적 사건과의 관련성이 명확하지 않다. 즉, 준비된 자료는 선정된 표
본을 중심으로 일반화시킨 결론이고, 보관중인 자료를 수집하는 지식
과 능력에 절대적으로 의존하여 만들어진 것이다.

둘째, 귀납적 프로파일링은 체포된 범죄자로부터 제한적으로 수
집된 자료를 토대로 만들어진 것으로 일반화되고 평균적이게 된다.

즉, 모집단 자체가 이미 체포된 사람으로부터 얻은 것으로, 결과적으로 범죄자 모집단에서 가장 지적이거나 숙련된 범죄자들이 검거되지 않음으로써 이들로부터 자료를 얻지 못한 것이다.

셋째, 귀납적 프로파일링의 일반화는 비범죄인에게도 사용될 수 있는 부정확성을 가지고 있다. 즉, 전문성이 부족하고, 충분하지 못하고, 구체적이지 못하다는 한계를 가지고 있다.

귀납적 프로파일링의 잘못된 가설

- 프로파일러는 지식, 경험, 범죄현장의 재구성 없이 행동을 암시하는 물리적 증거를 해석할 수 있다.
- 범죄현장을 방문하는 것은 시간낭비이다.
- 잘 알려진 범죄자들은 동일한 유형의 범죄를 저지른 알려지지 않은 범죄자들이 가진 개인적 특성을 공유하고 있다.
- 과거의 범죄자들은 유사한 환경적 조건에 의해 영향을 받았고, 일반성을 가졌고, 구체적인 동기로 인해 행동하는 현재의 범죄자들과 유사하다.
- 개인적 인간 행동과 특성들은 일반화될 수 있고, 매우 작은 표본으로도 특성과 행동을 통계적으로 분석하여 동일하게 예측할 수 있다.
- 행동과 동기는 시간이 지나도 개인 내적인 것은 변화하지 않고, 정적이며, 예측할 수 있는 특성들이다.

범죄수사분석 프로파일링 기법

범죄수사분석 프로파일링 개념

범죄수사분석 프로파일링(Criminal Investigative Analysis Profiling; CIAP)은 FBI가 국립강력범죄분석센터(National Center for the Analysis of Violent Crime: NCAVC)에 설치된 강력범체포프로그램(Violent Criminal Apprehension Program: ViCAP)을 시행하면서 각 수사관들이 일정한 양식에 의해 보고서를 작성, 이를 컴퓨터 분석프로그램에 입력하여 범죄자를 귀납적으로 추정하는 프로파일링 기법이다.[2]

범죄수사분석 프로파일링의 가장 우선적인 목적은 수사관들이 용의자를 선별하고, 확정할 수 있도록 수사관들에게 강력범과 일반적

인 정보를 제공하는 것이라 할 수 있다.[3]

1985년부터 도입된 강력범체포프로그램(ViCAP)의 범죄수사분석 프로파일링은 FBI의 최초이자 대표적인 프로파일러인 로버트 레슬러(Robert Ressler)의 역할이 컸다. 그는 미 육군에서 근무한 후 1970년 FBI, 행동과학부서(BSU)에 입사하여 1990년에 은퇴했다. 그는 20년의 근무 기간 동안 강력 범죄자들의 심리적 프로파일링에 크게 기여했다. 그는 퇴직 후 「연쇄살인범」(Serial murder) 등을 집필하고 프로파일러를 양성하는 등 왕성한 활동을 이어갔다.[4]

레슬러는 재직하는 동안 그의 동료들과 함께 강력범들과의 면담을 통하여 피해자를 전형적으로 선택하는 범죄자의 심리적인 특징을 체계적으로 정리하였다.

그리고 이들이 행한 범죄를 분류하는 작업을 진행했다. 그리고 이를 토대로 1985년에 「범죄분류편람: 강력범수사 및 분류표준」(Crime Classification Manual: A Standard System for Investigating and Classifying Violent Crime) 등을 발간하여 이후 강력범 수사 및 프로파일링 자료로 활용토록 하는 등 프로파일링을 활용한 수사를 본격화하는 계기를 만들었다.[5]

레슬러 등은 연쇄살인범들을 조직적 범죄자(Organized Offender)와 비조직적 범죄자(Disorganized Offender) 그룹으로 구분하고 그 특징을 도출하였다. 조직적 범죄자들은 일반적으로 지적이며, 정신병질적인 상태이거나, 자신의 일상생활을 상당히 계획적으로 이끌어간다. 그들의 범죄현장은 깨끗이 청소되어 있고, 무기와 증거를 인멸하며, 심지어 사체를 은닉하기 위한 시도를 하기도 한다. 이에 비해 비조직적인 범죄자는 일반적으로 정신병자이며, 자신들의 범죄현장을 청소하거나 증거를 인멸하거나 사체를 은닉하는 등의 시도를 거의 하지 않는다.

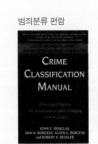

범죄분류 편람

로버트 레슬러

FBI가 분류한 조직적범죄자 프로파일링 비교

조직적 범죄자	비조직적 범죄자
평균 이상의 지능	평균 미만의 지능
사회적으로 유능	사회적으로 부적응
숙련된 업무 종사	비숙련된 업무 종사
성적으로 유능	성적으로 무능
상위 형제 서열	하위 형제 서열
부친 직업 안정	부친 직업 불안
아동시절 일관성 없는 처벌 경험	아동시절 거친 처벌 경험
범행 과정 중 안정된 기분	범행 과정 중 격노한 기분
범행시 음주	범행시 약간의 음주
일상적인 직장 스트레스	약간의 직장 스트레스
파트너와 동거	혼자 생활
자동차를 이용한 원거리 범행	자신의 주거지 또는 직장 근처에서 범행
범행 후 미디어 뉴스 관심 많음	범행 후 미디어 뉴스 약간 관심
범행 후 간혹 직업 또는 직장 이동	범행 후 뚜렷한 행동 변화

자료: Douglas, John E.; Burgess, Ann W.; Burgess, Allen G.; Ressler, Robert K. (2006). Crime classification manual : a standard system for investigating and classifying violent crime (2nd ed.). San Francisco, Califonia, 70; Morton, R. J., Tillman, J. M., & Gaines, S. J. (2014). Serial murder: Pathways for investigations. Federal Bureau of Investigation, US Department of Justice.

FBI가 분류한 범죄현장 프로파일링 비교

조직적 범죄자	비조직적 범죄자
조직적	비조직적
계획적	우발적
익숙한 사람을 범행대상	낯선사람을 범행대상
피해자에 대해 사람으로 인식	피해자를 사람으로 인식하지 않음
피해자와 대화	피해자와 최소한의 대화
범죄현장에 대한 통제	범죄현장이 어지럽혀 있음
피해자에 대해 복종요구	피해자에 대한 갑작스런 폭력행사
피해자 감금	최소한의 피해자 억압
살해 전 공격적인 행동	살해 후 시간 등 행위
시체 숨김	현장에 시체 방치
무기나 증거를 은폐	무기나 증거를 현장에 방치
피해자나 시체를 이동	피해자나 시체를 현장에 방치

자료: Ressler, Robert K. (2006). Crime classification manual : a standard system for investigating and classifying violent crime (2nd ed.). San Francisco, Califonia, 75; Morton, R. J., Tillman, J. M., & Gaines, S. J. (2014). Serial murder: Pathways for investigations. Federal Bureau of Investigation, US Department of Justice.

범죄수사분석 프로파일링 단계

레슬러 등은 범죄수사분석, 즉 프로파일링 과정을 자료를 수집·분석하는 단계, 범인의 의사결정 추정단계, 범죄진단 단계, 범인을 프로파일하는 단계, 수사단계, 정보화 단계 등 여섯 단계로 구분하고 있다.[6]

자료수집분석(Profiling inputs)

이 단계는 프로파일러가 서류조사, 범죄현장 세부정보, 사진, 부검보고서, 범죄감식 자료분석보고서 등을 정리하고, 수집하며, 종합하는 과정이다.

범인의 의사결정 추정(Decision process models)

이 단계는 범죄자의 의도, 동기, 피해자에 위험요인을 판단하고 평가한다. 범죄가 우발적인지 또는 계획적인지, 범행시간이 어느 정도인지, 범행을 결정하는데 얼마나 시간이 걸렸는지 등을 판단한다. 이 단계는 범행이 고의적 살인인지 아니면 과실인지 등을 밝히는 단서가 될 것이다.

범죄진단(Crime assessment)

이 단계는 프로파일링의 핵심이다. 프로파일러는 범인과 피해자의 흔적을 추적하고 범죄현장을 재구성한다. 프로파일러는 범죄가 조직적인지, 또는 비조직적인지 결정한다. 어떤 범죄이든 프로파일러는 전체적으로 범죄를 재구성한다. 즉 범죄자가 어떻게 행동했는지, 피해자와 범죄자 사이에 무슨 일이 벌어졌는지, 피해자가 어떻게 선택되었는지 등을 추론하는 것이다.

범죄인 프로파일링(Criminal profiling)

입력된 자료 및 프로파일러의 경험과 지식을 기초로 프로파일링을 시작한다. 프로파일러는 범인의 대략적인 외모, 가능한 연령, 성별, 종교, 개인적 성장사, 피해자와의 관계, 인간관계사, 피해자의 사회경제적 배경, 피해자의 교육 및 직업, 피해자를 선정한 배경, 범죄에 사용된 행동수법 등이 포함된다. 또한 프로파일러는 범인의 체포전략과 심문방법을 제공한다.

수사(Investigation)

주어진 프로파일을 기초로 수사기관은 범인을 체포하기 위한 수사를 진행한다. 수사를 하는 과정에서 수사관이 새로운 정보를 발견하면 프로파일러에게 제공한다. 프로파일링의 성공은 범인을 체포하고 범죄사실을 자백하였을 때이다.

정보화(Apprehension)

범죄자가 체포되면 개발된 프로파일은 법의학 전문가에 의한 분석자료와 함께 완전한 프로파일 자료로 보존된다. 그리고 이것은 이후 다른 유사사건의 자료로 활용될 것이다.

한편 FBI는 범죄분류편람을 지속적으로 보완하여 출간하고 있다.

수사심리학 프로파일링 기법

수사심리학 프로파일링(Investigative Psychology Profiling: IPP)은 심리학적 배경지식을 가지고 범죄자를 추정하는 귀납적인 프로파일링 기법이다. 범죄자의 행동에 대해 심리적으로 접근, 분석을 시도한 영국의 응용심리학자인 데이비드 캔터(David Canter)에 의해 발전되었다.[7] 캔터는 1994년부터 수사심리학이라는 용어를 사용하기 시작했다.

::::: 데이비드 캔터

데이비드 캔터(David Victor Canter, 1944~)는 심리학자이다. 캔터는 도시내의 사람
과 건물 사이의 상호 작용을 연구하고 사무실, 학교, 교도소, 주택 및 기타 건물 형태의
디자인에 대한 출판 및 컨설팅을 제공하고, 사람들이 대규모 환경을 어떻게 이해했는지
를 탐구하는 건축 심리학자(architectural psychologist)로 경력을 시작했다. 그는 1980
년 환경범죄학저널(Journal of Environmental Psychology)을 창간했다. 건축 분야에서
의 그의 작업은 화재 및 기타 긴급 상황에서의 인간 반응에 대한 연구로 관심분야를 확
장했다. 그는 영국의 수사 심리학(investigative psychology in Britain)에 대해 썼다. 그
는 1985년 철도강간사건(Railway Rapist)에서 경찰을 도왔다. 그는 10 년 동안 Surrey
대학의 심리학 교수로 재직하면서 수사심리학 : 범죄자 프로파일링 및 범죄행위분석
에 관한 커리큘럼을 운영하고 수사심리학을 발전시켰다. 그는 리버풀대학에 수사심리
학센터(Centre For Investigative Psychology)를 설립하였다. 2009년부터 허더스필드
대학교에서 수사심리학 국제연구센터(International Research Centre in Investigative
Psychology)를 운영했다. 그는 2018년 이 센터에서 은퇴했다.

자료: Wikipedia, https://en.wikipedia.org/

수사심리학 프로파일링은 심리학적 토대에서 첫째, 범죄자의 사람들과의 관계설정능력(interpersonal coherence), 둘째, 시간과 장소의 상징성(significance of time and place), 셋째, 범죄자의 특징(criminal characteristics), 넷째, 범죄경력(criminal career), 다섯째, 범죄자의 법과학에 대한 경계(forensic awareness) 등의 축적된 자료를 바탕으로 범죄자를 귀납적으로 추정하는 기법이라고 정의할 수 있다.[8]

캔터는 심리학적인 측면에서 범죄자의 행동을 추정하는 배경을 다음과 같이 설명하고 있다.[9]

첫째, 범죄자의 사람들과의 관계설정능력은 일반적으로 사람들이 다른 사람들과 접촉할 때 상대방을 대하는 스타일을 크게 벗어나지 않는다는 것이다. 즉, 캔터는 범죄자가 피해자를 대하는 태도는 범죄자가 평상시 사람들과의 관계에서 보여주는 태도가 반영될 것이고, 대체로 사람들의 태도는 상당히 일관성을 유지하는 특징이 있다고 본다. 평상시 친구, 가족, 동료들에게 이기주의적인 행동을 하는 강간범이라면 피해자에게 역시 이기적인 행동을 보였을 것이라고 추정할 수 있다.

둘째, 시간과 장소의 상징성은 범죄자는 평상시 자신이 편하게 느끼고, 자신있게 행동할 수 있는 시간과 장소를 선택할 것이라는 가정으로 범행시간대와 장소를 통하여 범죄자를 추론할 수 있다. 즉, 범죄자는 심리적으로 평상시와 같이 편안하게 행동할 수 있고, 범죄자가 잘 아는 장소를 선택하여 범행을 행한다고 보는 것이다.[10]

셋째, 범죄자의 특징은 범죄수사관들 자신이 취급했던 사건에 대해서 수사관들 자신이 가지고 있는 정보를 활용하여 범인을 추정하는 것이다. 수사관이 이미 취급했던 사건들과 범죄자와의 심문과정 등을 통하여 범죄자의 성격과 범죄의 특징을 유형화 한 정보나 지식 등을 통하여 범죄자를 추정하는 것을 말한다. 이는 앞서 FBI가 범죄자를 조직화된 범죄자와 비조직화된 범죄자로 분류하여 범죄자상을 추정하는 것과 같은 맥락이라고 할 수 있다.[11]

넷째, 범죄경력은 범죄자들은 과거의 범죄행위와 유사한 행동과

수법을 보여준다는 것에 근거를 한 것이다. 특히 연쇄범의 경우 과거와 유사한 행동과 수법을 보여주면서도 한편으로는 보다 정교한 수법으로 범행을 한다. 따라서 수사기관이 보관하고 있는 유사한 범죄자들의 범죄경력을 분석하여 일관성 있는 범죄경력자를 찾아내는 과정을 통하여 범죄자를 추정할 수 있다.

다섯째, 법과학에 대한 경계는 범행현장의 유류물 등에 대한 DNA분석 등의 법과학적 감식으로 인하여 자신이 체포되지 않도록 주의하면서 범행을 하는 것을 말한다. 과거에 정액 DNA검사로 검거된 적이 있던 강간범은 다시 범행을 할 경우 콘돔을 사용하여 수사기관의 DNA분석을 어렵게 할 수 있고, 모자나 장갑, 마스크 등의 도구를 이용하여 피해자가 자신을 알아보지 못하게 하는 등의 변장을 하기도 한다. 즉 범죄감식을 방해하기 위한 현장훼손이나 증거인멸 등의 시도가 오히려 범죄자가 누구인지 추정할 수 있는 또 하나의 요소가 된다는 것이다.[12]

캔터는 이와 같은 수사심리학적 배경자료들을 바탕으로 강간범을 세 유형으로 구분한다.

첫째 유형은 자신이 원하는 것을 얻어내려고 하는 계획적인 범죄자로 범행대상을 단순히 범행대상으로만 인식하며, 피해자가 자신을 알아보지 못하도록 조치를 취하고, 강간도구나 피해자를 제압할 수 있는 무기를 휴대하는 등의 사전준비를 한다. 둘째 유형은 범행대상을 자신의 분노와 공격을 표출하는 도구로 삼아 노골적으로 피해자를 모욕하고, 공격하며, 피해자에게 적극적으로 자신의 성적인 행위에 동참하도록 요구한다. 셋째 유형은 범행대상을 인간적으로 대하는 경우로 피해자의 외모를 칭찬하는 등 피해자와 친밀감을 형성하려고 한다. 이 유형은 자신의 행위에 대해 자신감이 결여되어 있고, 범행대상과 정서적인 유대감을 형성하길 원한다고 한다.[13]

참고문헌

1_Acharya, H. V., & Vyas, J. M. (2014). Psychological profiling in criminal investigation. International Journal of Medical Toxicology & Legal Medicine, 16(3and4), 14 – 23.

2_http: //www.fbi.gov/hq/isd/cirg/ncavc.htm

3_Rachel. (2005). Crime Analysis and Crime Mapping, California: Sage Publication, Inc, 14.

4_Ressler, R. & Shachtman, T., (1997) I have lived in the monster: Inside the mind of the world's most notorious serial killers. New York.St. Martin

5_Burgess, Hartman, Ressler, Douglas, & McCormack. (1986). Sexual homicide: A motivational mode. Journal of Interpersonal Violence, 1(3), 251 – 272; Douglas, Ressler, Burgess, & Hartman. (1986). Criminal Profiling from crime scene analysis, Behavioral Sciences and the Law, 4(4), 1986, 401 – 421.

6_Ressler, R. & Shachtman, T., (1997) I have lived in the monster: Inside the mind of the world's most notorious serial killers. New York.St. Martin

7_Canter. (1998). Profiling as poison, Inter alia, 2(1), 11.

8_Canter, D., & Youngs, D. (2005). Introducing investigative psychology. Reino Unido, Psychology and Law Capítulo, 11.

9_Canter, D. (2004). Offender profiling and investigative psychology. Journal of Investigative Psychology and Offender Profiling, 1(1), 1 – 15.

10_Ainsworth. (2001). Offender Profiling and Crime Analysis. Essex, UK: Willan Publishing, 199.

11_Morton, R. J., Tillman, J. M., & Gaines, S. J. (2014). Serial murder: Pathways for investigations. Federal Bureau of Investigation, US Department of Justice.

12_Canter, D. (2014). Criminal psychology: Topics in applied psychology. Routledge.

13_Ellis, H. E., Clarke, D. D., & Keatley, D. A. (2017). Perceptions of behaviours in stranger rape cases: a sequence analysis approach. Journal of Sexual Aggression, 23(3), 328 – 337.

2장

연역적 범죄인 프로파일링

연역적 범죄인 프로파일링 개념

연역적 범죄인 프로파일링(Deductive Criminal Profiling)이란 범죄와 관련된 물리적 증거와 행동증거의 패턴을 분석하여 범죄자를 추론하는 방법을 말한다.[1] 연역적 프로파일링은 일반적인 정보나 가설 등을 배제하고, 오직 해당 범죄로부터 수집한 증거나 피해자 특징, 현장특징 등을 통하여 범인상을 그려나가려 한다.

따라서 심리학, 사회학, 범죄학 및 정신의학, 법과학적 지식과 응용은 연역적 프로파일링에서 중요한 역할을 한다. 프로파일러는 물리적 증거가 비 물리적 증거에 대한 단서를 제공할 수도 있으므로 범죄현장과 사용된 물리적 증거를 기반으로 사랑, 증오, 질투 등과 같은 정신적인 이미지를 찾아내고 형상화할 수 있어야 한다. 그러므로 연역적 프로파일링을 위해서는 일정한 지식과 훈련이 필요하다.

연역적 프로파일링은 프로세스 지향적이므로, 프로파일러는 범죄현장, 분석적 사고 및 물리적 증거를 검토하여 행동분석증거를 얻어야 한다. 연역적 범죄인 프로파일링은 범죄과정을 검토하고, 증거

를 평가하며, 검증이나 검사의 결과를 중요시하고, 특정 범죄나 연쇄
범죄의 행동증거로 간주되는 감식자료를 전제로 한다.[2] 따라서 연역
적 프로파일링은 과학적 원리와 지식의 사용을 수반하고, 교환원리
(exchange principle), 비판적 사고(critical thinking), 분석적 논리(analytical logic)와
동적인 증거(evidence dynamics) 등의 개념을 필요로 한다.

　　교환원리(exchange principle)란 범죄자가 특정한 지역이나 특정한 사
람과 접촉한 뒤에 남기는 흔적으로 법과학을 바탕으로 설명할 수 있
는 영역을 말한다. 비판적 사고는 신념과 행위를 이끌어내는 관찰,
경험, 반영, 추론 또는 의사소통에 의해 얻어진 정보를 평가하고, 적
극적으로, 기술적으로 개념화하고, 적용하고, 분석하고, 종합하는 과
정을 말한다.[3] 분석적 논리(analytical logic)란 범죄현장에서의 증거분석능
력과 이후의 서류분석을 통한 논리의 정립과 결과에 대한 추론까지
를 의미하는 것이다. 이것은 사건에서 확립된 사실에 대해 검증 가능
한 가설이 성립할 수 있다는 것을 포함한다. 이러한 과정은 결국 현
존하는 증거(evidence dynamics)로부터 자연스럽게 하나의 결론, 즉 범죄
인상을 제시하는 것이며, 이러한 과정을 연역적 추론이라고 할 수 있
다. 대표적으로 행동증거분석 프로파일링(Behavioral Evidence Analysis Profiling:
BEAP)이 이에 속한다.

　　연역적 범죄인 프로파일링은 몇 가지 장점이 있다.

　　첫째, 프로파일러가 추측이나 가정을 배제하고 현장에 떨어진 증
거와 범죄자와의 관계를 증명해 갈 수 있는 정확한 정보를 제공한다.

　　둘째, 프로파일러가 현장의 수사요원과 행동을 같이 함으로써
풍부한 현장경험을 통하여 더욱 전문화될 수 있다.

　　행동증거분석 프로파일링은 사건현장의 수사요원들이 실제로
범죄현장에 도착하여 증거를 수집하고 이를 분석하며, 그 특징들이
보여주는 의미들을 종합하여 범죄자의 특징을 도출함으로써 결국 용
의자를 추출하며, 범인을 체포하는 일련의 과정과 그 궤를 같이 한
다. 따라서 이 방법은 프로파일러가 수사요원과 함께 수사에 참여하

거나, 수사요원이 프로파일링 역할을 동시에 해 나가는 모습으로 보여질 수 있다.

셋째, 프로파일러는 범죄학, 사회학, 심리학, 법과학 등에 배경지식을 가져야 하고, 일정한 훈련을 필요로 함으로 체계적으로 교육되고 훈련된 프로파일러를 양성할 수 있다.

그러나 한편으로 연역적 범죄인 프로파일링은 몇 가지 단점도 있다.

연역적 범죄인 프로파일링의 단점은 만약 현장에 물리적 증거가 전혀 없다면 범죄자에 대해 아무런 추론도 할 수 없게 된다는 모순을 안고 있다.[4] 즉, 기본적으로 연역적 프로파일링 기법은 현장에 여러 증거가 남아있고, 이를 수집하고 분석하면서 범인을 추론하는 것이므로 증거가 없다면 프로파일링의 논리적 근거를 찾을 수 없기 때문이다.

행동증거분석 프로파일링 기법

행동증거분석 프로파일링 개념

행동증거분석 프로파일링(Behavioral Evidence Analysis)이란 범죄현장의 다양한 물적 증거와 피해자 특징, 현장 상황 등을 가능한 모두 조사하고 해석하는 즉, 연역적 추론(ideodeductive method)을 통해 범인상을 찾는 프로파일링 기법을 말한다. 기본적으로 행동증거분석기법은 개인이 사고하는 방식은 그의 행동에 반영된다는 가정을 전제로 한다.[5]

이 기법은 미국의 브렌트 터비(Brent Turvey)에 의하여 고안되었다.[6]

행동증거분석 프로파일링 단계

터비는 행동증거분석 프로파일링은 법과학적 감식작업, 피해자분석, 범죄현장분석, 범죄자특징추론 등 네 과정(단계)을 거쳐서 완성

된다고 설명하였다.

법과학적 감식작업

법과학적 감식작업이란 범죄현장에서 발견된 모든 물리적 증거에 대한 법과학적 분석작업을 세밀하게 진행하는 것이다.[7] 프로파일러는 이 단계에서 사건을 둘러싼 모든 물리적 증거에 대해 사건과의 관련성을 평가하고, 그것의 본질과 가치를 결정하게 되며, 유죄증거로 제시할 수 있는지를 검토하게 된다. 다각적인 범죄 감식을 통하여 프로파일러는 기초가 되는 증거가 무엇인지, 현장에서 찾지 못한 증거가 무엇인지, 또한 잘못 해석된 증거는 없는지, 수집된 증거들을 통하여 후속적인 분석을 할 수 있는지 등을 고려해야 한다. 이를 위해서는 먼저 범죄현장에 대한 완전한 확보가 필요하다. 범죄현장은 범죄자의 현장접근방법, 공격방법, 행동수준, 장소적 특징, 성적 행위의 성질과 결과, 범행도구, 언어적 활동, 그리고 후속 범죄에 대한 경고행위 등을 알려주는 직접적 또는 간접적 증거들을 가지고 있다. 범죄현장의 증거는 법과학적 증거 및 피해자학적인 증거로 구분할 수 있다. 범죄현장을 통하여 범죄자의 마음, 계획, 성적 환상 그리고 동기 등을 추론할 수 있고, 범행수법(Modus Operandi: MO)과 상징적 행위(Signature Behaviors)를 구분할 수 있다.

피해자분석

일상활동이론에서 착안된 것으로 일상활동이론의 핵심은 범죄피해자는 일상적인 활동스타일, 취미, 친구, 적대적 관계, 인구통계학적 특징 등에 따라 결정된다고 가정한다. 피해자와 범죄자는 일상활동적 측면에서 상호 공통성이 있다는 것이다. 따라서 일반적으로 피해자의 성격과 행태적 특징을 조사하는 것은 범죄자의 성격과 행태적 특징을 파악하는 데 도움이 된다.[8]

범죄현장분석

프로파일러가 범죄현장의 특징을 찾아내는 것이다. 범죄자의 현장접근방법, 위치형태, 성적 행동의 성격과 후속조치, 사용한 도구, 말투와 그 형태, 범죄자가 착용한 장갑이나 스키마스크, 변조 목소리, 콘돔 사용 등 범죄자가 자신을 은폐하기 위한 수단 등의 특징을 밝히는 것이다. 범죄현장에 나타난 물리적 증거 및 행동적 증거를 통한 추정은 다음과 같은 가정을 전제로 한다.[9]

① 어떠한 범죄자도 동기 없이는 행동하지 않는다.

② 모든 단독범죄자들은 고유의 행동과 동기를 가진다.

③ 서로 다른 범죄자들은 완전히 다른 이유 때문에 동일한 또는 유사한 행동을 보여준다.

④ 인간행동, 인간 상호작용 그리고 환경적인 영향들의 성질이 주어진다면, 두 케이스들은 완전히 같지 않다.

⑤ 인간행동은 환경적인, 생물학적인 요소들에 따라 오랜 시간에 걸쳐 독특하게 개발된다.

⑥ 범인의 수법은 시간, 범행 횟수에 따라 진화한다.

⑦ 범죄자는 많은 범죄, 또는 단 하나의 범죄를 행하면서도 다양한 동기를 가질 수 있다.

범죄자 특징 추론

이 과정은 앞 서의 세 단계를 거쳐서 얻은 자료를 바탕으로 범죄자의 특징을 추론하는 것이다. 그동안의 물리적 증거, 피해자의 특징, 범죄현장의 특징 등을 종합하여 과학적인 방법으로 평가하고, 연역적으로 추론하여 범죄자의 특징을 밝히는 것이다. 즉, 범죄자 특징을 암시하는 행동패턴, 물리적 그리고 행동적 증거, 피해자의 특징, 범죄현장 특징에서 연역되는 심리와 정서, 그리고 주변관계를 가진 용의자를 추정하는 프로파일을 제시한다.[10]

참고문헌

1_Bartol, C. R., & Bartol, A. M. (2012). Criminal & behavioral profiling. Sage.

2_Baeza, Chisum, Chamberlin, McGrath & Turvey. (2000). Academy of Behavioral Profiling: Criminal Profiling Guidelines, *Journal of Behavioral Profiling*, 1(1).

3_Turvey, B. E. (2011). Criminal profiling: An introduction to behavioral evidence analysis. Academic press.

4_Petherick, W., & McDermid, V. (2005). Criminal profile: Into the mind of the killer. Reader's Digest.

5_Turvey, B. E. (Ed.). (2020). Criminal profiling: an introduction to behavioral evidence analysis. Academic press.

6_터비 박사는 알라스카에 The Forensic Criminology Institute를 세워 세계 각 국의 형사사법기관에 프로파일링 관련 자문 및 후학 양성을 하고 있다. https://www.forensic‐institute.com/instructors/

7_Turvey. (2002). *Criminal Profiling: An Introduction to Behavioral Evidence Analysis* (2nd ed.). London: Academic Press, 41.

8_Fowlis, N., O'Reilly, M., & Farrelly, M. (2016). Abuse Victims and High‐Profile Offenders: A Discourse Analysis of Victim Construction and Adult Mental Health. In The Palgrave Handbook of Adult Mental Health (167‐188). Palgrave Macmillan UK.

9_London: Academic Press, 42.

10_Turvey, B. E. (2015). Criminal Profiling. The Encyclopedia of Clinical Psychology.

3장

지리적 범죄인 프로파일링

지리적 범죄인 프로파일링 개념

지리적 범죄인 프로파일링(Geographic Criminal Profiling)이란 범인의 범죄행동 유형과 수법을 지리적 관점에서 분석하는 것이다. 환경범죄학을 기반으로 착안되었다.

환경범죄학(Environmental criminology)은 특정 건축 환경 내의 범죄 패턴 및 외부적 변수가 사람들의 인지 행동에 미치는 영향을 분석하는 것에 초점을 둔다. 환경범죄학은 범죄원인을 과학적 방법을 적용하여 규명하려고 하는 적극적인 관점이다.

범죄와 범죄의 공간적 패턴에 대한 연구는 시카고 대학교의 Robert Ezra Park, Ernest Burgess 등의 동심원 모델이론에서 출발하였다. 이후 범죄매핑시스템을 이용하여 경찰이 범죄 사건의 지리적 위치를 정확히 파악할 수있는 데이터를 수집하고, 대응책을 마련하는데에 활용되기 시작했다. 동시에 범죄자가 범죄를 저지를 위치를 결정할 때 지리적 요인을 고려한다는 생각을 전제로 하는 지리적 프로파일링이 발달하기 시작했다.[1] 환경설계를 통한 범죄예방(Crime prevention through environmental design: CPTED)이론, 범죄핫스팟(crime hot spots) 이론, 깨어진 창문이론(broken windows theory) 등 역시 환경적 범죄학을 토대로 한 것이다.

지리적 프로파일링의 가설

환경적 범죄학적 관점에서 지리적 프로파일링의 가설은 범죄여 행이론(Journey-to-Crime Theory) ,일상적 활동이론(Routine Activity Theory), 합 리적 선택이론(Rational Choice Theory), 범죄패턴이론(Crime Pattern Theory) 등 을 바탕으로 한다.

범죄여행이론: 범인은 범죄여행을 할 것이다.

범죄가 가해자의 집 가까이에서 일어날 가능성이 높고 범인은 범행을 위하여 가능한 가장 빨리 이동할 수 있는 수단을 찾을 것이다.

일상적 활동이론: 범죄장소는 범인의 일상적 활동공간 안에 존재할 것이다.

범죄자의 일상활동과 피해자의 일상활동이 시공간적으로 교차

자료: ECRI, http://geographicprofiling.com/

한다는 것이다. 양 당사자의 활동공간과 시간은 직장, 학교, 집 또는
레크리에이션 등 다양한 영역에서 이루어질 수 있다.

**합리적 선택이론: 범인은 최소한의 범행시간과 안전한 도피
에 효과적인 장소를 물색할 것이다.**

범인은 범행장소를 선택할 때 가장 빨리 범행을 하고, 안전하게
도피할 수 있는 장소를 선택한다는 것이다. 따라서 범행지역은 범인
에게 익숙하며, 지리적으로 완전하게 파악된 곳을 선택하게 된다.

**범죄의 패턴이론: 범죄는 계획적이며, 일정한 패턴을 보일
것이다.**

범죄현장과 범죄기회는 우연한 것이 아니며, 철저하게 가해자의
정신적인 지형도에 따라 피해자를 구상하고, 선택한다는 것이다. 따
라서 범죄장소 및 범죄는 일정한 패턴을 보이며, 연쇄살인이나 연쇄
강간 등에서 그 패턴을 더욱 극명하게 보이게 된다.

범죄자는 범죄 대상지역을 정할 때 자신의 일상활동상 주요 활
동지역(Aanchor Points)을 중심으로 범행대상자를 처음 만나는 지점, 공
격하는 지점 등을 정한다고 전제하고, 범인의 범죄행동 유형과 수법
을 분석하는 범죄자 추정기법이라고 할 수 있다.[2]

로스모 공식

킴 로스모

캐나다의 범죄학자인 킴 로스모(Kim Rossmo)는
1989년에 사이먼 프레져 대학(Simon Fraser University)
에서 진행된 연구를 통하여 지리적 프로파일링
기법을 개발하였다.[3]

로스모는 범행장소는 범인이 익숙한, 그리고
지리적으로 단거리이며, 접근가능성이 편리한 곳
(comfort zone)으로 선택할 것이라고 가정하였다. 로

스모는 이러한 가정을 이른바 로스모 공식(Rossmo's Formula)이라고 명명하고, 컴퓨터 분석프로그램인 리겔(Rigel)을 개발하였다.[4]

리겔 프로그램에 범죄정보와 다양한 변수를 입력시킬 경우 심각한 위험지역(jeopardy surface)과 평균지역, 안전지역 등으로 구분되는 범죄지도(criminal map)를 얻을 수 있다. 로스모는 심각한 위험지역은 적색, 평균지역은 주황색, 안전지역은 청색 등으로 표시하고 적색지역으로 나타난 곳은 평균 95% 이상, 주황색 지역은 90% 이상의 범죄가능성이 있다고 주장한다.

한편 리겔 프로그램은 다양한 변수에 의해 데이터를 조정할 수 있는 사건이 아니라면 그 효과가 크지 않고, 프로파일러가 상당한 숙련이 필요하다는 지적도 있다.[5]

지리적 프로파일링 고려요소

범죄장소 및 증거

범죄장소는 범인과 피해자의 이전 위치 및 미래의 일을 추정할 수 있는 정보를 제공한다. 또한 범죄현장의 단서를 수집하고 비교하는 것은 범죄패턴을 유추하는 데 도움이 된다.

범죄자 유형

로스모 박사는 지리적 프로파일링과 관련하여 네 가지 유형의 범죄자를 제시하였다.

사냥꾼(Hunter): 사냥꾼은 고향을 떠나지 않고 특정 희생자를 골라낸다. 그는 자신의 주거지 근처에서 범죄를 계속하는 패턴을 보인다.

밀렵꾼(Poacher): 밀렵꾼은 사냥을 하기 위해 주거지를 떠난다. 즉, 범인은 범행을 위하여 주거지를 떠났다가 다시 주거지로 돌아오는 패턴을 보인다.

방랑자(Troller): 한 곳에 머물지 않고 이동하면서 피해자를 물색하고

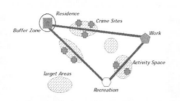

자료: Rossmo, D. K. (2000). Geographic profiling. Boca Raton, FL: CRC Press.

범행을 계속하는 패턴을 보인다.

유인꾼(Trapper): 범인이 피해자를 유인하여 제3의 장소에서 범행을 행하는 패턴을 보인다.

범행순서

범인은 범행시 첫째, 적당한 피해자를 물색하고, 둘째, 공격방법을 결정한다.

피해자의 위치

피해자의 위치는 범죄현장의 기하학적 배치, 즉 공간기회구조(Target Backcloth: Spatial Opportunity Structure)와 일치한다. 따라서 특정인물 혹은 대상이 어느 지점에, 어느 시간대에, 어떤 계절에 있었는지에 따라 범행의 대상이 될 수도 있고, 이를 피해갈 수도 있다. 이를 컴퓨터 그래픽으로 연결하면 방사선기회구조(Spatial Opportunity Structure)를 띠게 된다.

지난 2016년에 캐나다에서 72명의 연쇄강간범이 행한 361건의 강간사건을 분석한 결과 범죄자가 피해자를 선정하는 패턴이 부분적으로 방사선기회구조를 띠고 있다는 것이 밝혀지기도 하였다.[6]

국도 및 고속도로의 교차로와 게이트

국도 및 고속도로의 교차로와 게이트 주변은 매우 매력적인 범죄유인지역이다. 왜냐하면 범인과 피해자 모두에게 여행에 적합한 지역이기 때문이다.

버스 터미널 및 기차역 주변

버스터미널이나 기차역 주변은 범인과 피해자 모두에게 여행과 편리한 이동성을 제공하는 곳이므로 매력적인 범죄유인지역이다.

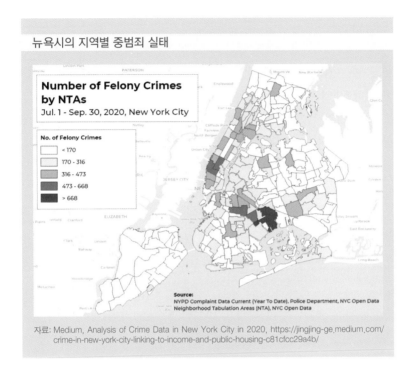

뉴욕시의 지역별 중범죄 실태

Number of Felony Crimes by NTAs
Jul. 1 - Sep. 30, 2020, New York City

No. of Felony Crimes
- < 170
- 170 - 316
- 316 - 473
- 473 - 668
- > 668

Source:
NYPD Complaint Data Current (Year To Date), Police Department, NYC Open Data
Neighborhood Tabulation Areas (NTA), NYC Open Data

자료: Medium, Analysis of Crime Data in New York City in 2020, https://jingjing-ge.medium.com/crime-in-new-york-city-linking-to-income-and-public-housing-c81cfcc29a4b/

물리적 환경 및 심리적 경계

범인 및 피해자 모두 강, 호수, 바다, 산 등과 같은 물리적 환경에 의하여 접근을 꺼려하는 곳이 있다. 심리적으로는 흑인이라면 백인들이 주로 모여드는 카페나 해변에 나타나 그 자신을 확연하게 드러내는 일을 피할 것이다.

인구사회학적 선호

특정 범죄인들은 피해자를 물색할 때, 자신이 선호하는 인종, 성별, 연령 등을 기준으로 삼는다. 즉, 이웃 주민의 구성은 범인의 범행 방사선구조에 영향을 준다.

피해자의 일상적인 활동

피해자의 일상을 이해하면 피해자를 찾는 방법에 대한 통찰력을 얻을 수 있다.

이러한 요인을 종합하면 범죄자의 이동성, 교통수단, 지적능력, 직업, 주거지 위치 등을 밝혀주는 지리적 패턴 혹은 공간을 파악할 수 있다. 범인의 공간적 의도를 인식하고, 범죄자가 안전하다고 느낄 수 있는 지대가 어느 지점일 것인가, 그리고 그 곳이 범죄자의 집, 직장 또는 중요한 다른 특정지역과 어떻게 연결될 것인지에 대한 정교한 진단이 필요하다.

지리적 프로파일링과 범죄대응

캐나다의 밴쿠버경찰이 리겔 프로그램 시스템을 공식적으로 도입하여 강력사건을 수사하고 있고, 미국, 영국, 독일, 벨기에, 오스트리아, 뉴질랜드 등에서도 이 프로그램을 활용하고 있다.[7]

지리적 프로파일링 기법은 범죄발생장소를 분석하여 범죄발생을 예측하고 대응체계를 마련하는 시스템으로 변화하여 다양하게 응용되고 있다.

미국은 IBM의 빅데이터 범죄분석 소프트웨어(sw) 'i2 COPLINK'를 현장에 적용했다. 앱의 지도에 범죄발생 가능성이 높은 지역을 표시하고, 경찰이 인근지역 순찰을 강화하는 방식이다. 캘리포니아 등 일부 주에서 쓰는 '실시간 범죄 앱(real-time crime app)'은 24시간 이내 발생한 사건의 장소, 시간 및 개요를 주민에게 공개한다.[8]

한국의 경우 정부(행정안전부)가 2016년 1월부터 국민안전과 밀접한 치안·교통·재난·맞춤안전 등 4대 안전분야 정보를 인터넷 또는 모바일을 통해 지도형태로 보여주는 '생활안전지도서비스(SAFE MAP SERVICE)'(지역안전지수)를 시행하였다.[9] 2020년부터는 교통사고, 화재, 범죄, 자연재해, 생활안전, 자살, 감염병 등 7개 분야로 산출한다.

:::::::: 전국 지역안전지수

근거법령
「재난 및 안전관리 기본법」 제66조의10(안전지수의 공표)

내용
한국은 경제협력개발기구(OECD)과비교할 때 화재,범죄,생활안전은 양호한수준이지만,교통사고, 자살, 감염병 분야 사망자수는 OECD평균보다 높다.

광역자치단체중 2019년 지역안전지수 분야별1등급 지역은 ①교통사고는 서울, 경기, ②화재는 광주,경기, ③범죄는 세종, 경북, ④생활안전은 부산, 경기, ⑤자살은 서울, 경기, ⑥감염병은 광주, 경기로 나타나, 이들 지역이 다른 지역에 비해 상대적으로 안전하였다.

반면 5등급 지역은 ①교통사고는 세종 전남, ②화재는 세종, 경남, ③범죄는 서울, 제주, ④생활안전은 세종, 제주, ⑤자살은 부산, 충남, ⑥감염병은 대구 강원으로 나타났다.

등급하위지역 진단및분석
- 전북김제: 교통사고:안전벨트착용률이 62.3%(시평균84.0%)로, 작년보다 1.74% 감소
- 서울종로: 화재: 종로고시원화재('18.1.9,7명사망)등으로 사망자수 증가, 감염병:취
  약계층예산지원비율은 16% 수준으로 구평균 25%보다 낮음
- 부산중: 감염병: 상대적으로 안전에 취약한 고령인구는 구평균 보다 57% 많지만,
  취약계층 예산지원 비율은 21%로 구평균 25% 보다 낮음
- 대구서: 모든 분야의 등급개선 및 위해 지표관리가 되지 않은 지역

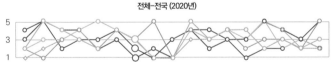

전체-전국 (2020년)

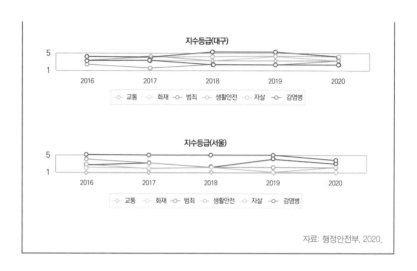

자료: 행정안전부, 2020.

이 지도는 사고 발생빈도와 발생가능성에 따라 등급을 나눠 다른 색상으로 표시해 사용자가 직관적으로 위험도를 알 수 있도록 했다.

2020년 전국의 범죄분야 안전지수

자료: 행정안전부, 지역안전지수 공개서비스, safemap.go.kr/

한편 SBS 데이터 저널리즘팀 마부작침이 매년 경찰의 공식범죄통계를 이용하여 범죄지도를 발표하였다.[10] 이에 의하면 2016년 전국 234개 지역 중 5대 강력범죄 발생 건수(만 명당) 최상위권은 부산 중구(409건), 서울 중구(377건), 대구 중구(306건)인 것으로 나타났다. 이 세 지역은 2014년엔 서울 중구－대구 중구－부산 중구 순이었고, 2015년엔 서울 중구－부산 중구－대구 중구 순으로 3년간 서로 엎치락뒤치락하고 있다. 이 지역의 특징은 모두 광역시 내 대표적 구 도심지로 거주인보다 외부인의 출입이 잦은 지역적 특성이 있다는 점이다.

자료: sbs뉴스, 최초 공개! 2016 '전국 범죄지도' ① 범죄 발생 1위 도시는?, 2017년 3월 9일자 보도

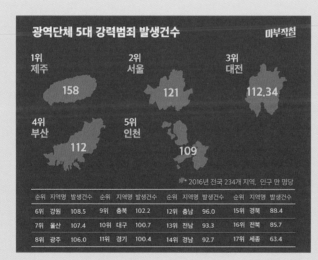

자료: sbs뉴스, 최초 공개! 2016 '전국 범죄지도' ① 범죄 발생 1위 도시는?, 2017년 3월 9일자 보도

한편 머니투데이와 성신여대 데이터사이언스센터, 여론조사기관 케이스탯리서치, 온라인패널 조사기업 피앰아이가 전국 시·군·구별 '2021 사회안전지수'(Korea Security Index 2021)'를 조사한 결과 서울 지역 기준으로 사회 안전지수가 가장 높은 곳은 전국 사회지수 1위인 용산이었다.[11]

조사대상은 기초지방자치단체 중 표본의 숫자가 적은 곳을 제외한 155개 시·군·구였다. 이 조사는 사회의 안전과 불안감에 영향을 주는 생활안전, 경제활동, 건강보건, 주거환경 등 크게 4개 분야를 기준으로 정부 통계 등 객관적 지표와 지역당 100명 규모의 주민 설문 등 주관적 지표를 모두 활용했다는 점에서 의의가 있다.

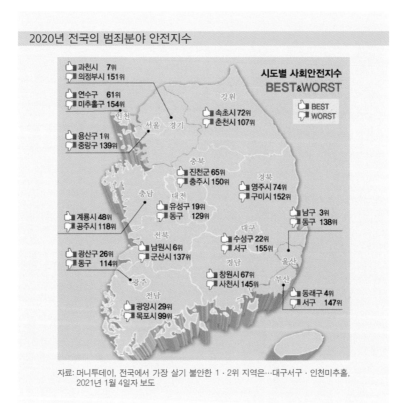

2020년 전국의 범죄분야 안전지수

자료: 머니투데이, 전국에서 가장 살기 불안한 1·2위 지역은…대구서구·인천미추홀, 2021년 1월 4일자 보도

이 조사에 따르면 행정안전부의 조사와 마찬가지로 대구 서구는 거의 모든 영역에서 최하위권 점수를 받았다. 특히 생활안전이 31.83 으로 155위였다. 주거환경(37.45·150위)에 대한 부정적 평가와 함께 좋지 않은 경제상황(경제활동 24.23·149위)에 대한 평가까지 맞물려 종합평가가 떨어졌다.

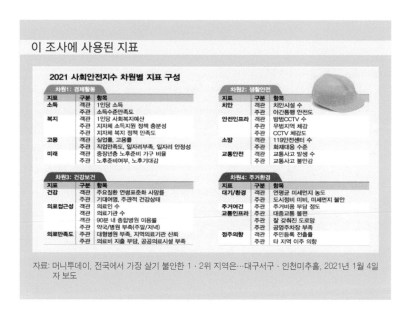

이 조사에 사용된 지표

2021 사회안전지수 차원별 지표 구성

차원1: 경제활동		
지표	구분	항목
소득	객관	1인당 소득
	주관	소득수준만족도
복지	객관	1인당 사회복지예산
	주관	지자체 소득지원 정책 충분성
	주관	지자체 복지 정책 만족도
고용	객관	실업률, 고용율
	주관	직업만족도, 일자리부족, 일자리 안정성
미래	객관	중장년층 노후준비 가구 비율
	주관	노후준비여부, 노후기대감

차원2: 생활안전		
지표	구분	항목
치안	객관	치안시설 수
	주관	야간통행 안전도
안전인프라	객관	방범CCTV 수
	주관	우범지역 체감
	주관	CCTV 체감도
소방	객관	119안전센터 수
	주관	화재대응 수준
교통안전	객관	교통사고 발생 수
	주관	교통사고 불안감

차원3: 건강보건		
지표	구분	항목
건강	객관	주요질환 연령표준화 사망률
	주관	기대여명, 주관적 건강상태
의료접근성	객관	의료인 수
	객관	의료기관 수
	객관	90분 내 종합병원 이용율
	주관	약국/병원 부족(주말/저녁)
의료만족도	주관	대형병원 부족, 지역의료기관 신뢰
	주관	의료비 지출 부담, 공공의료시설 부족

차원4: 주거환경		
지표	구분	항목
대기/환경	객관	연평균 미세먼지 농도
	주관	도시정비 미비, 미세먼지 불안
주거여건	주관	주거비용 부담 정도
교통인프라	주관	대중교통 불편
	주관	잘 갖춰진 도로망
	주관	공영주차장 부족
정주의향	객관	주민등록 전출률
	주관	타 지역 이주 의향

자료: 머니투데이, 전국에서 가장 살기 불안한 1·2위 지역은…대구서구·인천미추홀, 2021년 1월 4일 자 보도

▦▦ '이태원 발바리' DNA 분석에 걸린 시간 5년

서울 용산구 한남동·이태원동 연쇄 성폭행범 일명 '발바리'가 5년 만에 붙잡혔다. 이 남성은 지난 2011년과 2012년 잇따라 가정집에 침입해 부녀자를 성폭행하면서 일대 여성들을 공포에 떨게 했다. 하지만 경찰은 용의자를 특정하지 못했다. …

용산경찰서는 한밤 중 가정집에 침입해 금품을 가로채고, 집주인을 흉기로 위협해 성폭행한 이모(60)씨를 특수강도강간 혐의로 구속했다고 26일 밝혔다. 이씨는 지난해 12월28일 오전 2시께 한남동의 한 주택에 침입해 집주인을 흉기로 위협한 뒤 성폭행한 혐의를 받고 있다. 현금과 귀금속도 빼앗았다. … 중략 …

경찰은 주변 폐쇄회로(CC)TV 30여개를 정밀 분석해 이씨를 검거했다. 범인은 멀지 않은 곳에 있었다. 인근 중국집에서 배달부로 오랫동안 일해온 인물이었다. 이씨는 결백을 주장해오다 경찰이 현장에서 채집한 국립과학수사연구원 DNA 감식 결과를 들이대자 범행을 시인했다.

DNA 감식 결과, 이씨의 추가범행도 드러났다. 지난 2011년 10월19일 이태원동 한 주택 화장실 창문으로 침입해 집주인을 성폭행하려다 달아났고, 2012년 10월4일 인근 주택에서 발생한 성폭행 사건도 이씨의 범행으로 밝혀졌다. 당시 일대 여성들에게 공포의 대상이었던 '이태원 발바리'가 바로 이씨였다. … 중략 …

이씨는 모든 현장에 증거를 남길 정도로 치밀하지 못했고, 피해자에게 얼굴을 들킬 정도로 용의주도하지도 않았다. 특히, 이씨는 지난 1996년과 2004년에도 성폭행 등의 혐의로 두 차례나 교도소에 수감된 전력도 있었다. 당시 검찰은 이씨의 DNA를 채취해 보관해왔다.

하지만 이씨는 형기를 마치고 출소한지 얼마되지 않아 추가 범행을 저질렀지만 붙잡히지 않았다. 범행 장소 인근에서 중국집 배달원으로 버젓이 일하고 있었지만 수사대상에도 오르지 않았다. … 중략 …

자료: 뉴시스, 2016년 2월 27일자 보도

참고문헌

1_Bartol, Curt R.; Bartol, Anne M. (2006). Current Perspectives in Forensic Psychology and Criminal Justice. Sage Publications.

2_Rossomo v. Vancouver Police Board. (2002). http://www. hamiltonhowell.ca/cases/rossmo.htm; 이건학, 진찬우, 김지우, & 김완희. (2016). 성폭력 범죄의 공간적 분포 특성에 관한 연구: 환경범죄학에 기반한 공간 분석. 대한지리학회지, 51(6), 853−871.

3_Rossmo, D. K. (1993). A methodological model. American Journal of Criminal Justice, 17(2), 1−21.

4_Rossmo, Kim D. (1995). "Geographic profiling: target patterns of serial murderers" (PDF). Simon Fraser University: 22.

5_Petherick. (2006). Serial crime: *Theoretical and practical issues in behavioral profiling*, California: Elsevier, 43.

6_Townsley, M., Birks, D., Ruiter, S., Bernasco, W., & White, G. (2016). Target selection models with preference variation between offenders. Journal of quantitative criminology, 32(2), 283−304

7_Tompson, L., Johnson, S., Ashby, M., Perkins, C., & Edwards, P. (2015). UK open source crime data: accuracy and possibilities for research. Cartography and geographic information science, 42(2), 97−111; 장병열 & 김영돈. (2013). 빅데이터 기반 융합 서비스 창출 주요 정책 및 시사점. 과학기술정책, 23(3), 4−16

8_동아일보, 빅데이터로 범죄 패턴 분석 … '생활형 범죄' 예방한다. 2017년 7월 7일자 보도.

9_안전지도: 생활안전지도, http://www.safemap.go.kr/main/smap.do

10_sbs뉴스, 최초 공개! 2016 '전국 범죄지도' ① 범죄 발생 1위 도시는?, 2017년 3월 9일자 보도.

11_머니투데이, "전국에서 가장 불안한 1, 2지역은 대구 서구", 2021년 1월 4일자 보도.

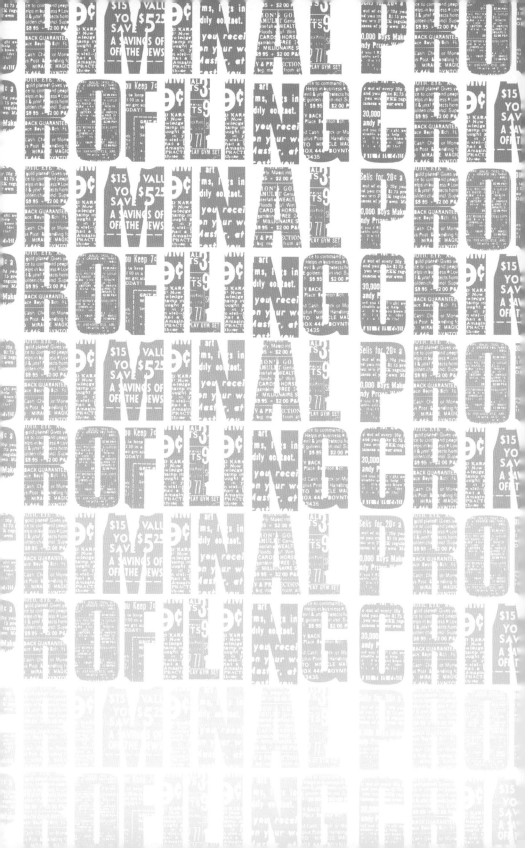

CRIMINAL PROFILING CRIMINAL PROFILING CRIMINAL PROFILING CRIMINAL PROFILING CRIMINAL PROFILING CRIMINAL PROFILING CRI

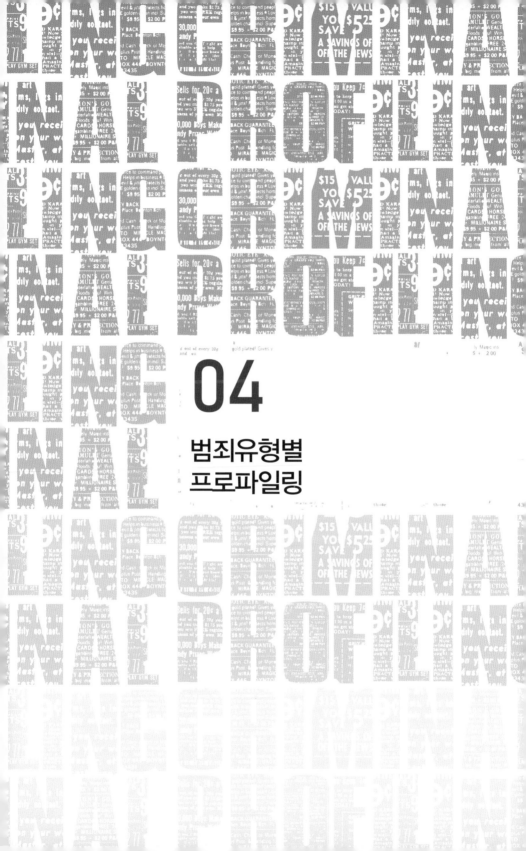

04

범죄유형별
프로파일링

CRIMINAL
PROFILING

1장

살인범 프로파일링

연쇄살인범 프로파일링을 위한 귀납적 데이터

연쇄살인범을 정의할 때 그 범행 횟수를 어떻게 정할 것인가는 연쇄살인범을 규정하기 위해 매우 중요한 요소라 할 수 있다. 많은 수사기관과 연구자들은 대체로 최소 3명 이상의 피해자가 발생할 것을 주장하며, 이것이 보편적인 합의로 보여진다.[1] 이에 대하여 2명 이상으로 해야 한다는 의견도 제시되고 있지만,[2] 그럴 경우 교도소에 수감 중인 상당수의 살인범이 연쇄살인범으로 새롭게 정의되어야 할 것이고, 피해자를 4명 이상으로 규정할 경우 연쇄살인범의 특징에 드는 많은 살인범들을 간과하는 우려를 낳을 수도 있다는 지적이다.[3]

연쇄살인범에 대한 본격적인 프로파일링 결과는 FBI의 행동과학부(Behavioral Science Unit) 수사관들에 의해 교도소에 수감 중인 살인범들을 심층면담한 자료 및 이들에 대한 수사자료 등을 바탕으로 제시되기 시작하였다. 로버트 레슬러를 포함한 FBI 행동과학부 수사관들의 살인범들과의 면담은 1978년 말 이른바 범죄인성격조사프로젝트

자료: fbi, https://www.fbi.gov/

(Criminal Personality Research Project: CPRP) 를 통하여 이루어지기 시작했다.

이 프로젝트 결과를 바탕으로 한 범죄학자들의 다양한 후속 연구는 연쇄살인범의 동기(motives), 목적(gains)과 병질적 징후(etiology)는 전통적인 살인범과는 본질적인 차이를 보이는 것으로 나타났다.[4] 또한 실제로 교도소에 수감된 연쇄살인범 보다는 아직도 살인을 계속 진행하면서 검거되지 않는 연쇄살인범이 더 많으며, 검거되지 않는 연쇄살인범은 일 년에 한 두 차례 살인을 행하면서 보통 사람들 속에서 일상적인 생활패턴을 유지하고 있다고 설명하였다. 이들을 검거하지 못하는 것은 사건을 담당하는 수사기관의 무지와 정보교환의 부족, 그리고 연쇄살인에 대한 이해의 부족 및 프로파일링에 대한 인식의 한계와 거부감 등 때문이라고 진단하고 있다.

연쇄살인범의 프로파일

범죄인 성격조사 프로젝트(CPRP) 결과 연쇄살인범들은 대부분 남성이고, 백인이며, 25세에서 34세 사이의 연령, 범죄와 범죄수사에 관심이 많은 것으로 나타났다.[5] 이들은 또한 성격변화(personality degeneration)의 경향을 보여 초기에는 치밀한 계획을 세우지만, 횟수를 거듭할수록 우발적인 살인을 한다. 이들은 대체로 자신의 범죄 및 범죄당시 자신의 정서 등에 대해 말하기 꺼려한다. 특히 연쇄살인범은 법률적으로 자신에게 불리한 부분에 대해서는 진실을 말하길 꺼려한다. 그러나 최종적으로 유죄가 확정된 경우에는 비교적 자유롭게 진실을 말하는 경향이 있다. 따라서 귀납적 프로파일링 자료를 얻기 위해서는 최종재판이 끝나고 난 뒤에 인터뷰를 행하는 것이 효과적이다.

연쇄살인범은 어떠한 논거를 대더라도 남성이 압도적으로 많다.

세기의 연쇄살인범들

자료: https://www.pinterest.co.kr/13sissy/serial-killers/

피해자 선택

전형적인 연쇄살인범은 자신이 선호하는 이상적인 외모를 갖춘 사람을 찾아내어 희생시킨다.[6] 살인범은 오랫동안 심사숙고하여 자신이 좋아하는 스타일의 피해자 모습을 완성하고, 그리고 상대방을 어떻게 살해할 것인가, 즉 방법에 대하여 결정한다. 이러한 사고를 하는 과정에 그의 심리상태는 억압, 학대, 파괴 등의 심리적 기제가 나타나고, 자신의 변화에 관심을 가진다. 그리고는 자신의 이상에 맞는 피해자를 찾아 나서게 된다. 그러나 실제로는 피해자가 그들이 이상적으로 생각했고, 갈구했던 특징을 가진 경우는 드물다. 이는 연쇄살인범은 그의 이상에 맞는 피해자를 신중하게 물색하지만, 경찰체포로부터 자신의 안전을 위해 위험하지 않은 대상을 살인의 대상자로 선택하기 때문이다. 또한 연쇄살인범이 이상적인 상대방을 무한정 찾을 수 없는 이유는 폭력적인 충동을 억제하기 힘들기 때문이기도 하다. 따라서 연쇄살인범의 전형적인 피해자상이라고 프로파일링되지 않은

평범한 사람이라도 누구나 현실적으로 연쇄살인범의 잠재적인 피해
대상이 될 수 있다. 그러나 어떠한 논거에 의하여도 연쇄살인범의 피
해자는 여성이 압도적으로 많다.

폭력: 쾌락과 스릴

연쇄살인범은 모든 폭력적인 환상들 가운데에서 가장 최고의 만
족감을 얻을 수 있는 잔혹한 방법을 선택한다. 선택한 방법은 살인범
이 피해자에게 행한 과정 전체에 나타난다.

그런데 연쇄살인범이 조심성 있고, 그가 좋아하는 내적 이미지
를 벗어나 조직적으로 행동하는 유형이라면, 그는 피해자의 절망과
인간성을 빼앗기는 과정을 지켜봄으로써 자신이 바라던 쾌락과 스릴
을 느낀다. 피해자가 비참함과 절망으로 몸부림칠수록 쾌락은 더욱
절정에 이른다. 결국 피해자에 대한 폭력은 살인 횟수가 늘어갈수록
더 잔인해지며, 가학적이고 공격성을 보이게 된다.

피해자 지배

연쇄살인범은 그 누구에게도 할 수 없었던 지배욕, 자기존재감
을 피해자에 대한 폭력을 통하여 지각한다. 이러한 심리구조는 연쇄
살인범의 폭력행사의 동기와 인식을 설명케 한다. 자신의 통제 안에
서 고통을 호소하며 살아 있는 무기력한 피해자에게 폭력을 가하는
것은 피해자에 대한 잔인한 학대를 통하여 자신의 존재성을 극대화
하고, 위대하다고 느끼며, 재확인 과정이라고 할 수 있다. 그가 꿈꾸
던 폭력을 현실에서 피해자에 대한 권력적 지위로 구체화하고, 그 권
력을 유지시키고, 권력이 감소되지 않도록 더욱 잔인한 폭력으로 강
화된다.

따라서 연쇄살인범은 피해자의 발버둥질, 고통 그리고 절규를 불쌍
히 여기지 않는다. 피해자를 특별한 가치가 없는 대상으로 객관화시키며,
심지어 완전하게 비인간화한다. 이들의 진정한 만족감은 피해자를 복종
(subjugation)시키고, 공포(terrorization)에 떨게 하며, 극도로 잔인(brutalization)하게

하는 것에서 나오는 것이지 단순히 피해자를 살인하는 것만으로는 얻지 못한다. 피해자로부터 이미 만족감을 얻었다면 구태여 더 이상의 위협이나 학대는 불필요해지며, 결국 살해하고 마는 것이다.

⠿ 데이비드 파커 레이, 미국의 연쇄살인마이자 새디스트

데이비드 파커 레이(David Parker Ray, 1939~2002)는 장난감 상자(Toy-box Killer)라고 하는 고문과 살인 전용 트레일러 살인마로 유명하다.

데이비드는 1939년 11월 6일 뉴멕시코주에서 출생하여 불우한 그리고 주목받지 못한 청소년시절을 보내다가 여성들을 납치하고 고문하며 강간 및 연쇄살인을 저질렀지만 시체는 한 구도 찾지 못했다. 피해자는 최대 60명까지 추정된다. 그는 1999년에 체포되어 40명의 여성을 살해한 죄로 2001년에 224년 형을 선고받았으나 1년 뒤 교도소에서 62세의 나이로 심장마비로 사망하였다. 이웃은 그를 친절한 사람으로 생각했고, 그의 범행을 도운 부인도 있었다.

경찰이 밝힌 그의 토이 자동차 안에는 다양한 고문도구들이 있었다.

- 못이 박힌 딜도 등 고문기구에 가까운 성인용품
- 수갑, 채찍, 쇠사슬, 쇠쇄, 도르래, 다리를 벌리는 막대기 등, 산부인과 수술용 침대
- 소몰이용 전기충격기, 전기고문장치, 수술용 메스
- 주사기, 화학 약품, 톱, 고문기술마다 피해자가 고통스런 정도를 기록한 노트
- 카메라와 TV 모니터 등

자료: Ramsland, Katherine Ramsland. "David Parker Ray: The Toy Box Killer". TruTV.

연쇄살인범의 분류

FBI 및 이후 지속적인 연구들을 토대로 점차로 연쇄살인범의 특징을 토대로 유형화가 이루어졌다. 이는 대체로 인구사회학적 특징 및 폭력성, 그리고 피해자에 대한 통제 등을 토대로 한 것이다. 사람의 행동은 동기와 성격 등에 따라 일정한 행동양식(Modus Operandi)을 보이므로 연쇄살인범의 경우에도 이를 적용시켜 구분하고 있다.[7]

지리형: 안정형과 이동형

지리형 연쇄살인범(Geographically Serial Killers)은 연쇄살인범을 지리적 이동성을 중심으로 분류한 것이다. 즉, 공간적 이동성(spatial mobility)을 중심으로 안정형과 이동형으로 구분한 것이다.

살인을 자신의 주거지역이나 직장 등 일정한 지역을 중심으로 살인행각을 지속적으로 벌이는 경우를 안정형(geographically stable)이라고 한다. 안정형은 시체를 거주지역이나 범행지역 인근에 시체를 유기한다.

범인이 장소를 여기 저기 이동하면서 살인행각을 벌이는 경우를 이동형(geographically transient)이라고 한다. 이동하는 이유는 단순하게 자신에게 맞는 피해자를 찾기 위해서가 아니라 경찰의 체포를 피하고, 수사에 혼선을 주려는 이유가 더 크다. 이들은 시체를 광범위한 지역에 걸쳐 유기한다.[8]

망상형: 환청과 환각

망상형 연쇄살인범(Visionary Serial Killers)은 정신분열증 등의 정신장애로 망상에 시달리거나 때로는 환청이나 환각 등으로 살인을 반복하는 경우를 말한다. 망상형 연쇄살인범들은 악마나 귀신의 목소리에 의해 사람을 살해하거나 성매매 여성이나 노인을 죽이라는 신의 계시를 들었다고 생각하며, 사람을 살해하는 것은 신의 명령을 이행한 것이라고 확신한다. 망상형 연쇄살인범은 현실과 완전히 유리되어 있다.

그런데 이 망상형 연쇄살인범은 법정에서 정신이상자로 인정을 받을 경우 처벌을 면할 수 있으므로 종종 교묘한 사이코패스 연쇄살인범이 자신을 정신분열증 환자라고 주장하는 계략으로 이용되기도 한다. 이런 유형의 살인자는 법정에서 "정신이상(insane)"이나 "책임능력이 없는 상태(incompetent)"라고 주장하며 자신의 무죄를 호소한다.[9]

사명형: 증오와 제노포비아

사명형 연쇄살인범(Mission Serial Killers)이란 정상적인 인지상태에서 특정한 사람들을 제거해야 한다는 적극적 의지를 가지고 피해자들을 살해하는 경우를 말한다. 이 유형의 범죄자는 정신이상자(psychotic)가 아니며, 환청이나 환각을 경험하지 않는다. 또한 주변인들과 매우 잘 접촉하며, 실제 세상(real world)에서 살고, 매일 세상과 상호작용을 한다. 즉, 이들은 평범한 직장인이거나 학생이거나 다정한 이웃일 수 있다. 그러나 이들은 특정한 계층의 사람을 세계에서 제거하려는 의무를 스스로에게 부여해서 행동한다.

주로 성매매 여성, 가톨릭인, 유대인, 어린아이 등 특정 집단이 그 대상이 된다. 사명형 연쇄살인범은 반사회적 성격이 조직화되었거나 또는 몰사회적(asocial) 성격이 형성되지 않았을 수도 있지만 비사회적 성격인 경우가 더 많은 것으로 나타났다. 이 유형의 살인범이 체포되었을 때, 이웃들은 "그가 훌륭한 청년처럼 보였다"거나 "특이한 점이 없는 사람이었다"고 말하며, 그가 행한 행동에 몹시 놀라움을 표시한다.

사명형 연쇄살인범은 동성애, 인종, 종교, 민족, 성별 등에 극단적인 혐오감을 가지며, 증오범, 자살테러범, 제노포비아 등의 모습으로 현실적으로 존재할 수 있다.

░░░░ 81명 살해 '늑대인간' … 충격에 빠진 러시아

러시아 수사당국은 2017년 1월 11일 연쇄살인 22건의 혐의로 무기징역 판결을 받은 시베리아지방 이르쿠츠크주의 전직 경찰 미하일 포프코프, 일명 '늑대인간'이 추가로 살인 59건을 자백했다고 밝혔다. 러시아 연방수사위원회 이르쿠츠크지부는 이날 포프코프가 자백한 추가 59건 중 47건에 대해 그를 추가 기소했으며, 나머지 자백 건을 포함해 여죄가 있는지 수사 중이다.

… 81건에 이르는 연쇄살인건수는 현재까지 구 소련에서 가장 많은 인명을 살해한 것으로 알려진 '로스토프의 도살자' 안드레이 치카틸로의 53건을 넘어서는 것이다. 러시아 일간지 시베리안타임스는 포프코프가 치카틸로를 자신의 우상으로 삼기도 했다고 전했다. 포프코프의 자백이 사실로 확인될 경우 전세계적으로 포프코프보다 더 많은 피해자를 살해한 것으로 확인된 연쇄살인범은 콜롬비아의 루이스 가라비토(138명)와 페드로 로페스(110명) 뿐이다.

포프코프는 주로 1994년부터 2000년까지 이르쿠츠크주 앙가르스크에서 젊은 여성들을 강간한 후 흉기로 살해했다. 경찰제복을 입은 채 늦게 귀가하는 여성에게 접근해 순찰 중에 그들을 집으로 데려다 주는 것처럼 꾸민 후 인적이 드문 곳에서 범행을 저지르는 수법을 썼다. 그는 2012년 6월 체포된 직후 살인동기로 "나는 거리에서 창녀를 청소하려 했다. 남편이나 남자친구를 두고 홀로 밤거리에 나온 것이 잘못"이라 주장했다.

'Werewolf' is worst-ever serial killer in former USSR as he is charged with killing 47 more women

By The Siberian Times reporter
11 January 2017

New confessions mean his female victims now number 69, with at least a dozen more charges expected soon taking his macabre toll to 81

Popkov has confessed to 59 new murders. Picture: Vostochno Sibirskaya Pravda

자료: 한국일보, 2017년 1월 12일자 보도

쾌락형: 성욕 · 스릴 · 재물

쾌락형 연쇄살인범(hedonistic serial killers)은 쾌락 때문에 살인을 반복하는 유형으로 극단적인 성욕(lust)과 스릴(thill), 재물(money)을 위한 경우로 구분된다.

극단적인 성욕적 쾌락을 위한 연쇄살인범은 성욕을 충족하기 위하여 사람을 살해하는 경우를 말한다. 이들은 사람에 대한 공격 자체에서 성욕이나 쾌감을 느끼므로 살인하는 과정 자체가 중요한 의미를 가지며, 따라서 범죄 시간이 오래 걸리는 특징이 있다. 이는 망상적 연쇄살인범이나 사명형 연쇄살인범이 피해자를 단시간 내에 살해하는 것과는 차이를 보이는 것이다.

성욕형은 성적 흥분을 극대화하기 위하여 피해자에게 다양한 행동을 요구하고 스스로 연출하기도 한다. 이들은 식인, 시체토막, 시간, 고문이나 신체일부의 절단, 감금 등의 행동 등을 통하여 피해자를 모욕하고 학대하며 고통을 주면서 그 자체에서 흥분을 즐기며, 살인 과정 자체를 중요시 여긴다.[10]

인간사냥꾼: 로버트 한센

로버트 한센

로버트 한센(Robert Hansen)은 미디어에서 "Butcher Baker"라고 불리기도 하는 미국의 연쇄 살인범이었다. 한센은 1971년부터 1983년까지 알래스카 주 앵커리지에서 17명을 살해하고, 적어도 30명 이상을 강간하였다. 그는 피해자 여성을 숲에서 도망치게 하면서 이를 사냥하는 방식으로 살해했다. 그는 1983년에 체포되어 가석방 없이 461년 형을 선고 받았지만, 2014년에 교도소에서 사망했다.[11]

스릴형은 피해자에게 고통과 두려움, 폭력 등을 가하여 자신의 흥분과 쾌감을 강화하는 경우이다. 이들의 살인행위 시간은 길지 않으며, 대체로 성적인 공격은 하지 않는다. 이들과 피해자와는 대부분 낯선 관계이며 오랫동안 피해자의 생활패턴을 감시하여 결정적인 기회를 포착, 단시간에 살해한다. 또는 피해자를 들판이나 산에

풀어놓고 사냥감처럼 사냥(hunt)하는 쾌락을 느끼며 살해하는 경우도 있다.

재물형은 경제적 이익 또는 편안함을 추구하는 유형이다. 이들은

⠿⠿⠿ "예뻐서 먹었다"…멕시코 연쇄살인범 집 파니 '시신 17구'

지난 5월 멕시코주 검찰이 연쇄살인 용의자의 주거지를 조사하고 있는 모습 (사진= AFPBNews)

멕시코시티와 경계선에 있는 멕시코주 검찰은 멕시코시티 교외의 연쇄살인 용의자의 집 땅 밑에서 3787개의 뼛조각을 발굴했다고 밝혔다…중략…용의자는 법정에서 "(피해자의) 얼굴이 예쁘다고 생각해서 벗겨냈다"고 말했다

멕시코 검찰에 따르면 뼈들은 조각마다 세척해 어느 부위의 것인지 분류돼 있었다. 해부학적 분해 위치에 따라 놓여 희생자 수를 파악할 수 있었다고 외신들은 전했다.

72세의 용의자는 개인정보 보호를 이유로 이름을 공개하지 않는 멕시코 관련 법령에 따라 '앙드레' 라는 가명과 과거 도축업을 했다는 점만 알려졌다.

용의자는 지난 5월 14일 마지막 희생자로 알려진 34세의 여성을 살해한 혐의로 재판을 받고 있다. 이 여성은 용의자가 개인적으로 알고 있던 경찰의 부인으로 알려졌다. 그는 실종되던 날 쇼핑을 돕는다며 용의자와 함께 나갔고 경찰인 남편은 아내가 귀가하지 않자 의심해 조사를 시작한 것으로 전해졌다.

남편은 용의자가 사는 거리에 아내가 들어갔지만, 나오지 않는 것을 경찰 감시 카메라를 통해 확인했다. 경찰은 용의자의 집을 압수수색 및 심문한 끝에 훼손한 여성의 시신을 발견했다.

자료: 이데일리, 2021년 6월 15일자 보도

재물이나 기타 편익을 위해 살인 행위를 하며, 주로 자신의 부인이나 약혼자들, 고용인 등 가족이나 주변 인물들을 피해자로 삼는 경향이 높다.

░░░░ 남편 3명 연쇄살인 100억원 챙겨...日 70대女 결국 사형 확정

남편을 포함한 3명의 남성을 살해해 거액의 유산을 챙긴 일본 여성 가케히 지사코(74)가
일본 최고재판소에서 2021년 6월 29일 사형 선고를 받았다. … 중략 …

연쇄 살인범 가케히는 2007년부터 2013년 남편인 이사오, 사실혼 관계인 혼다 사노리, 히오키 미노루 등을 살해했다. 또 다른 남성 스에히로 도시아키를 살해하려 했으나 미수에 그쳤다. 이같은 혐의로 가케히는 지난 2017년 이미 사형을 선고받았다.

가케히는 이후 치매로 재판을 받을 수 없다고 상고했지만, 최고재판소는 이를 기각하고 사형을 확정지었다.

가케히에 대한 최고재판소의 사형 선고는 CNN·인디펜던트지 등도 보도할 정도로 국제적 관심을 끌고 있다. … 중략 …

가케히는 남성들의 생명 보험금을 노리고 살해한 것으로 드러났다. 가케히가 가로챈 재산과 보험금은 약 10억엔(약100억원)에 이르는 것으로 조사됐다. 가케히는 이 돈을 주식 투자 등에 썼지만 대부분을 잃었다.

가케히는 24세에 처음 결혼했으나 1994년 남편이 사망하면서 운영하던 사업이 파산했고, 집도 경매에 넘어갔다. 이후 가케히는 결혼정보회사에 가입했다. 그는 첫 남편 사망 이후 10명이 넘는 남성과 결혼 또는 사실혼 관계였으며 대부분 고령이며 지병을 지니고 있던 것으로 알려졌다. … 중략 …

자료: 조선일보, 2021년 7월 2일자 보도

무력통제형: 완전지배

무력통제형 연쇄살인범(power-control serial killers)은 피해자에 대한 완전한 지배에서 만족을 얻는 경우를 말한다. 이 유형의 연쇄살인범은 인터뷰에서 "삶과 죽음을 통제하는 것만큼 더 큰 힘(power)이 무엇이 있는가?"라고 말했다. 무력통제령 살인은 무기력한 피해자를 마음대로 통제하고, 권력을 행사하는 능력의 우월성을 맛보기 위해서 행해진다.[12]

이 유형은 자신이 원하는 조종할 수 있는 권력(힘)을 가졌다는 신념 그 자체에서 만족감을 얻는다. 즉, 피해자를 완전하게 지배하는 것으로 강한 욕망이나 스릴을 추구하는 쾌락주의형 연쇄살인범들의 쾌락과 유사한 성적 쾌락을 경험한다.

무력통제형 살인범은 심리적으로 현실에 뿌리를 두고 있다. 또한 쾌락주의형 살인자와 비슷하지만 정신적인 질병을 겪지는 않는다. 그러나 살인이 반사회적 이상성격(sociopathy)이나 성격적 장애의 원인이 될 수 있다. 이 유형의 살인범은 사회적 규칙(rules)과 규범(norms)을 알고 있지만 무시하며, 반사회적 성격장애자와 같이 개인적인 규칙과 규범에 의해 세상을 산다.

무력통제형 살인범들의 살인하는 방법은 과정중심적이다. 이들의 정신적인 만족감은 살인하는 과정으로부터 얻어지기 때문에 살인하는 순간을 길게 가지며, 대부분 흉기를 사용하고, 상당수는 피해자의 목을 졸라 살해하는 특징을 보인다.

연쇄살인범의 심리 및 행동단계

심리학자 조엘 노리스(Joel Norris)는 연쇄살인범의 심리 및 행동단계는 일곱단계를 거친다고 발표하였다. 그의 연구는 조지아주에서 살인사건으로 유죄 확정판결을 받은 500명의 살인범들과의 면담자료를 분석하여 도출한 것이다.[13]

전조단계

전조단계(Aura Phase)는 살인자는 현실로부터 도피하면서 주변 인물과의 사회적 상호작용으로부터 멀어지는 과정이다. 살인자는 반사회적이 되고 인생은 더 이상 의미가 없다고 느낀다.[14] 이 단계는 몇 분에서 몇 달까지 지속될 수 있으며 장기간 또는 수년 동안 그의 머릿속을 지배했던 환상(aura)에서 시작될 수도 있다. 이 환상은 어린 시절의 경험에서 파생되었을 가능성이 있는 가학적인 성적 행위 및 기타 폭력적인 행위도 포함된다. 살인자는 환상을 강화시키기 위하여 술이나 마약에 의지하기도 하지만, 시간이 지난 후에는 살인 충동에 빠지게 된다.

피해자물색단계

피해자물색단계(Trolling Phase)는 범인이 적당한 피해자를 찾는 단계이다. 대부분의 연쇄살인범은 자신이 익숙한 곳이나 편안한 곳에서 피해자를 찾게 된다. 즉, 거주지 주변이나 이웃, 자신에게 익숙한 지역을 선호한다. 또한 그들은 살인을 저지르고 피해자를 버릴 수 있는 완벽한 장소를 매우 신중하게 찾게 된다. 따라서 희생자가 발견될 때까지 며칠 또는 때로는 몇 달이 걸릴 수 있다. 이 단계에서 연쇄살인범은 종종 자신의 피해자를 확인하고 스토킹하는 등의 행동패턴을 보이기도 한다.

구애단계

구애단계(Wooing Phase)는 살인자가 살인을 하기 전에 피해자의 신뢰를 얻으려고 하는 단계를 말한다. 이 단계는 비조직화된 살인범 보다는 훨씬 자신감 있고 대담하며 더 나은 사회적응력을 갖춘 조직화된 살인범의 경우에 주로 나타난다.[15]

살인범은 피해자와 우호적인 관계를 맺어 피해자의 신뢰를 얻으려 한다. 이는 연쇄살인사건의 현장에 피해자가 대부분 살인범에게

대항한 흔적이 발견되지 않는 이유이기도 하다. 따라서 살인현장에 피해자가 살인범을 대상으로 투쟁한 흔적이 없다면 프로파일러는 이 사건이 연쇄살인의 패턴일 수 있다는 가능성을 염두에 두어야 한다.

일단 피해자와 신뢰가 형성되면 살인자는 피해자를 조용하고 외딴 지역으로 유인하여 살인범은 가면을 벗고 다음 단계로 넘어간다.

억압단계

억압단계(Capture Phase)는 살인자가 피해자 보다 우월한 존재라는 것을 밝히는 단계이다. 살인범은 피해자의 손목에 수갑을 채우거나 테이프를 감거나 또는 마취를 시키는 등의 방법으로 피해자를 무력화시킨다. 살인범은 이 순간을 즐기며, 피해자를 새로운 장소로 옮기기도 한다. 피해자가 탈출할 수 있는 방법이 없다고 확신이 들면 살인단계로 이동하게 된다.

살인단계

살인범이 살인에 착수하는 단계(Murder Phase)이다. 살인범은 즉시 희생자를 죽이기로 결정할 수도 있지만 때로는 희생자를 고문하여 죽음 직전에 살려내고 고문을 계속하기도 한다.

비조직화된 살인은 강력한 공격이나 빠른 교살로 피해자를 즉시 죽일 가능성이 크다. 이 경우 피해자의 얼굴과 몸이 절단되는 등 비인격화될 가능성이 높다. 시간(necrophilia)이 이루어지기도 한다.

이에 비해 조직화된 살인범은 훨씬 더 고통스럽게 살인을 행한다. 피해자는 사망하기 전에 고문당하고 강간당할 확률이 높다. 살인이 지연되는 이유는 살인 자체가 범죄의 동기가 아니기 때문이다. 오히려 살인자가 가장 좋아하는 것은 고문이다. 이들은 가능한 오랫동안 희생자를 살려두고 갖가지 방법으로 피해자를 고문한다. 피해자가 살아있는 동안 온갖 가학적인 성적 폭행을 할 가능성이 높고, 결국, 살인자가 고문을 끝내면, 그는 살인을 행할 가능성이 높다.

토템단계

토템단계(Totem Phase)는 살인이 끝난 후 살인자의 흥분은 갑자기 떨어지고 환상에서 깨어나는 단계를 말한다. 살인범은 우울증에 빠질 가능성이 크다. 따라서 그들은 판타지를 보존하기 위하여 의식을 발전시킨다. 즉, 자신의 살인과 관련된 뉴스를 수집하거나 피해자의 신체일부나 옷을 가져오거나 살인과정을 녹화하는 등으로 기념품(trophy)을 남기는 것이다.[16]

트로피는 살인자에게 살인자가 피해자를 살해할 때 경험했던 것과 동일한 감정을 주고, 판타지가 진짜임을 상기시키기 위한 것이고, 자신이 그 일을 해냈다고 스스로 증명하는 징표이기도 하다.

우울증단계

우울증 단계(Depression Phase)는 자신의 살인으로 느낀 것들에 만족을 느끼지 못하며 자신의 상태를 비관하는 단계를 말한다. 연쇄살인범은 현재 살해한 피해자는 자신이 꿈꾸던 대상이 아니라며, 과거에 고문하고 살해했던 판타지를 그리워한다. 따라서 그는 다시 환상에 빠져들어 살인을 반복하게 되며, 살인은 그가 꿈꾸는 환타지를 충족하는 방식으로 이루어지며, 현장 역시 비슷한 패턴을 보이게 된다.

살인이 끝날 때마다 판타지가 현실화되고 살인은 더욱 잔인해진다. 패턴이 중단될 때까지 주기가 반복된다. 살인의 중단은 살인범이 검거되었거나 스스로 지쳐 자살하였을 가능성이 높은 경우일 것이다. 연쇄살인범의 체포나 중단은 그들이 행한 미해결 연쇄살인 사건이 아직도 존재하는 이유이기도 하다.

연쇄살인범의 행동방식과 서명

FBI는 기본적으로 모든 범죄자는 버릇, 기술, 그리고 특별한 습관 등 MO를 갖는다고 설명하고 있다.[17]

모두스 오퍼렌디(Modus Operandi, Mode of Operation: MO)란 어떤 일을 하는 방식 혹은 즐겨하는 행동방식 또는 행위패턴이라고 할 수 있다. 범죄인 프로파일링에 있어 MO는 범죄자의 감정이나 심리적인 욕구를 충족하는 한 방법으로 이해한다.

MO는 동일할 수 있지만, 범행이 계속되면서 더 세련되고 정교하게 변화해 갈 수 있다. 프로파일러나 수사관이 MO를 파악하려면 범죄현장의 법과학적 분석이 필요하다.

MO를 파악할 수 있는 범죄현장 요소
- 피해자에게 사용된 감금의 유형, 상처 패턴, 감금에 사용된 도구
- 범죄에 사용된 칼, 둔기 물체 또는 총과 같은 무기의 유형
- 피해자의 손을 묶고 입을 가리는 데 사용된 테이프의 종류
- 피해자의 주거 등에 침입한 방법, 도구
- 피해자의 상태: 차량 이동 또는 주차장 이동 등
- 피해자에 대한 공격 시간대: 야간, 새벽 등
- 지문흔적: 범행시 장갑 사용여부

서명(Signature)이란 범죄자의 심리적 그리고 정서적 욕구를 이해하는데 도움이 되는 뚜렷한 행동을 말한다. 특정한 범죄현장에서 발견되는 물리적 증거는 범죄자의 서명행동을 설명하는데 도움이 된다. 따라서 프로파일러나 수사관이 범죄자의 서명행동을 이해하기 위해서는 증거에 대한 법과학적 분석을 필요로 한다.

FBI는 연쇄살인이나 연쇄강간 등의 서명으로 다음과 같은 것을 예로 든다.

범죄자의 서명(Signature)을 파악할 수 있는 요소

• 피해자에 대한 상해 정도-미미한 수준 혹은 극심한 수준
• 범죄현장의 지리적 위치
• 범죄의 연속성
• 범죄현장의 배설, 사정, 또는 훼손
• 사용된 흉기종류
• 피해자에게서 가져간 피해자의 물품
• 피해자의 연령, 인종, 직업, 물리적 증거의 특징
• 범죄현장에 남겨 둔 메모 또는 물건

  FBI의 NCAVC는 지속적으로 범죄현장에서 발견되는 범죄행동
(MO)과 서명(signature)을 구체적으로 설명하고 있다.[18]

연쇄살인 BTK와 Ripper Jack의 서명

자료: https://www.pinterest.co.kr/pin/518758450820482435/; http://mymultiplesclerosis.co.uk/
stf/ripper-jack-notorious/

범죄현장의 행동방식

  범죄현장의 일반적인 특징은 비사회적(nonsocial) 범죄자에 의
해 조직화(organize)되었거나 몰사회적(asocial) 범죄자에 의해 비조직화
(disorganize)된 것으로 구분되어 연쇄살인범의 유형을 추정할 수 있다.[19]

  FBI와 홈스와 홈스, 그리고 캔터가 분류한 연쇄살인범의 유형에
따라 범죄현장의 특징을 구분하여 정리한 것인데 이는 프로파일러의
판단에 중요한 지침서로 활용된다.[20] 이를 기초로 범죄현장 특징들과
비교하여 연쇄살인범의 유형을 추정할 수 있다.

　　일반적으로 망상형, 사명형, 또는 재물형 연쇄살인범은 사람을
죽인 장소에서 시체를 이동시키지 않을 것이다. 프로파일링시 시체의
이동 흔적이 있다면 이는 사전에 계획을 세웠음을 의미한다. 살인이 발
생한 장소에서의 물리적 증거는 수사관에 의해 평가될 수 있다. 이것은
버려진 장소에서 발견할 수 있는 증거가 없다는 의미가 아니라 살해 장소
에서 시체가 버려진 장소까지 시체를 이동시킨 것이 범죄자 성격에 대한
정보 그 자체라는 것이다.

﹕﹕﹕﹕ 데니스 린 레이더

　　데니스 린 레이더(Dennis Lynn Rader)는 1974년부터 1991년까지 캔자스 주 세지윅
카운티에서 열 명을 살해한 미국의 연쇄살인범이다. 그는 살인을 하면서 현지 언론과
경찰에 자신을 BTK killer 또는 BTK strangler라고 하며 지속적으로 사건에 대한 편지
를 보냈다. 그는 BTK를 "Bind, Torture, Kill"이라고 하면서 피해자들을 다양한 모습으
로 묶어 현장에 방치하고, 편지나 사건현장에 서명을 남기기도 하였다. 그는 10여 년 이
상 냉각기를 가지다가 2005년에 체포되었다.

자료: https://www.pinterest.co.kr/pin/518758450820482435/

망상형은 환청 또는 환각 때문에 범죄를 행하므로 구체적 피해자의 유형과는 관계가 없다. 쾌락형, 무력통제형, 사명형 연쇄살인범은 피해자가 자신의 심리적 욕구를 채워줄 수 있는지 여부 또는 피해자들의 죽음이 주는 물질적 이익의 결과 여부에 따라서 신중하게 피해자를 선택한다. 쾌락형의 일부인 영리형 연쇄살인범은 피해자와 일정한 관계가 있지만 나머지 유형의 연쇄살인범들은 흉기를 사용하여 낯선 사람들을 살해할 것이다.

종종 살인현장과 시체처리 장소가 명백하게 차이가 나는 경우가 있다. 망상형, 사명형, 그리고 재물형 살인범들은 통상적으로 살인을 행한 장소에서 시체를 옮기지 않는다. 만약 살인한 장소가 또한 시체를 처리한 장소라면, 범죄자는 아마도 피해자와 가까이 살고 있는 사람이고, 비조직화된 몰사회적 성격 유형의 특성들을 많이 가지고 있을 것으로 추정할 수 있다. 이들은 자신이 소유한 흉기를 선택하고, 시간(necrophilia)의 증거가 있으며, 성교 행위의 흔적이 있고, 증거가 남아 있을 수 있다.

그러나 시체에 시간한 흔적이 없다면 살인의 동기는 내적인 것일 가능성이 높으며, 이는 사명형 연쇄살인범(mission serial murderer)의 전형적인 특징이다.

프로파일러는 범죄현장의 특징 및 발견된 증거를 통하여 범죄유형을 찾아낼 수 있다. 물론 이러한 과정은 컴퓨터 데이터 분석 프로그램을 통하여도 가능하지만 그러나 프로파일러의 분석 및 추정능력은 중요한 의미가 있다.

안대와 얼굴폭행

살인현장에서 발견되는 안대는 다양하며, 마스크, 헝겊, 또는 천 조각 등 여러 종류가 사용되고 있다.[21] 안대를 사용하는 가장 큰 이유는 피해자가 살인범을 알 수 없도록 하는 것이지만, 피해자를 두려움에 떨게 하고, 동시에 범인으로 하여금 피해자를 비인간화하며,

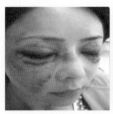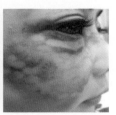

자료: ENS, http://www.vop.co.kr/A00000536080.html

사물화시키는 효과가 있다. 즉, 눈을 가림으로써 범죄자의 판타지를 더욱 충족하는 방식으로 범행을 할 수 있고, 공격시에도 더욱 안락감을 느낀다.

따라서 살인이나 강간 현장에서 안대가 발견되었다고 하여 이것을 살인범과 피해자가 이전에 개인적인 관계가 있었기 때문이라고 섣불리 단정해서는 안 된다.

FBI는 살인범이 피해자의 안면 즉, 얼굴을 때리는 공격 그 자체는 피해자에 대한 비인간화(depersonalizes)를 의미한다고 설명한다. 범죄자가 얼마나 무자비한 것과 관계없이 그 역시 부끄러운 정서와 마음을 가진다.[22]

그러나 자신의 목적을 달성하기 위해 부끄러운 감정을 무시해야 하며 이를 위한 방편으로 피해자에게 안대를 채우거나 또는 사람을 더욱 비인간적으로 다루는 방편으로 얼굴을 공격한다.

특히 피해자의 얼굴에 대한 폭력은 통제를 좀 더 확실하게 하기 위한 계획적인 의도를 가지고 있다. 눈을 향한 공격은 결정적인 상해(injury)를 가져오고, 당연히 피해자가 범인을 식별하지 못하게 된다.

눈을 가린 상태에서의 얼굴에 대한 폭력은 피해자를 공포로 몰아넣고, 동시에 비인간화하는 행위이며, 현재의 피해자에게서 존재하지 않는 피해자에 대한 환상을 동시에 만족시키는 행위일 수 있다.

시체유기와 훼손

FBI는 성욕형(lust), 스릴형(thill) 및 권력통제형(power-control) 연쇄살인범들은 피해자의 시체를 유기하기 위해 다양한 방법을 동원하는 것으로 설명하고 있다. 이 유형의 살인범들은 공통적으로 조직화된 비사회적 성격(nonsocial personalty)적 특성을 보인다.[23]

시체가 발견되도록 유기하는 것이나 시체를 유기하는 행위 등은 살인행위에 대한 "광고(advertisement)"의 한 형식이다.

연쇄살인범은 살인행위를 단계적으로 실행하며, 살인범은 현재 병적 쾌감(euphoria)의 심리적 단계에 있는 상태이며, 따라서 시체의 처리 자체도 그 병적 쾌감을 유지하는 연장선상에 있다. 다른 사회적 학습 과정과 마찬가지로 대부분의 연쇄살인범들 역시 시체들을 처리하는 방법을 학습한다. 즉, 검거되지 않도록 자신의 안전을 도모하면서 가장 효율적인 방법을 스스로 개발하고 배워나간다. 불에 태우거나, 토막을 내어 분산투기하거나, 바다에 투척하거나, 절쇄하거나, 매장하거나, 식품과 같이 냉장고에 보관하는 등의 다양한 방법들을 동원하게 되는 것이다.

살인의 도구

살인범은 피해자를 고문하거나 살해하기 위하여 다양한 도구

살인에 사용되는 다양한 도구

자료: https://pixabay.com/

즉, 흉기(weapons)를 사용한다. 연쇄쇄살인범은 흉기의 종류를 선택할 때 매우 신중하며, 통상적으로 피해자를 찌르거나 피해자를 공포상태로 몰아넣거나, 피해자 보다 우월적 지위를 확보하기 위해 사용한다.

흉기는 가죽끈, 여자용 스타킹, 칼, 해머, 권총, 도끼, 테이프 등 다양한 데 범인이 손으로 통제 가능한 것이 모두 사용된다.

특히 살해 도구로 테이프가 발견된다면 살인범이 교도소 수용경력이 다수 있거나 특수기관의 종사자였다는 것을 추정할 수 있다. 범죄자들은 특히 교도소에서 다양한 테이프의 사용법과 범죄도구로서의 효율성에 대해 배우는 것으로 드러났다.

또한 다른 종류의 테이프나 새끼줄 보다 전기 테이프가 사용하기 편리하다는 것을 범죄영화 등을 보고 배워서 살인행위에 활용하고 있다.

범죄현장의 조작과 기념품

범죄현장의 조작이란 범죄현장에 경찰이 도착하기 전에 누군가 범죄현장을 의도적으로 변경하는 것을 말한다.[24] 범죄현장에 대한 조작은 경찰의 수사를 다른 방향으로 돌리기 위해 범죄현장을 변화시키는 것이므로 현장을 조작할만한 지적 능력이 필요하다. 따라서 범죄현장이 조작되어 있다면 범인이 조직화된 살인범이라고 추정할 수 있다.

전리품

FBI는 범죄현장에서부터 살인범이 전리품(trophy)을 가져가는 직접적인 이유는 사건이 일어난 상황을 상기하기 위한 것이라고 설명한다. 범죄자가 전리품을 가져가는 합리적인 결정(rational decision)은 사람들이 휴가 중에 기념품을 수집하는 것과 동일한 정신적인 과정(mental process)과 같은 맥락이다. 이것은 살인범이 살인 그 자체의 행위뿐만 아니라 살인을 행하는 과정에서 자신이 한 행위를 회상케하는 도구인 것이다. 즉, 전리품은 살인범이 살인하는 동안에 실현된 심리

연쇄살인범의 전리품: 노끈

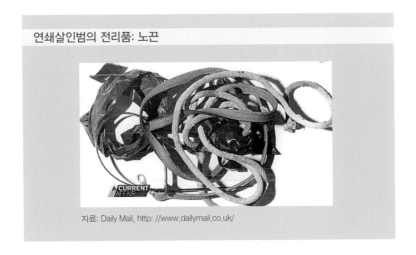

자료: Daily Mail, http://www.dailymail.co.uk/

적 만족감을 회상하고, 유지하고 싶은 욕구를 충족시켜 주는 물건인 것이다.

모든 연쇄살인범이 전리품들을 가져가는 것은 아니며, 살인범은 피해자의 신분확인을 방해하기 위해 전리품을 수집하고, 피해자가 소유하고 있었던 재산을 가져감으로써 수사를 방해하기도 한다.

만약 시체가 훼손되고 태워졌거나 피해자의 소지품도 발견되지 않았다면 매우 치밀하게 현장을 장악한 것으로 연쇄살인범은 이미 그 목적을 달성한 것이다.

연쇄살인범에게 전리품은 살인으로 얻어진 것뿐만 아니라 그 자체로 가치 있는 것이어야 한다. 따라서 전리품은 시체의 일부분(예, 다리, 가슴)과 같이 개인적인 기호와 선택적인 것이다.

연쇄살인범에 대한 프로파일러의 잘못된 통념

홈스와 홈스는 프로파일러가 연쇄살인사건을 프로파일링하면서 경계하여야 할 잘못된 통념을 여섯 가지로 정리하여 제시하였다.[25]

- 연쇄살인범은 모두 제대로 사회생활을 하지 못하는 외톨이일 것이다.
- 연쇄살인범은 모두 백인 남성일 것이다.
- 연쇄살인범은 모두 섹스가 동기일 것이다.
- 연쇄살인범은 생활근거지를 벗어나 먼 곳에서 범행을 할 것이다.
- 연쇄살인범은 살해를 멈출 수 없다.
- 모든 연쇄살인범은 정신장애이거나 사악한 천재들일 것이다.
- 연쇄살인범은 경찰에 체포되기를 원할 것이다.

참고문헌

1_Holmes & Homes. (1998). *Serial murder.* Thousand Oaks, CA: Sage.

2_Petherick, W. (2009). Serial crime: Theoretical and practical issues in behavioral profiling. Academic Press.; iminal profiling methods.

3_Jenkins. (1994). *Using murder: The social construction of serial homicide.* New York: Aldine de Gruyter.

4_Fox & Levin. (2001). *The will to kill: Making sense of senseless murder.* Boston: Allyn & Bacon; Godwin. (1999). *Hunitng serial predators: A multivariate classification approach to profiling violent behavior.* Boca Raton, FL: CRC Press.

5_Blair. (1993). The science of serial murder. *American Journal of Criminal Law,* 20(2), 1 – 12; Egger. (1998). *The Killers among Us: An Examination of Serial Murder and Its Investigation. Upper Saddle River,* NJ: Prentice Hall; Hickey. (2001). *Serial murderers and their victims(2nd ed.).* Pacific Grove, CA: Brooks – Cole.

6_허경미. (2015). 범죄 프로파일링 제도의 쟁점 및 정책적 제언. 경찰학논총, 10(1), 205 – 234.: 임준태. (2004). 강력범죄에서의 범죄자 유형 분석기법 (Criminal Profiling)의 도입에 관한 연구. 한국공안행정학회보, 17, 1 – 38.; 허경미. 범죄 프로파일링(criminal profiling) 기법의 효과적인 활용방안, 치안정책연구소, 2008.; 허경미, 현대사회와 범죄학, 박영사, 2016.

7_Drukteinis. (1992). Serial murder: The heart of darkness. *Psychiatric Annals,* 22, 532.; Holmes & Homes. (2001). *Sex crimes(2nd ed.).* Thousand Oaks, CA: Sage; Holmes & Deburger. (1985a). Profiles in terror: The serial murderer. *Federal Probation, 39,* 29 – 34; Holmes & Deburger. (1985b). *Serial murder.* Beverly Hills, CA: Sage.

8_Gibney. (1990). *The beauty queen killer.* New York: Pinnacle.

9_Douglas, Burgess, Burgess, & Ressler. (1992). *Crime classification manual.* Lexington, MA: Lexington Books.

10_Stack. (1993). *The lust killer.* New York: Signet.

11_Klint, Chris (August 21, 2014). "Serial Killer Robert Hansen Dies in Anchorage". NBC. KTTU News. Retrieved August 21, 2014.

12_Pethrick, et al., 191 – 192.

13_Norris, Joel. Serial killers: The growing menace. New York: Doubleday, 1988.

14_Fox, J. A., & Levin, J. (2013). Overkill: Mass murder and serial killing exposed. Springer.

15_Oleson, J. C. (2013). Dissecting the serial killer: Toward a typology of serial homicide. Crime types: A text reader, 57−69.

16_Seltzer, M. (2013). Serial killers: Death and life in America's wound culture. Routledge.

17_Burgess, A., Burgess, A., Douglas, J., & Ressler, R. (2006). Crime classification manual. Library of Congress Cataloging−in−Publication Data, 19−23; Morton, R. J., Tillman, J. M., & Gaines, S. J. (2014). Serial murder: Pathways for investigations. Federal Bureau of Investigation, US Department of Justice.

18_Burgess, A., Burgess, A., Douglas, J., & Ressler, R. (2006). Crime classification manual. Library of Congress Cataloging−in−Publication Data, 23−30; Morton, R. J. (Ed.). (2005). Serial murder: Multi− disciplinary perspectives for investigators. Behavioral Analysis Unit− 2, National Center for the Analysis of Violent Crime; Critical Incident Response Group/Federal Bureau of Investigation

19_Douglas, Burgess, Burgess, & Ressler. (1992). *Crime classification manual. Lexington*, MA: Lexington Books. 251.

20_Douglas, J. E., Ressler, R. K., Burgess, A. W., & Hartman, C. R. (1986). Criminal profiling from crime scene analysis. Behavioral Sciences & the Law, 4(4), 401−421.; Canter, D. V., & Wentink, N. (2004). An empirical test of Holmes and Holmes's serial murder typology. Criminal justice and behavior, 31(4), 489−515.

21_Holmes, R. M., & Holmes, S. T. (2008). Profiling violent crimes: An investigative tool. Sage. 114~146.

22_Morton, R. J. (Ed.). (2005). Serial murder: Multi−disciplinary perspectives for investigators. Behavioral Analysis Unit−2, National Center for the Analysis of Violent Crime; Critical Incident Response Group/Federal Bureau of Investigation.

23_Classifying sexual homicide crime scenes. (1985). FBI Law Enforcement Journal, 54, 12−17.

24_Douglas, Burgess, Burgess, & Ressler. (1992). Crime classification manual. Lexington, MA: Lexington Books, 251.

25_FBI, https: //www.fbi.gov/file−repository/stats−services− publications−serial−murder−serial−murder−july−2008−pdf/view; Holmes, R. M., & Holmes, S. T. (2009). Serial murder. Sage. 9−13.

2장

강간범 프로파일링

연쇄강간범 프로파일링을 위한 귀납적 데이터

강간(rape)이란 일반적으로 상대방의 의사에 상관없이 강제적으로 성적 행위를 시도하거나 행하는 범죄라고 정의될 수 있다.[1] 즉, 상대방에게 공포의 상태를 유지시키며, 성적으로 위협하는 의식적인 과정이자 성적인 침해행위(sexual penetration)라고 할 수 있다. 그런데 대부분의 강간은 남성에 의하여 여성에게 가해지므로 강간범 역시 남성이 대부분이다.[2]

"강간과 연쇄강간을 구분하는 기준은 무엇인가?"에 대해서는 살인과 연쇄살인을 구분하는 기준과 크게 다르지 않다. 즉, 희생자의 수, 각 범죄행위 간의 시간적 간격, 범죄지역 간의 차이 등이 그 기준이라고 볼 수 있다.[3]

따라서 범죄의 연쇄성에 대한 위의 요소를 고려할 때 연쇄강간이란 동일한 범죄자가 일정한 기간에 적어도 3명 이상에 대하여 서로 다른 지역에서 강간을 한 경우라고 할 수 있다.

자료: https://www.shutterstock.com/

　　강간사건의 피해자들은 형사사법시스템에 대한 불신과 보복의 두려움, 수치심 등의 이유로 경찰에 신고되지 않는 암수범죄가 91%에 달하는 것으로 나타났다.[4] 교도소 성범죄자가 출소 후 다른 범죄자보다 성범죄 재범률이 매우 높은 것으로 나타났다.

　　이는 미 법무부 사법통계국(Bureau of Justice Statistics: BJS)이 출소하는 성폭력 수용자와 다른 석방된 수용자의 재범률 조사에서 확인되었다.[5] 연구대상은 미 30개 주에서 2005년도에 출소하는 20,195명의 성폭력사범으로 이들은 당시 성폭력범 수감자의 77%에 달하였다. 미 사법통계국은 이들이 2005년부터 2014년까지 어떤 범죄를 행하고 교도소에 수감되는지 추적조사를 벌였다. 이 조사는 미 사법통계국이 교도소 성범죄 출소자들을 대상으로 벌인 최초의 재범조사이다.

　　조사결과 강간 및 성폭력 범죄자들은 다른 출소자들보다 일반범죄로 체포될 가능성이 적었지만, 다른 출소자들보다 강간 또는 성폭행 혐의로 체포될 가능성은 3배 이상 높은 것으로 나타났다(7.7 % 대 2.3 %). 석방된 성범죄자 중 절반이 어떤 범죄로든 체포되어 유죄판결을 받았다. 2005년에 석방된 성범죄자의 5%가 2014년까지 9년의 추적조사 기간 동안 강간 또는 성폭행으로 체포된 사람의 16%를 차지했다. 석방된 성범죄자 중 절반 미만이 3년 이내에 범죄를 행하였으며, 2/3 이상은 9년 이내에 체포되었다.

　　다음은 2005년 출소 성범죄의 2014년까지 매년 검거율을 보여준다.

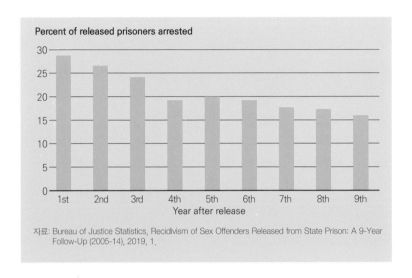

Percent of released prisoners arrested

자료: Bureau of Justice Statistics, Recidivism of Sex Offenders Released from State Prison: A 9-Year Follow-Up (2005-14), 2019, 1.

    2005년에 석방된 성범죄자 10명 중 약 3명(29%)이 석방 후 첫해에 체포되었다. 약 5명 중 1명(20%)이 5년 후 석방기간 동안 체포되었고, 6명 중 거의 1명 (16%)이 9년차에 체포되었다.

    젊은 성범죄자들은 연로한 성범죄자들보다 석방 후 또 다른 성범죄로 체포 될 가능성이 더 높았다. 전반적으로 성범죄자의 4.4%가 석방 후 3년 이내에 또 다른 성범죄로 체포되었다. 석방 후 9년 후에는 젊은 성범죄자(석방 당시 24세 이하)가 중년의 성범죄자(석방 당시 40세 이상)보다 강간 또는 성폭행으로 체포될 7.7% 정도 더 높은 것으로 나타났다. 석방 당시 24세 이하의 성범죄자 중 거의 9.4%가 석방 후 3년 이내에 강간 또는 성폭행으로 체포된 반면, 40세 이상은 3.0%에 해당하는 것으로 나타났다. 석방된 지 3년 이내에 체포된 24세 이하의 약 절반 4.6%가 2년차에 체포됐다. 전반적으로 석방 후 9년 이내에 24세 이하의 성범죄자는 40세 이상의 성범죄자 5.9%에 비해 강간 또는 성폭행으로 체포될 가능성이 2배(11.8%) 가량 높았다.

    한편 유엔마약범죄국(UNODC)이 회원국을 통해 조사한 범죄발생 통계 중 강간피해 사건 통계 역시 발생건수 보다 실제 보고율이 낮은

것으로 간주되고 있다.[6]

한국의 경우 성폭력을 포함한 흉악범의 실태는 다음과 같다. 성폭력은 2010년 20,584건에서 2015년 31,063건에 이르기까지 지속적으로 증가 추세를 보였고, 이후 증감변동을 보이면서 2019년에는 32,029건을 기록하여 전년보다 소폭 감소하였다.

성폭력의 발생비율은 대도시가 가장 높은 것으로 나타났다. 성폭력은 21시~24시(15.8%), 18시~21시(12.2%), 3시~6시(10.4%)의 순으로 18시부터 24시 사이에 28.0%가 발생하였다. 성폭력사범의 검거는 피해자 신고에 의한 경우가 47.4%로 나타났다.

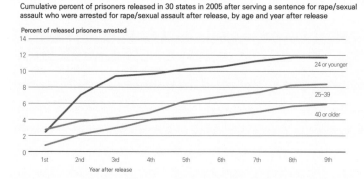

Cumulative percent of prisoners released in 30 states in 2005 after serving a sentence for rape/sexual assault who were arrested for rape/sexual assault after release, by age and year after release

자료: Bureau of Justice Statistics, Recidivism of Sex Offenders Released from State Prison: A 9-Year Follow-Up (2005-14), 2019, 7.

4대 강력범의 발생 추세

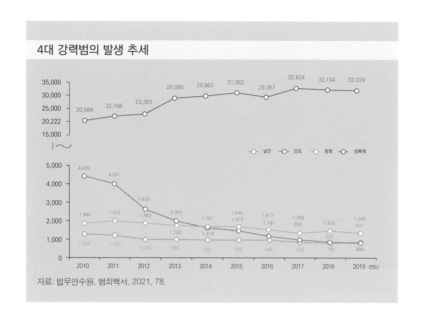

자료: 법무연수원, 범죄백서, 2021, 78.

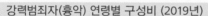

강력범죄자(흉악) 연령별 구성비 (2019년)

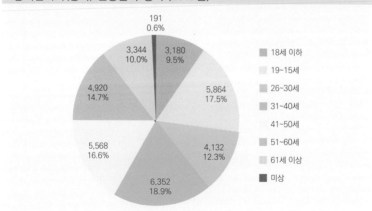

자료: 법무연수원, 범죄백서, 2021, 83.

흉악범 전과횟수[단위 : 명(%)]

죄명 전과횟수	살인	강도	방화	성폭력
계	1,050(100)	1,495(100)	1,294(100)	33,551(100)
전과없음	223(21.2)	310(20.7)	288(22.3)	11,810(35.2)
1범	106(10.1)	130(8.7)	134(10.4)	3,750(11.2)
2범	52(5.0)	103(6.9)	115(8.9)	2,352(7.0)
3범	48(4.6)	104(7.0)	82(6.3)	1,603(4.8)
4범 이상	266(25.3)	570(38.1)	499(38.6)	6,380(19.0)
미상	355(33.8)	278(18.6)	176(13.6)	7,656(22.8)

자료: 법무연수원, 범죄백서, 2021, 84.

전국 전자발찌 대상자 4천832명, 재범 절반이 집주변 1km내에
서 또 성범죄를 행한 경우는 303건으로 나타났다. 2016년 58명, 2017
년 66명, 2018년 83명, 2019년 55명, 2020년 41명이다. 즉 이들은 최
근 5년간 전자발찌를 부착한 상태에서 또 성범죄를 한 것이다. 이들
중 54%는 집 주변 1km 안쪽에서 범행했다. 구체적으로 100m 거리
내가 33%, 100~500m 이내가 11%, 500m~1km가 10%, 그 외 46%를
차지했다. 즉 성범죄자 집에서 가까울수록 범죄피해의 표적이 될 가
능성이 높다는 것이 확인되었다.

⋮⋮⋮ 여학생 11명 연쇄 성폭행 … 김근식도 내년 9월 나온다

… 중략… 김근식은 2000년에 미성년을 성폭행한 혐의로 징역 5년 6개월의 실형을
선고받아 복역했다. 그러나 출소 16일 만에 또 다시 미성년자를 잇따라 성폭행한 것으
로 나타났다. 즉 2006년 5월 24일부터 그해 9월11일까지 인천과 경기 일대에서 9살부
터 17살까지 미성년인 초중고 여학생 11명을 연쇄 성폭행한 혐의로 기소됐다. 검거 당
시 전과 19범이었다.

김근식은 "무거운 짐을 드는데 도와달라" 등의 말로 어린 학생들을 유인해 승합차에
태운 뒤 인적이 드문 곳으로 이동하는 수법을 썼다. 이후 피해 학생들을 마구 때리고

성폭행한 것으로 조사됐다. 김씨는 이 같은 수법으로 두달 반 동안 무려 11명을 성폭행했다.

김근식은 2006년 5월 24일 아침 7시55분쯤 인천시 서구에서 등교 중이던 B양(9)에게 "도와달라"고 유인해 승합차에 올라타게 한 뒤 저항하는 B양을 때리고 성폭행했다.

또 6월4일 저녁 6시30분쯤 인천시 계양구의 한 초등학교에서 하교 중인 C양(13)을, 8일 오후 4시40분쯤에는 계양구 한 길에서 하교 중인 D양(10), 20일 저녁 8시50분쯤에는 계양구 한 원룸 주차장에서 E양(13)을 유인해 성폭행했다.

그해 7월3일 오전 12시1분쯤에는 계양구 한 길에서 독서실에서 귀가하던 F양(17)을 유인해 성폭행했다. 이후 7월18일에는 경기 파주시에서 범행을 저질렀다. 8월3일에는 인천에서 G양(11), 8월8일 경기 시흥시에서 H양(12), 8월10일 낮 2시30분 인천 계양구에서 I양(13), 9월11일 경기 고양시에서 J양(12) 등을 유인해 성폭행하기도 했다.

김근식은 범행 후 인천 덕적도로 달아나 생활하다가 동생 여권을 이용해 필리핀으로 도주했다. 이후 도피처 마련이 어렵자 귀국 후 서울 여관 등을 전전했고, 경찰에 의해 공개수배된 다음날인 9월19일 검거됐다.

김근식은 성적 콤플렉스로 인해 성인 여성과 정상적인 성관계가 어렵자 어린 여성을 상대로 범행을 저지른 것으로 파악됐다.

그는 2006년 1심에서 징역 15년을 선고받았고, 2021년 9월에 출소한다...

자료: 머니투데이, 2020년 12월 13일자 보도

연쇄강간범의 프로파일

강간범은 폭력을 매개로 성적 욕구를 달성하려고 하는 범죄자라는 점에서 다른 유형의 폭력적 요소가 가미된 범죄자들과 유사한 특징을 보여주지만 그 가운데서도 강간범들은 특히 폭력(power), 분노(anger), 성욕(exuality) 등의 특징을 보인다.[7] 또한 자연스러운 이성과의 관계유지능력이 부족하고, 마약, 술, 폭력적 포르노물에 심취하는 특성을 가진다.

강간범에 대한 프로파일링은 강간범이 가진 긴장(tension)과 충동(compulsion)을 표현하는 수단으로 강간이 왜 선택되는지 추론할 수 있어야 한다.[8]

모든 강간범들이 강간범들의 동기나 범행참여, 기대행동들과 유사한 점을 가진 건 아니다. 상당히 많은 강간범이 아동기에 부모와의 상호작용(interaction)이 부족하며 이것이 정상적인 성격발달에 부정적 영향을 끼쳤다는 연구는 상당히 축적되어 있다.

강간범과 어머니와의 관계는 대부분 아동기에 거부(rejecting), 과도한 통제(excessively controlling), 지배(dominant), 체벌(punitive), 과보호(overprotective)와 유혹(seductive) 등으로 설명된다. 아버지와의 관계는 주로 비관여적(uninvolved), 무관심(aloof), 거리를 둠(distant), 부재(absent)나 수동적(passive)이지만 가끔씩 체벌과 잔인함을 가진 대상으로 설명된다.

특히 강간범이 가지는 성적 좌절감, 범죄행위, 성적 성향(sexual personality)에 영향을 미친 요소들은 어린 시절 냉정한 부모의 모습, 부모의 일관성 없는 제재나 처벌, 성적 질투나 자극이 원인인 것으로 밝혀졌다.

강간범들은 아동기에 부모로부터 지속적으로 성적 유혹을 당한 경우도 발견되며, 형제나 부모와 장기적으로 침실이나 생활공간을 함께 함으로써 어른들의 성생활에 일찍부터 노출되어 성적 자극을 받은 경우도 발견된다. 상당한 사례에서 강간범들은 사춘기까지 어머니와 한 침대를 사용한 경우도 있었고, 지배적이고 폭력적인 어머니에 의해 가혹한 체벌을 받았다.

　따라서 강간범이 성인기에 달했을 때 여성들을 향해 드러나는 적대적 행위는 자신이 어린 시절에 가족들로부터 당한 고통에 대한 복수 행위라는 주장도 제기된다. 이외에도 아동기에 이웃이나 낯선 상대로부터 성폭력 피해 경험이 왜곡된 성정체성이나 복수 동기에 영향을 미친다는 연구결과들이 있다.[9]

연쇄강간범의 분류

　많은 범죄학자 및 FBI에서 강간동기 등을 기준으로 강간범 유형을 분류하였다. Groth, Burgess, Holmstrom는 133명의 강간범과 92명의 피해자를 대상으로 한 공동연구를 통하여 강간에 결정적인 영향을 주는 것은 폭력, 분노, 그리고 성욕이라고 결론지었다. 이들은 사실상 강간은 폭력 또는 분노를 표현하기 위해 가장 선호되는 수단이라는 결론을 내리고, 강간범을 폭력지향형, 폭력강화형, 분노보복형, 분노가학형 등의 네 가지 유형으로 구분하고 있다.[10] 이 연쇄강간범의 분류는 이후 많은 학자들에 의하여 후속연구가 이루어졌다.[11]

　여기서는 이러한 내용을 정리하여 기술한다.

범죄동기별 강간범 분류

강간범 분류	범죄동기
폭력지향형 (power assertive)	강간을 남성다움, 주인의식, 지배력의 표현이라 인식
폭력강화형 (power reassurance)	강간을 자신의 성적 수단 그리고 남성다움에 대한 의심을 푸는 하나의 수단이라 인식
분노보복형 (anger retaliation)	강간을 여성에 대한 적대감과 분노의 표현수단이라 인식
분노가학형 (anger sadistic)	피해여성의 고통을 보면서 행복, 스릴, 만족감을 느끼는 경우

폭력지향형: 남성성, 지배수단

폭력지향형 연쇄강간범(power assertive serial rapist)은 강간을 남성다움, 주인의식, 지배력의 표현이라 인식하는 강간범으로 이들에게 강간은 단지 성행위가 아니라 일종의 약탈을 위한 폭력적 행위이다. 강간시 나타나는 공격성은 피해자의 복종을 확보하기 위한 것으로 강간범은 피해자의 안락과 행복에 관심이 없다.

폭력지향형 연쇄강간범은 대부분 편부모 가정에서 자랐으며, 이들 중 일부는 양부모 밑에서 자랐다. 어린 시절 신체적 학대의 피해자인 경험이 많았고, 일반적으로 가정 문제를 많이 갖고 있으며 불행한 결혼생활로 이어진다. 이들은 외모에 매우 신경을 쓰며, 요란한 옷을 입고 다니는 경향이 있다. 술집에 드나들며, 주변 사람들은 이들을 언제나 여자를 유혹하려고 궁리하는 사람으로 기억하는 경우가 많다. 이들은 목소리가 크고 떠들썩하며, 남성적인 이미지를 끊임없이 과시하려 한다. 폭력지향형 연쇄강간범은 건설노무자 혹은 경찰과 같은 전통적으로 남성적인 직업에 종사하고 있을 수 있다. 이들이 직업상 착용하는 유니폼은 이들의 남성적 이미지를 과시하는 수단일 수 있다. 이들은 종종 번쩍번쩍 거리는 차를 몰고 다닐 수 있는데, 이들과 비슷한 부류의 사람들이 선호하는 특정 스포츠카 모델일 수 있다.

폭력지향형 연쇄강간범은 독신자들이 자주 가는 술집에서 여성 피해자들을 선택하는 경향이 있다. 이들의 공격은 언어적 폭력과 신체적 폭력 모두의 형태로 나타난다.

이 유형의 강간범은 특정 피해자에게 수차례 폭행을 저지를 수도 있고 피해자들은 강간범과 같은 연령대인 경우가 대부분이다. 이 유형은 피해자에게 갖가지 성적 행위를 요구하는 데 종종 사정 장애를 겪을 수도 있다. 이들은 성적으로 흥분하기 위해 피해자들에게 구강성교를 강요할 수도 있다. 이들에게 성교는 포식자로서의 약탈적 본능을 충족시키는 행위이며, 피해자의 만족이나 고통 등에는 관심이 없다.

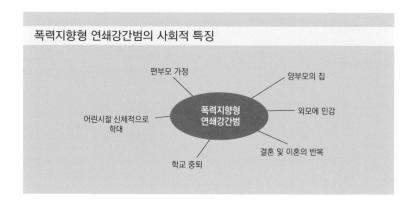

FBI는 폭력지향형 연쇄강간범은 20일에서 25일 주기로 범죄를 저지른다고 설명하며, 이는 여성의 월경주기와 유사한 것으로 폭력강화형(power reassurance) 연쇄강간범이 7일에서 15일 주기로 폭행을 저지르거나 분노보복형(anger retaliation) 연쇄강간범이 대략 반년에서 1년 주기로 범행을 행하는 것과 비교된다.

폭력지향형 연쇄강간범은 일반적으로 부인 혹은 연인과 같은 일정한 섹스 파트너를 가지고 있지만 강간의 충동을 느끼며, 강간시 피해자에 대한 폭행은 피해자의 순종을 강요하는 수단으로 행해진다. 이러한 유형의 강간범은 흉기를 소지하기도 한다. 또한 이들은 피해자들에게 자신의 정체를 숨기지 않는 경향이 있다. 따라서 가면이나 눈가리개 등을 별로 사용하지 않는다. 그러나 이들은 피해자들을 앞으로 다시 볼 의도를 가지고 있지는 않다. 이들은 강간 후 사과하지 않으며, 기념품이 될 만한 것을 가져가지도 않으며, 기록도 남기지 않는다.

폭력지향형 연쇄강간범은 그의 충동을 거의 억제하지 못하므로 성격진단시 반사회적 성격장애나 정신병질자로 분류될 수 있다.

폭력강화형: 연인, 보상

폭력강화형 연쇄강간범(power reassurance serial rapist)은 보상형 강간

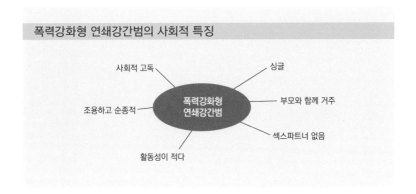

범(compensatory rapist)으로도 불리운다. 이 유형은 다른 강간범 보다 공격성이나 폭력성이 제일 낮다. 최소한의 사회적 능력을 갖고 있고, 극단적인 패배감과 낮은 자존감으로 고통을 받고 있으며, 자신이 무능력하다고 느끼고 있다.[12]

이러한 유형은 대부분 낮은 수준의 교육경력을 가지고 있고, 대부분 싱글이면서도 부모와 함께 기거한다. 이들은 활동성이 적고, 조용하며 수동적인데 따라서 친구가 거의 없고, 섹스파트너도 없다. 이들 중 일부는 가족으로부터 성적 유혹을 당하거나 폭력적인 대우를 받은 경험이 있다. 이들은 많은 시간을 들여 성인잡지를 보며, 보내며, 낮은 교육수준 때문에 저임금 직업에 종사하지만 주변사람들에게는 꾸준하고 신뢰성 있는 직원으로 비춰진다.

폭력강화형 연쇄강간범은 정신병질적인 성적 다양성을 보이는데 복장도착, 난교적 성적 행위, 노출증, 관음증, 과도한 자위행위 등의 모습을 보인다. 관음증의 피해자는 주로 이웃이며, 기회를 포착하여 직접 강간을 시도하기도 한다.[13]

폭력강화형 연쇄강간범에 있어서 강간의 기본적 목적은 강간을 통하여 그 자신의 지위를 고양시키는 것이다. 그는 평상시 자신을 사회의 낙오자라고 생각하고 있지만 성행위를 통해 피해자를 자신의 통제 하에 둠으로써 자신이 중요한 사람이라는 것을 스스로 믿고 싶

어한다. 따라서 그는 피해자를 통제하는데 필요한 만큼의 폭력만을
사용한다.

이들의 강간은 이들이 평상시 가지는 성적 환상(sexual fantasies)을
표현하는 것이므로 이들은 피해자 역시 성적 만족감을 느낄 것이라
고 믿으며, 고의적으로 피해자들을 해치지는 않는다.

이들은 피해자들이 사실은 성적 강간행위를 즐긴다는 가정 하에
범행을 저지르므로 성행위 도중 피해자들에게 음란한 표현을 하도록
하거나 자신이 행하기도 한다. 이들은 피해자들에게 옷을 벗어달라고
정중하게 요청하는 경우도 있다.

FBI는 폭력강화형 연쇄강간범은 그와 동일한 연령 집단과 동일
한 인종 집단 내에서 피해자를 고르는 경향이 있고, 그가 걸어서 돌
아다니기 때문에 종종 주변 이웃 또는 그의 직장 근처에서 피해자를
선택한다고 설명한다. 강간 범죄 행위의 시간적 간격은 7일에서 15일
사이이다. 일반적으로 강간범은 비교적 낮은 단계의 폭력으로 시작하
지만, 범죄가 지속되면서 폭력성이 강화될 수 있다. 이들은 필요하다
면 피해자의 집에서 흉기가 될 만한 것을 찾고, 피해자의 집에서 기
념품이 될 만한 것을 가져 갈 수도 있다.

이들은 네 연쇄강간범의 유형 중 유일하게 범행 후 피해자를 접
촉해서 신체 건강에 대해 물어본다. 피해자도 성행위를 즐겼다고 생
각하므로 다음에 다시 오겠다는 약속을 하는 경우도 있다. 이들은 발
기부전과 같은 성기능 장애를 가지고 있을 수도 있으며, 자신의 행위
를 기록하는 습성이 있다. 강간을 통해 이들은 그 자신의 정체성 의
문을 해소하려는 경향이 있다.

분노보복형: 분노 · 복수

분노보복형 연쇄강간범(anger retaliation serial rapist)은 분노감, 복수심
등으로 여성을 해치게 되고, 이들은 폭행을 통해 실재하든 상상에 의
한 것이든 그가 일생 동안 다른 여성의 손에 당했던 부당한 행위들에

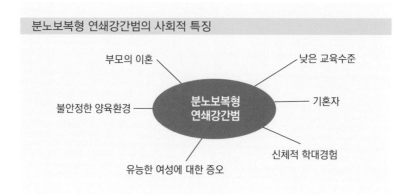

분노보복형 연쇄강간범의 사회적 특징

- 부모의 이혼
- 낮은 교육수준
- 불안정한 양육환경
- 분노보복형 연쇄강간범
- 기혼자
- 유능한 여성에 대한 증오
- 신체적 학대경험

대해 강간행위를 통해 보복하려고 한다.[14]

이들은 절반 이상이 부모 한쪽 혹은 양쪽으로부터 성적으로 학대를 받은 경험이 있고, 대부분 부모가 이혼하였다. 이들은 입양, 위탁가정, 홀부모 등 불안정한 양육환경에서 성장하였다.

분노보복형 연쇄강간범은 그 자신을 체력적으로 강건하고, 남성적이라고 생각하므로 육체적 활동이 많은 스포츠를 즐기고 경찰이나 운동선수 등의 직업을 가질 수도 있다. 결혼을 하지만 배우자에게는 공격적이지 않을 수 있으며 남성적인 이미지를 강화하기 위하여 다양한 혼외정사를 즐길 수 있다.

주변 사람들은 이들에 대해 성질이 급하고, 폭력적 기질을 가지고 있다고 평가할 수 있다. 이들은 강간에 대한 통제 불가능한 충동을 가지고 있고, 자신의 부인이나 모친 또는 기타 여성들과의 일련의 경험으로 여성에 대한 증오감을 가지며, 이 증오감이 분노감을 촉발시키고, 분노에 대한 보복적 행위가 강간의 형태로 나타나는 것으로 보인다.

FBI는 분노보복형 연쇄강간범은 주로 자신의 집 근처에서 강간을 저지르는 경향을 보이며, 이는 강간이 우발적으로 행해지고 비계획적이라고 설명한다. 이들에게 강간은 성적 행위가 아니라 주로 분노의 표현이며, 강간시 피해자를 해치려는 의도로 폭력을 행사한다.

강간 과정에서 나타나는 폭력은 언어적 공격부터 신체적 공격에 이르기까지 다양하며, 피해자에게 상당히 음란한 말을 내뱉고 종종 피해자들의 옷을 찢기도 하며, 주먹과 발을 포함해서 닥치는 대로 흉기를 사용하여 피해자를 폭행한다.

이들은 피해자를 폭행하여 저항을 하지 못하게 만들고, 피해자에게 언어적 폭력을 퍼붓는다. 이는 자신의 성적 흥분을 고양시키는 동시에 피해자에게 공포와 두려움을 주기 위한 것이다. 이들은 피해자에게 항문섹스나 오럴섹스를 하거나 얼굴에 사정을 함으로써 더욱 모욕감을 준다. 이들의 피해대상은 자신과 같은 피부색으로 자신 또래의 연령대 혹은 약간 나이 많은 여성을 자신의 주거지 근처에서 주로 차를 타고 이동하면서 찾아다닌다. 이들은 범행 후 더 이상 피해자를 의도적으로 접촉하려고 시도를 하지는 않는다.

분노가학형: 폭력적 · 성적 판타지

분노가학형 연쇄강간범(sadistic rapist)은 가장 위험한 강간범으로 이들에게 강간은 공격적인 환상을 성적으로 표현하는 것이라 할 수 있다. 이들은 대부분 반사회적 성격장애를 보이고 있으며, 일상생활에서도 상당히 공격적인 양상을 보인다. 이들은 공격과 폭력을 에로틱한 것으로 인식하고 있다.

대부분의 분노가학형 연쇄강간범은 편부모 가정 하에서 자랐고, 대다수가 아동기에 신체적 학대를 겪었으며, 많은 수가 성적 일탈 현상을 보이는 가정에서 성장한 것으로 나타났다. 이들은 관음증, 난잡한 성교, 과도한 자위행위와 같은 유년기 성적 병리 증세의 이력을 가지고 있다.[15]

전형적인 분노가학형 연쇄강간범은 결혼을 했고 주변에서는 그를 가정적이고 좋은 남편으로 인정한다. 상당수는 범죄율이 낮은 중산층 거주지역에 살며, 성공한 사람으로 인정을 받으며, 평균 이상의 교육을 받았으며, 전문직에 종사하고 있다.

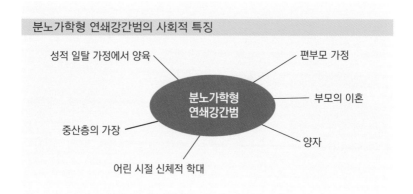

이러한 유형의 강간범은 강박증을 보이는데, 이 요소는 프로파일링 과정에 있어서 특히 중요하다. 이들의 외모 및 차량은 잘 정리되어 있고 깨끗하며, 항상 최적의 상태를 유지하고 있다.

분노가학형 연쇄강간범은 지적이며, 범죄경력이 거의 없을 것이다. 그는 매우 치밀하게 강간을 준비하며, 일정지역에서 범행을 행하였더라도 그가 가진 지역의 평판 등으로 용의선상에서 배제될 수 있다. 즉 전과가 없고, 학식이 풍부하며, 사회적으로 인정을 받으며, 뚜렷한 증거를 찾기 힘든 점 등이 경찰의 수사망을 벗어나게 한다.

분노가학형 연쇄강간범에게 있어서 강간은 폭력을 표현하는 하나의 수단이다. 따라서 체포되지 않는다면, 이들은 궁극적으로 피해자들을 살해하기 시작한다.[16]

이들은 잘 손질된 차량을 이용해서 피해자를 스토킹한다. 이들은 피해자 선정을 신중하게 하며, 눈에 안 띄는 장소로 이동시킨다.[17] 이들은 집 주변을 벗어나 먼 장소까지 가서 피해자들을 선택하는 데 평균적으로 3마일 정도를 돌아다니는 것으로 나타났다. 그러나 체포 당시에는 이들 중 절반은 자신의 집 주변에서 범행을 하다가 체포되기도 한다.[18]

분노가학형 연쇄강간범은 피해자를 통제하기 보다는 공포심을 불러일으키기 위해 범행 중에 재갈, 테이프, 수갑 또는 기타 자잘한 기구들을 범행 중에 사용하며 피해자의 눈을 가려 공포심을 주기도 한다.

이들은 피해자들에게 극히 불경스럽고 모욕적인 언어로 그가 앞으로 무엇을 할 것인지를 설명하기도 하고, 피해자들을 폭행하는 동안 그의 부인 또는 어머니 등의 다른 이름으로 부르도록 한다.

또한 분노가학형 연쇄강간범은 의식(ritualistic)을 중요시 여기는데 강간을 통하여 자신이 경험하고 싶은 욕구를 달성하기 위하여 일정한 계획에 따라 범행을 진행한다. 즉, 이들은 피해자들에게 자신이 성적으로 흥분할 수 있도록 특정한 단어를 말하도록 요구하거나, 성행위의 전희로서 오럴섹스를 강요하기도 한다. 이들은 사정 장애를 겪을 수도 있다.

이들은 치밀하게 강간을 계획하므로 종종 자신의 차량에 "강간 도구함(rape kit)"을 가지고 다니기도 한다.[19] 예를 들어 테드 번디(Ted Bundy)는 수갑, 얼음 송곳, 스키 마스크, 속옷으로 만든 마스크, 밧줄, 검은색 쓰레기 봉투와 타이어 교체 도구를 가지고 다녔다.

분노가학형 연쇄강간범은 범행을 지속하면서 더 피해자들을 효과적으로 스토킹하는 방법과 살해한 시체를 처리하는 보다 좋은 방법을 익힌다. 이들에게 살인은 2차적일 뿐이다. 테드 번디는 "단지 피해자들을 조용하게 하기 위해 살인을 했을 뿐"이라고 진술하였다.

분노가학형 연쇄강간범은 종종 가벼운 알콜 중독자이거나 기분 전환용 약물사용자들일 수 있다. 이들은 자신이 저지른 범죄에 대해 후회가 없고, 잡힐 때까지 범죄를 지속한다. 따라서 분노가학형 연쇄 강간범이 연쇄살인범이 되는 경우는 매우 자연스러운 현상이다.

⠿⠿ 대구 연쇄강간범, 무기징역 …

도심 원룸에 흉기를 들고 침입해 5년 동안 20여 명의 여성을 연쇄 성폭행한 범인에게 무기징역 형이 선고됐다.

대구지법 제12형사부(한재봉 부장판사)는 특수강도강간 등 혐의로 기소된 김모(46)씨에게 이같이 선고하고, 20년간 위치추적 전자장치(전자발찌) 부착을 명령했다. … 중략 …

김씨는 2002년 1월부터 2007년 1월까지 만 5년 동안 20차례에 걸쳐 대구 수성구와 남구지역 원룸에 들어가 금품을 빼앗고 21명의 여성을 성폭행한 혐의로 재판에 넘겨졌다.

그는 야간에 여성이 혼자 사는 집에 가스 배관을 타고 침입해 흉기로 위협하는 방법으로 범행을 저질렀다.

그는 스타킹이나 마스크를 이용해 얼굴을 가리고 성폭행 범행 뒤에는 흔적을 치우는 등 치밀함을 보였다. … 중략 …

법원은 "피고인은 그동안 범죄 성공이 가져다주는 스릴감과 쾌감에 빠져 수사기관 무능을 비웃으며 마치 영화 '살인의 추억'에 나오는 숨은 범죄자 마냥 우쭐거리면서 여성들 인권을 짓밟아 왔을지도 모른다"며 "이제는 준엄한 법의 이름으로 피고인의 악행과 만용에 종지부를 찍어야 한다"고 판시했다.

자료: 허핑턴포스트, 2015년 8월 25일자 보도

참고문헌

1_Morton, R. J. (Ed.). (2005). Serial murder: Multi-disciplinary perspectives for investigators. Behavioral Analysis Unit-2, National Center for the Analysis of Violent Crime; Critical Incident Response Group/Federal Bureau of Investigation.

2_허경미. (2007). 연쇄강간범의 프로파일링 과정에 관한 연구. 교정연구, (34), 85-108.; 김지영, 박지선, & 박현호. (2009). 연쇄성폭력범죄자 프로파일링과 프로파일링 제도 연구. 형사정책연구원 연구총서, 23-333.; 김종오, & 유영현. (2007). 연쇄성범죄자의 심리분석에 관한 연구. 한국범죄심리연구, 3, 29-59.; 허경미, 범죄 프로파일링(criminal profiling) 기법의 효과적인 활용방안, 치안정책연구소, 2008.; 허경미, 현대사회와 범죄학, 박영사, 2016.

3_Blackburn. (1993). The Psychology of Criminal Conduct. Chichester: Wiley, p. 214; Helsham. (2001). The profane and the insane: An inquiry into the psychopathology of serial murder. Alternative Law Journal, 26(6), pp. 269-273; Petherick. (2006). Serial crime: Theoretical and practical issues in behavioral profiling, California: Elsevier, 144.

4_Planty, M., Langton, L., Krebs, C., Berzofsky, M., & Smiley-McDonald, H. (2013). Female victims of sexual violence, 1994-2010. Special Report.(No. NCJ 240655). Washington, DC: Bureau of Justice Statistics, US Department of Justice.

5_Bureau of Justice Statistics, Recidivism of Sex Ofenders Released from State Prison: A 9-Year Follow-Up (2005-14), 2019.

6_UNODC STATISTICS, https://data.unodc.org/

7_Groth, Burgess, & Holmstrom. (1977). Rape: Power, Anger and Sexuality. American Journal of Psychiatry, 134(11), 1239-1243.

8_Holemes & Holmes. (1998). Serial murder(2nd ed.). Thousand Oaks, CA: Sage Publications.

9_DeLisi, M., Caudill, J. W., & Trulson, C. R. (2014). Does childhood sexual abuse victimization translate into juvenile sexual offending? New evidence. Violence and victims, 29(4), 620-635.

10_Groth, Burgess, & Holmstrom. (1977). Rape: Power, Anger and Sexuality. American Journal of Psychiatry, 134(11), 1239-1243.

11_Douglas, J. E., Ressler, R. K., Burgess, A. W., & Hartman, C. R. (1986). Criminal profiling from crime scene analysis. Behavioral Sciences & the Law, 4(4), 401−421.;Canter, D. V., & Wentink, N. (2004). An empirical test of Holmes and Holmes's serial murder typology. Criminal justice and behavior, 31(4), 489−515.; Holmes, R. M., & Holmes, S. T. (Eds.). (1998). Contemporary perspectives on serial murder. Sage.; Drukteinis, A. M. (1992). Serial murder−The heart of darkness. Psychiatric Annals, 22(10), 532−538.; Holmes, S. T., & Holmes, R. M. (2008). Sex crimes: Patterns and behavior. Sage Publications.; Holmes, R. M., & DeBurger, J. E. (1985). Profiles in terror: The serial murderer. Fed. Probation, 49, 29.; Petherick, W. (2009). Serial crime: Theoretical and practical issues in behavioral profiling. Academic Press.; criminal profiling methods.

12_Knight & Prentky. (1987). The developmental antecedents and adult adapatations of rapist subtypes. Criminal Justice and Behavior, 14, pp. 403−426; Petherick, W. (2009). Serial crime: Theoretical and practical issues in behavioral profiling. Academic Press.; criminal profiling methods.; Holmes, S. T., & Holmes, R. M. (2008). Sex crimes: Patterns and behavior. Sage Publication.

13_Kenney & More. (1994). Principles of investigation. Minneapolis, MN: West; Holmes, S. T., & Holmes, R. M. (2008). Sex crimes: Patterns and behavior. Sage Publication; Morton, R. J., Tillman, J. M., & Gaines, S. J. (2014). Serial murder: Pathways for investigations. Federal Bureau of Investigation, US Department of Justice.

14_Holmes, S. T., & Holmes, R. M. (2008). Sex crimes: Patterns and behavior. Sage Publication.

15_Kenney & More. (1994). Principles of investigation. Minneapolis, MN: West, p. 96.

16_Holmes, S. T., & Holmes, R. M. (2008). Sex crimes: Patterns and behavior. Sage Publication.

17_Ressler & Shachtman. (1992). Whoever fights monsters. New york: St. Martin's.

18_Warren, Reboussin, & Hazelwood. (1998). Report to the nation on crime and justice. Washington, DC: Government Printing Office.

19_Ressler, R. K., & Shachtman, T. (1993). Whoever fights monsters: My twenty years tracking serial killers for the FBI. Macmillan.

3장

방화범 프로파일링

방화범 프로파일링을 위한 귀납적 데이터

방화(arson, incendiarism, malicious ignition)의 개념에 대해서는 매우 다양한 의견이 제기되고 있다. 베르네[1]와 메저슈밋[2](Beirne & Messerschmidt)은

자료: nytimes, Why Does California Have So Many Wildfires?, 2021sus 6월 16일자 보도, https://www.nytimes.com/

고의적으로 악의적인 감정을 가지고 사람 또는 재물에 불을 놓는 행위라고 정의하였다. FBI는 방화란 주택, 상가, 공공건물, 자동차, 항공기 등에 고의 또는 악의로 불을 내거나 불을 내려는 행위로 정의하고 통계를 제시하고 있다.[3] 현행 형법 제164조 등에서는 불을 놓아 사람이 주거로 사용하거나 사람이 현존하는 건조물, 기차, 전차, 자동차, 선박, 항공기 또는 지하채굴시설을 불태우는 것이라고 정의하고 있다. 그런데 방화는 자연 발화, 사고로 인한 화재 및 자연 산불과 같이 어떤 인위적이지 않은 원인에 의한 화재와는 구별되어야 한다.[4]

이와 같이 방화에 대한 정의는 그 차이가 있지만 대체로 주거나 건물 등에 고의로 불을 지르는 행위를 공통적 요소로 하고 있다. 따라서 "방화(arson, incendiarism, malicious ignition)란 고의 또는 악의로 화재를 일으켜 사람의 생명 및 재산에 위험을 가하는 범죄행위"라고 할 수 있으며, 이와 같은 방화를 행하는 범인을 방화범(arsonist, fire setter, fire offender)이라고 한다.[5]

방화에 관한 선행연구를 검토해보면 방화는 고의로 불을 질러 사람의 생명이나 재산을 훼손하는 이외에도 일정한 특징이 있다. 방화의 특징은 대체로 다음과 같다.[6] 첫째, 방화는 화재로 인해 모든 증거가 파괴되기 때문에 범인체포가 어려울 뿐만 아니라 범인에게 유죄판결을 내리기까지 많은 어려움이 있다.

둘째, 방화범의 범죄동기가 원한이나 보복 등 정신적 요인에 기인하는 경우에는 방화의 대상은 재산보다 사람을 대상으로 하는 경우가 많다.

셋째, 방화는 일반적으로 주택 내에서와 같이 은폐된 공간에서 주로 행해지기 때문에 발견이 늦다. 그리고 휘발유나 시너와 같은 인화성 물질을 촉매제로 사용하는 경우가 많아 그 피해범위가 크다.

넷째, 방화범의 연령대는 일반범죄와 마찬가지로 청년기와 젊은 장년기에 집중되어 있으나 아동기나 노년기에도 확산되는 추세를 보인다.

다섯째, 방화는 단독범행이 많고 공범에 의한 경우는 많지 않으나, 보험사기방화는 공범에 의한 경우가 많다.

방화의 동기는 서로 상당한 차이를 보이는 데 재산적 이익 때문일 수도 있고, 본능적인 쾌락 때문일 수도 있다. 방화는 모든 연령집단에서 나타나는 범죄행위이다. 방화는 2020년 범죄백서에 의하면 2012년 이후 감소추세를 보이고 있으며, 2019년 1,345건으로 나타났다. 중소도시에서 가장 많이 나타났고, 다음이 대도시, 농촌도시 순으로 발생하였다. 단독범의 비중이 95.1%이며, 50대의 비중이 27.2%로 가장 높았고, 다음이 40대로 24.6%로 나타났다. 청소년의 방회비중은 3.9%이었다. 2019년을 기준으로 전과 4범 이상의 방화범 비중이 38.6%로 가장 높았다.[7]

미국의 경우 방화범 프로파일링을 위한 자료는 국립방화예방협회(National Fire Protection Association: NFPA)와 FBI에 의해 전국적으로 수집되는 데 방화범의 체포율은 다른 경우 보다 낮은 수준이다. 방화는 주로 남성에 의해 행해진다.

방화범의 프로파일

FBI는 연쇄방화범이란 3번 이상의 별도의 화재를 일으키고, 각 화제간에는 일정한 정서적 냉각기간(수 주 혹은 일 년 등)을 가지고 있는 것이라고 정의한다.[8]

FBI는 방화현장을 보고 조직화된 방화범과 비조직화된 방화범을 구분하였다. 조직화된 방화범들은 정교하게 만들어진 발화장치(전자 시간조절 기계장치, 전자 시간조절 기폭제 등)를 사용하고 지문이나 족적 등 물리적 증거를 거의 남기지 않으며, 다양한 도구를 사용한다.

비조직화된 방화범들은 수중에 보유하고 있는 재료들을 사용하며, 성냥, 담배, 라이터 기름, 가솔린 등의 구하기 쉬운 촉매제를 사용하며, 필적, 족적, 지문 등의 물리적 증거를 많이 남긴다.

연쇄방화범의 방화현장은 보통 비조직적 범죄현장과 관련된 물리적 증거가 남겨지며, 범인은 가능한 범행현장에서 확보할 수 있는 것을 사용하여 불을 붙이지만, 발화원은 범인 자신이 직접 갖고 이동한다.

연쇄방화범은 대부분 남성이며, 일회성 방화범보다는 연소한 경우가 대부분이다. 주로 외톨이로 살지만, 그의 활동을 위한 지식 정도는 갖고 있다. 그는 낮은 교육수준을 가졌고, 성취욕 및 성취수준이 낮다. 대체로 가난하며, 인간관계가 서툴고, 사회적으로 부적응자라고 인식되어진다. 또한 대부분 해고경력이 있으며, 특별한 숙련된 전문성이나 기술능력을 갖고 있지 못하다. 약물이나 알코올 문제로 체포된 경력이 있고, 경범죄로 체포된 경력도 있는 경우가 대부분이다. 연쇄방화범은 현장지리에 익숙하며, 범행현장으로부터 반경 1마일 이내에 살고 있는 경우가 많다.

FBI는 방화의 동기를 기준으로 방화범을 구분하고 그 사회적 특징 및 행동적 특징을 제시하였다. 이러한 특징을 보고 방화현장의 물리적 자료 및 피해자 등의 진술 등을 확보하여 프로파일링 작업에 활용할 수 있다.[9]

FBI가 분류한 방화범의 유형별 특징과 차이

구분	반달리즘	흥분형	보복형	범죄 은폐형	영리형
연령	청소년	청소년	성인	성인	성인
사회적 계급	중하위계급	중류계급	하층계급	하층계급	노동자계급
범죄 시간대	오후	오후, 저녁	오후, 저녁	저녁	저녁, 아침
범죄 요일	주말	다양함	주말	이른아침 다양함	주말
동거 여부	부모	단독	단독	단독	단독
알코올 및 마약사용	없음	없음	있음	있음	있음
범죄의 근접성	1마일	1마일	1마일	1마일	1마일
단독 범행 여부	없음	있음	있음	없음	없음
범죄현장에 머무르는가?	머무름	머무름	머무르지 않음	머무르지 않음	머무르지 않음
성적 동기	없음	없음	없음	없음	없음
교육수준	중학교	중학교	고등학교	고등학교	고등학교
직 업	없음	없음	있음	있음	없음
체포기록	청소년	있음	있음	있음	있음
결혼상황	싱글	싱글	싱글	싱글	싱글

방화범의 분류

FBI의 국립강력범죄분석센터(NCAVC는 「범죄분류편람(Crime Classification Manual)」[10]에서 제시한 방화범의 범죄동기에 따른 방화범의 유형과 바톨(Curt R. Bartol)의 「범죄적 행태(criminal Behavior)」[11]에 제시된 내용을 중심으로 그 유형을 구분하기로 한다.[12] 이에 의하면 방화범의 범죄동기는 반달리즘, 흥분, 보복, 범죄은닉, 이익 등으로 분류할 수 있다.

반달리즘형: 무규범과 반항

반달리즘형 방화(vandalism motivated arson)란 기성사회나 기존의 질서에 대한 반발로 고의적 또는 악의적으로 재산의 파괴 또는 손상을 입히고자 하는 동기에서 기인한다. 이 유형의 방화는 청소년이 많지만 성인의 경우에도 종종 발견된다.[13]

반달리즘으로 인한 청소년의 방화는 방화를 통하여 개인적인 만족감에 도취되기 위하여 행하는 경우가 있다. 그리고 집단화된 불량청소년이 소속집단에 대한 충성심을 표현하거나 다른 그룹 구성원들에게 자신들의 세력을 과시할 목적으로 떼를 지어 거리 등을 배회하면서 방화하는 유형 등으로 나누어 볼 수 있다.[14]

이들의 전형적인 방화대상은 교육시설이지만 때로는 주택이나 특정건물, 물건 등도 목표가 될 수 있다. 이들은 저소득층 자녀일 가능성이 높고, 범죄 발생지역과 가까운 곳에서 살며(통상적으로 1마일 이내), 부모와 함께 살고 있는 어린 연령대일 가능성이 높다. 이들은 마약과 알코올을 남용하지 않는다. 성적 만족은 그의 범죄나 목표선택에서 유발요인이 되지 않는다. 대체로 오후와 주말 동안에는 평범하게 행동할 것이다. 주로 낮에는 학교에 있으므로 화재는 방과 후에 발생한다.

이 유형은 불을 낸 후 화재 현장에서 도망치거나 현장으로 되돌아가지 않는 경향이 있다.

반달리즘형은 또한 문화재가 기념비적인 건물, 시설 등에 대해 "불"을 수단으로 공격하는 경우도 있으며, 종교적 신념, 정치적 이념 등이 촉진제 역할을 하기도 한다.

::::: 문화재 방화 … 반달리즘의 극단적 상징

문화재청의 목조문화재 화재현황 자료에 따르면, 낙산사 화재 이후 국가지정 목조문화재에 총 38건의 화재가 발생했다. 지정구분별는 사적지에 15건으로 가장 많았으며, 중요민속문화재가10건으로 그 뒤를 이었다. 국보와 등록문화재는 각각 2건이었고, 사적·명승, 천연기념물, 지방문화재는 각각 1건이었다.

발화원인으로는, 실수로 불을 낸 '실화'가 15건(40%)으로 가장 많았다. 실화의 주 원인은 아궁이 불씨에 의한 화재가 5건으로 최다를 기록했다. 아궁이 불씨에 의한 화재는 전부 안동 하회마을이나 고성 왕곡마을 등 사람이 실제 거주하는 중요민속문화재에 발생했다.

방화에 의한 화재는 6건(16%)이었다. 2006년 창경궁 문정전에서 일어난 방화사건으로, 문짝 및 문살이 소실된 것을 시작으로, 수원 화성, 서울 숭례문, 수원 화성행궁, 서울 흥인지문, 구례 화엄사 등에서 방화사건이 일어났다. 이 중 절반인 3건은 숭례문 화재사건이 일어난 2008년에 발생했다. … 중략 …

자료: 아시아경제, 낙산사 이후 목조문화재 화재 38건 … '실수로 난 불' 40%, 2014년 10월 27일자 보도

::::: 박정희 생가 방화 40대 항소심 징역 3년으로 감형 …

박정희 전 대통령 생가에 불을 지른 40대 백모씨에게 법원이 항소심에서 징역 4년 6개월을 선고한 원심을 파기하고 징역 3년을 판결했다. … 중략 …

그는 당시 범행동기를 두고 "박근혜가 하야 또는 자결을 선택해야 하는데 아무것도 하지 않아 방화했다"고 진술했다. … 백씨는 지난해 11월 30일 오후 1시 17분께 방화를 목적으로 경남 합천군 율곡면 전두환 전 대통령 생가에 침입한 혐의도 받고 있다. 실제 불을 지르지는 않았다. … 중략 …

그는 1, 2심에서 "최순실 사태로 인한 박근혜 전 대통령의 하야를 촉구하기 위한 국민적 의무를 이행한 정당행위에 해당한다"고 주장했지만, 재판부는 이를 받아들이지 않았다. … 중략 …

자료: 연합뉴스, 2017년 8월 29일자 보도

흥분형: 존재감과 쾌감

흥분형 방화(excitement motivated arson)란 스릴과 자기존재감 부각, 성적 흥분 등을 목적으로 방화를 하는 경우이다. 이 유형은 사람을 해치기 위해서 불을 지르는 경우는 드물고, 불타는 모습을 안전하게 관찰할 수 있는 장소를 선택하여 불을 구경하거나, 불을 구경하는 사람들 속에서 주변 사람들의 당황하는 모습을 보고 즐기기도 한다.

이 유형은 대부분 청소년 또는 젊은 성인 연령대에 집중되어 있고, 중산층의 부모와 함께 살고 직업이 없는 경우가 많다. 또한 대인관계가 활발치 못한 소극적인 성격인 경우가 많다

이들은 관심과 존재감을 갈망하고, 필요로 하는 관심을 획득하는 수단으로 불을 낼 곳을 찾는다. 그는 불을 내고 안전한 거리에서 화재 현장을 지켜본다. 불을 내는 대상은 야산, 자동차, 건축현장의 건축기자재, 주거지 등이다. 나이에 따라 발화장치가 다른데 젊은 경우는 간단한 것을 사용하나 나이가 들면 복잡한 것을 즐겨 이용한다.

　　이 유형의 젊은 방화범은 종종 범죄경력이 있으며, 나이가 많은 범죄자들은 장기간의 수감경력이 있다. 이들은 주로 단독으로 저지르지만 특별한 경우에는 다른 동료들과 함께 방화를 한다.

　　그러나 성적 흥분을 위해서 방화를 하는 경우에는 단독범이 대부분이고, 화재현장이나 진압장면 등을 즐겨 관찰하며, 성적 쾌감을 즐기는 경향이 있다. 종종 사정을 하며, 심지어 화재진압이 끝난 후에도 현장을 찾아 성적 쾌감을 갈구하는 경우도 발견된다.

⁂ 연쇄방화범, 불다람쥐 검거 …

　　울산 동구에서는 최근 10여년간 100여건의 산불이 일어났다. 울산시 등은 불을 지르고 달아나는 방화범에게 '봉대산 불다람쥐'라는 별명을 붙였다. 그러면서 방화범을 검거하는 이에게 3억원의 포상금과 산불보호 직원 특채의 혜택까지 내걸기도 했다. … 중략 …

　　울산 동부경찰서는 25일 동구 일원의 야산에서 연쇄적으로 산불을 낸 혐의로 대기업에 다니는 생산현장 중간관리자 김모씨(51)를 붙잡아 조사 중이라고 밝혔다. 경찰은 "김씨는 1995년부터 최근까지 봉대산과 마골산 일원에서 총 93건의 산불을 냈다"고 밝혔다.

　　김씨는 "가정문제로 쌓인 스트레스를 풀기 위해 방화를 했고, 산불을 낸 뒤 산불 진압과정을 지켜보면서 쾌감을 느꼈다"고 진술했다.

　　경찰이 김씨를 검거하는 데는 산불 위험지역 곳곳에 설치한 11개의 폐쇄회로(CC)TV가 큰 역할을 했다. … 중략 …

　　김씨는 지난 12일 오후 6시40분쯤 마골산 기슭에서 산불이 났을 당시 인근 아파트 주변을 서성거린 모습이 CCTV에 찍혔다. 경찰은 CCTV에 기록된 영상을 토대로 마골산 주변 10여개 아파트 단지의 엘리베이터 입구와 내부에 부착한 모든 CCTV를 샅샅이 뒤져 김씨의 얼굴을 찾아냈다. 또 지난 1년간 산불 발생 시간을 전후해 봉대산 인근 기지국을 거친 휴대전화 통화내역(2만건)에도 김씨의 통화 흔적이 있었다.

　　김씨는 초기에는 주로 라이터만 사용해 불을 냈다. 그러다 점차 두루마리 화장지를 새끼처럼 꼬아 만들어 불을 지르거나, 너트에 성냥과 휴지를 묶은 뒤 불을 붙여 멀리 던지는 등 방화 수법이 다양했다.

김씨 회사 동료들은 그가 93건의 산불 방화를 자백했다는 데 놀라움을 감추지 못했다. 김씨는 1985년 울산지역 모 대기업에 고졸사원으로 입사해 26년 동안 성실하게 근무했고 대인관계도 원만했다고 동료들은 입을 모았다. …

한편 그는 징역10년에 벌금 4억2천만원의 형을 선고받았다. …

자료: 경향신문, 3월 25일자 보도 재구성

보복형: 복수와 원한

보복형 방화(revenge motivated arson)란 대인관계에서 원한을 가져 이를 보복하는 수단으로 방화를 하는 경우이다. 이 유형은 다른 동기에 의한 방화의 경우 보다 매우 계획적이며, 일회적으로 방화를 행하는 경우가 많다. 보복을 위하여 방화를 선택한 것이므로 몸과 마음이 심하게 흥분되어 있고, 용기를 얻기 위하여 술이나 약물을 복용한 상태에서 행동하는 경우가 대부분이다. 이들은 매우 치밀한 계획을 세워 방화를 하고, 방화의 결과가 참혹하며, 방화범 스스로 자신도 방화로 인해 파멸한 각오를 한다.[15]

보복의 내용에 따라 개인적인 원한관계, 사회활동의 문제, 법이나 제도에 대한 불만으로 인한 보복 등 매우 다양하므로 방화범의 범죄동기 중 가장 많이 나타난다.

복수로 불을 내는 자는 상대방(사회나 국가일 수도 있다)에게서 손해를 당했다고 생각하면서 방화를 통하여 복수한다는 뚜렷한 동기가 있다. 이들의 방화는 주로 일회적으로 발생하며 복수 대상은 특정한 거주지, 회사, 시설, 정부기관 등 다양하다.

이 방화범은 통상적으로 저소득층이 많지만 반달리즘형 방화범이나 흥분형 방화범보다는 더 높은 교육수준을 가진 경우가 많다. 여성이 방화범일 경우 이 유형이 절대적으로 많다. 그녀는 옛 애인이나 남편의 의류나 침구류 등의 남성에게 소중한 것에 불을 지름으로써 복수를 꾀한다. 복수형 방화범은 종종 주말 오후, 저녁 또는 이른 아침 시간에 범죄를 저지른다. 이들은 화재현장에서 멀리 도망쳐 현장에 나타나지 않는다. 이 유형의 방화범은 자기통제력이 낮아 자주 술을 마시는 상태에 있다.

⠿⠿ 방화로 8명 사상자 낸 70대, 징역 20년형

서울서부지법 형사합의11부(재판장 문병찬)는 21일 현주건조물방화치사 및 치상 혐의 등으로 구속기소된 조아무개 (70)씨에게 징역 20년을 선고했다.

서울 마포구 공덕동의 한 모텔에 투숙하던 조씨는 지난해 11월 25일 새벽 2시 38분께 모텔 주인 박아무개씨에게 술을 요구했다가 거절당하자 말다툼을 벌인 뒤 자신의 방에 불을 지른 혐의를 받는다. 이 화재로 투숙객과 모텔 주인 15명 중 11명이 연기를 흡입하고 화상, 타박상 등을 입어 병원으로 옮겨져 치료를 받았으나 3명이 일산화탄소 중독 등으로 끝내 목숨을 잃었다.

재판부는 "피고인은 다른 사람이 투숙하는 모텔에 불을 질렀는데도 조치하지 않고 혼자 도망쳐 참혹한 결과가 발생하는 등 죄질이 극도로 나쁘다"며 "피해자와 유가족으로부터 용서받지 못했고 피해보상 조차하지 않았다"고 판시했다. …중략…

재판부는 "과거에도 방화미수죄 등으로 징역형 집행유예 처벌을 받은 적이 3번 있고, 집행유예 기간에 또다시 범행을 저지르고도 부인하면서 개선의 여지를 보이지 않는다"고 지적했다. 앞서 검찰은 지난 4월 열린 결심 공판에서 징역 30년을 구형했다

자료: 한겨레신문, 2021년 5월 21일자 보도

복수형에게 있어 성(sex)은 방화의 직접적인 동기유발요인이 아니며, 대부분 자신에 대한 모욕, 불이익이 보다 직접적인 원인이며, 모욕이나 불이익은 실제 발생한 것일 수도 있고, 또는 정신장애적 피해의식에서 비롯된 것일 수도 있다.

범죄은폐형: 이차적 범행

범죄은폐형 방화(crime concealment motivated arson)란 일차적으로 행한 다른 범죄를 숨기려는 목적으로 불을 지르는 경우로, 방화는 이차적인 범죄행위가 된다.[16] 즉 살인·강도·절도 등의 범죄증거를 없애기 위해 고의적으로 불을 지르거나 자신에 대한 불리한 기록을 없애기 위한 목적으로 공공기관이나 사무실 등에 불을 지르기도 한다. 또는 건물이나 주택 등에 침입하여 강도를 할 동안 관심을 돌리기 위한 수단으로 방화를 하는 경우도 있다. 보험금을 타내기 위한 위장자

∷∷∷ 캘리포니아 산불, 살인 은폐 위한 방화

2020년 8월 일어난 미국 캘리포니아 산불이 살인을 은폐하기 위한 방화였던 것으로 드러났다.

AFP통신에 따르면 솔라노 카운티 보안관은 2021년 4월 28일 기자 회견에서 "살인 혐의로 수감돼 있는 빅터 세리테노에게 방화 혐의를 추가했다"면서 "8개월에 걸친 대규모 수사 결과, 용의자가 자신의 범행을 숨기기 위해 화재를 고의로 일으켰다고 판단했다"라고 밝혔다. 지난해 8월 18일 캘리포니아 주 북부 솔라노 카운티 일대에서 발생한 산불, 일명 '마클리 파이어'로 약 1천470㎢가 불에 타고 2명이 사망했다.

화재 발생 이틀 전 32세 여성 프리실리아 카스트로는 용의자와 데이트에 나간 뒤 소식이 끊긴 것으로 전해졌다. 수색에 나선 경찰은 지난해 9월 산불 발생 지점에서 카스트로의 시신을 발견했고 용의자를 살해 혐의로 체포했다.

살해 혐의로 체포된 용의자는 현재 방화 혐의 이외에도 마클리 파이어로 사망한 82세, 64세 남성을 살해한 혐의도 추가됐다.

살을 은폐하는 한 수단으로 방화를 하는 경우도 있다. 이 유형의 방화범들은 자신의 범죄은닉 이외에는 타인의 안전이나 재산상의 손실 등에 대해서는 무관심하고 냉혹하고 잔인한 면을 보인다.

이 유형의 범죄는 대부분 석유류를 이용한다. 범죄자는 지능이나 학식이 높지 않으므로 본래의 1차 범죄증거를 완전히 없애지는 못하며, 범행현장은 비구조적인 경향을 보인다. 따라서 방화현장에서 많은 물리적 증거를 찾을 수 있다.

범죄은폐형 방화범은 대체로 빈곤층에서 성장한 성인 남성이고, 저녁이나 이른 아침 시간에 범죄를 행하며, 혼자 살며, 범죄현장에서 약간 더 떨어진 곳에서 산다. 이들은 전과경력이 있을 수 있으며, 대부분 불을 낸 즉시 범죄현장에서 도망친다.

이들에게 있어 성(sex)은 일차적인 동기유발 요인(motivating factor)이 아니며, 살인, 주거침입, 자동차 절도 등의 다른 범죄의 증거를 없애는 것이 방화원인이다. 단독으로 범행을 하며, 방화가 살인을 감추기 위한 것이라면 방화는 일회성으로 끝나지만, 다른 범죄를 감추기 위한 것이라면 연쇄방화범이 될 수 있다. 이들은 범죄시 알콜이나 약물을 사용함으로써 의식적으로 통제력을 상실시키려 한다.

영리형: 냉혹한 에고이스트

영리형 방화(profit motivated arson)란 직접적이든 간접적이든 물질적인 이득을 얻기 위해 방화를 저지르는 경우이다. 이 유형의 방화범들은 모든 유형의 방화범 중에서 정서적 또는 심리적 요인이 가장 적게 작용한다. 방화는 매우 조직적이고 치밀한 생각의 결과에서 발생한다. 이 유형의 범죄자는 대부분이 25~40세의 남자이고 무직자이면서 혼자 살며, 강도·폭행 등의 범죄경력이 다양하고, 다른 범죄와 연루되어 체포되는 경우가 많은 것으로 나타났다.

그런데 보험금을 타내기 위해 방화하는 사람들은 자신이 아주 조직적이라고 생각하나 실제로는 조직적이지 못하고, 지능이 평균정

┌───┐

⠿⠿ **수억대 화재보험 노린 고의 방화범 …**

논산경찰은 수억원대의 화재보험에 가입한 후 자신의 카센터에 두 차례에 걸쳐 고의
로 불을 내는 등 모두 8회에 걸쳐 총 3억 7,000만원의 보험금을 타낸 피의자 A씨(43)
등 8명을 입건했다. … 중략 …

경찰에 따르면 피의자 A씨 등 2명은 지난해 3월 15일 운영하고 있던 카센터에 방화
후 보험사로부터 2억 2,000만원의 보상금을 받아냈으며 지난 4월 10일 카센터에 신
나를 뿌리고 '타이머'를 설치해 고의로 화재를 일으킨 후 보험사에 보상금을 신청했
다 경찰에 덜미가 잡혔다.

경찰은 화재가 발생했던 카센터에서 원인미상의 화재가 연속해 발생하고 신나 성분
이 검출되는 등 고의적인 방화 의심 정황이 들어나 수사를 진행한 끝에 보험금 편취 목
적의 방화임을 밝혀냈고, 추가로 6회에 걸쳐 자동차사고로 위장해 모두 1억 500만원을
보험사로부터 받아낸 것으로 밝혀졌다. … 중략 …

자료: 아시아뉴스통신, 논산경찰, 수억대 화재보험 노린 고의 방화범 검거, 2017년 2월 10일자 보도

└───┘

도이며, 사회적으로 혹은 직업적으로 뒤처져 있는 상태가 대부분이
다. 이 유형의 방화는 치밀한 사전계획에 의해 행해지며, 어떤 재산
이나 물건을 완전히 소각하는 것이 목표이므로 재산피해는 크지만
사람을 대상으로 방화를 행하는 경우는 상대적으로 적다.[17]

화재 시간대는 대체로 근무시간 이후, 저녁 또는 이른 아침 시간
이다. 그들은 범죄의 은폐 및 성적 이유에 동기부여 되지 않고, 또한
복수도 포함되지 않는다. 이들의 동기는 이익(돈)이다. 주로 범죄현장
인근에 거주하며, 자동차를 이용하여 움직이는 경향을 보인다.

한국의 연쇄방화범 프로파일

한국형사정책연구원이 2001년부터 2011년까지 10년 동안 한국
의 연쇄방화사건에 대한 분석 및 방화범 면담을 통하여 연쇄방화사
건에 대한 프로파일링 보고서를 제시하였다.[18]

이 보고서는 방화범 410명의 방화사건 기록 978건을 조사하고, 이 가운데 교도소에 수감중인 41명의 연쇄방화범과 면담을 실시하여 정리한 것이다. 이 연구는 방화사건의 기록분석 및 연쇄방화범과의 직접적인 면담을 통하여 일정한 특징을 도출해 냈다는 점에서 그 의미가 크다. 이 연구는 방화범을 연쇄형과 비연쇄형으로 구분하여 그 특징을 다음과 같이 제시하였다.

인구사회학적 배경

연쇄방화범은 대부분 남성이고 30대 이하의 비율이 약 60% 이상이며 중졸 이하의 비율이 40% 이상으로 교육수준이 낮은 편으로 나타났다. 범행 당시 신체장애와 정신 질환 및 정신장애가 없는 정상인, 미혼, 일정한 주거지에서 부모와 함께 살며 단순노무직에 종사하고 있는 경우가 많았다.

연쇄방화범의 성장은 친부모에 의해 양육된 비율이 50% 이상이었으며, 가족 간 관계는 원만하지 않은 경우가 절반 이상이었으며, 아동기 학대 경험과 가출 경험이 10% 정도로 나타났다.

연쇄방화범은 다른 범죄경력을 가진 경우가 전체의 약 60% 이상을 차지하였고, 4범 이상의 비율이 높았고, 방화와 같은 동종 전과를 가진 비율은 약 13%로 나타났다.

한편, 연쇄방화범과 비연쇄방화범과의 뚜렷한 차이를 보이는 배경은 연령과 혼인상태 그리고 어릴적 학대 경험이었다. 즉, 연쇄방화범은 비연쇄방화범에 비해 연령이 낮았고 미혼 상태와 어릴적 학대 경험이 있는 경우가 많았다.

사건의 특징

연쇄방화사건의 특징은 크게 범죄처리의 과정과 결과, 범행동기 그리고 피해자와의 관계 등으로 구분할 수 있다.

먼저, 연쇄방화사건에 대한 처리과정과 결과에서 나타난 특징이

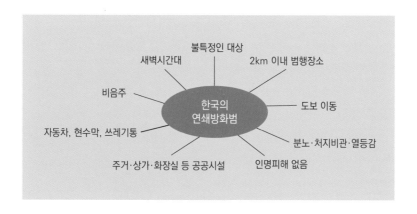

다. 연쇄방화사건은 경찰이 인지하거나 탐문수사를 통해 3일 이내 범인이 검거되는 경우가 많았고 수사과정에서 피의자가 구속되는 경우가 대부분이며 정식재판을 거치는 경우가 90% 정도로 나타났다. 유기징역이 90% 이상이었고 징역 3년 정도가 가장 많았다.

또한 연쇄방화사건은 사전에 범행에 대한 계획없이 음주 후 단독으로 새벽에 소지하고 있던 라이터를 이용해서 불을 지르는 경우가 많았다. 범행대상은 실내인 경우(50.6%)가 실외인 경우(49.4%)보다 약간 많았다. 실외에서는 주로 쓰레기통, 버려진 물건, 자동차, 현수막 등에 불을 지른 것으로 나타났다. 실내에서는 주거지와 상가 및 가게, 화장실과 같은 공공시설 등이었다. 사건 발생장소는 피의자의 주거지로부터 2km 이내인 경우가 70%였고 범행장소 간 거리 역시 2km 이내가 약 90%를 차지하여 평소 친밀성이 있는 장소를 범행대상으로 선정하는 것으로 나타났다. 이와 같은 특징은 연쇄방화범에 대한 다른 연구를 통해서도 증명되는데 조사대상 18건의 방화사건 중 범인의 주거지를 중심으로 반경 750m~1km, 중 5건(27.8%), 1~2km 9건(50%), 2~3km 4건(22.2%)으로 나타났다.[19] 또한 범행 당시 걸어서 이동하였고 범행 후에는 방화도구를 가지고 바로 현장을 빠져나오는 경우가 70%를 차지하였다.

범행동기는 개인적 원한, 처지 비관, 사회적 열등감 등의 분노를 표출하는 경우가 절반 이상을 차지하였고, 정신질환이나 정신장애로 인한 방화도 15.6%를 차지하였다.

범행시간은 주로 새벽시간대이며, 범행시 대부분 음주를 하지 않은 것으로 나타났다.

가해자와 피해자가 모르는 관계인 경우가 약 70%로 불특정인에 대한 방화의 비율이 높았고 피해금액은 '100만원 이하'가 약 44%를 차지하고 있었으며 인명피해가 없는 경우가 대부분이었다.

참고문헌

1_Dehaan. (1991). *KIRK'S Fire Investigation*. Englewood Cliffs, New Jersey: Prentice—Hall, Inc., 323; Douglas, J., Burgess, A. W., Burgess, A. G., & Ressler, R. K. (2013). Crime classification manual: A standard system for investigating and classifying violent crime. John Wiley & Sons.

2_Beirne & Messerschmidt. (1995). *Criminology*. NY: Harcourt Brace. 163.

3_http: //www.fbi.gov/ucr/cius_02/html/web/offreported/02—narson11. html

4_Mike Groen, W. J., & Berger, C. E. (2017). Crime scene investigation, archaeology and taphonomy: reconstructing activities at crime scenes. Taphonomy of Human Remains: Forensic Analysis of the Dead and the Depositional Environment: Forensic Analysis of the Dead and the Depositional Environment, 476—494.

5_허경미, 범죄 프로파일링(criminal profiling) 기법의 효과적인 활용방안, 치안정책연구소, 2008.; 허경미, 현대사회와 범죄학, 박영사, 2016.; 허경미, & 박소은. (2006). 방화범의 범죄동기에 관한 연구. 한국범죄심리연구, 2, 53—74.

6_U.S. Fire Administration. (2011). Working Together to Extinguish Serial Arson. U.S. Fire Administration.

7_법무연수원, 2020년 범죄백서, 2021. 77~83.

8_Douglas, Burgess, Burgess, & Ressler. (1992). Crime Classification Manual, Lexington, MA: Lexington; Douglas, J., Burgess, A. W., Burgess, A. G., & Ressler, R. K. (2013). Crime classification manual: A standard system for investigating and classifying violent crime. John Wiley & Sons.; https://ucr.fbi.gov/crime—in—the—u.s/2015/crime—in—the—u.s.—2015/offenses—known—to—law—enforcement/arson

9_Douglas , Burgess, Burgess & Ressler. (1992). Crime Classification Manual, Lexington, MA: Lexington; Sapp, Huff, Gary Lcove & Horbert(1992), A Report of Essential Findings From a Study of Serial Arsonists, Unpublished manuscript 재구성.

10_Douglas. (1997). *Crime classification manual*. San Francisco, CA: Jossey—Bass, 167—189; Douglas, J., Burgess, A. W., Burgess, A. G., & Ressler, R. K. (2013). Crime classification manual: A standard system for investigating and classifying violent crime. John Wiley & Sons.

11_Bartol, A. M., & Bartol, C. R. (2014). Criminal behavior: A psychological approach. Boston: Pearson.

12_국립강력범죄분석센터(NCAVC)는 방화에 대한 선행연구 및 실제방화사건, 수감된 방화범들에 대한 인터뷰 자료 등을 근거로 방화범의 동기를 일곱 가지로 분류하였다. 이 센터는 범죄인의 동기에 대한 분석은 범죄를 이해하는 가장 기본적인 요소로 보며, 특히 범죄동기를 통하여 범인의 인성과 특성을 파악할 수 있다고 본다. 이때 동기란 특정한 행동을 유발하는 데 영향을 주거나 이를 촉진하는 내적인 요소 또는 충동이라고 정의한다(Douglas, et al., 165).

13_Federal Emergency Management Agency. (2002). *Incendiary Fire Analysis and Investigation*. New York: Federal Emergency Management Agency. 2−6.

14_U.S. Fire Administration. (2011). Working Together to Extinguish Serial Arson. U.S. Fire Administration.

15_Sapp AD et al. n.d. A motive−based offender analysis of serial arsonists.http://www.interfire.org/features/serialarsonists/Motive_based/cover.asp/

16_Ressler, Burgess, & Douglas. (1988). Sexual homicide: Patterns and motives. Lexington, MA: Lexington Books;

17_Kuhn. (2004). Arson Prevention: Motives and Mitigation Programs. Fire Engineering, 114.

18_박형민 외. (2012). 방화범죄 실태에 관한 연구. 형사정책연구원 연구총서 2012−10, 55−61.

19_박철현. (2004). 지리적 프로파일링을 이용한 연쇄방화범의 거주지 추정: 동래연쇄방화사건의 사례. 형사정책, 16, 61−92.; 임준태. (2009). 연쇄방화범 프로파일링과 이동특성. 한국공안행정학회보, 18, 369−402.

4장

지구촌의 증오,
제노포비아 프로파일링

제노포비아(Xenophobia)는 그리스어인 Xenos(strange, foreigner)와
Phobos(fear)의 합성어로서 이방인에 대한 두려움(Fear of the stranger)으
로 해석할 수 있지만, 실제로는 이방인에 대한 혐오감(Hatred of strangers)
으로 쓰인다. 즉, 제노포비아란 특정한 사회의 주민들이 외국인 또는

자료: The Crown Prosecution Service, https://www.cps.gov.uk/crime-info/hate-crime/

자료: voanews, Anti-Asian Hate in US Predates Pandemic, 2021. 5. 26. https://www.voanews.com

타 지역출신자에 대하여 행하는 적대적인 태도라고 정의할 수 있다.[1]

제노포비아는 종종 인종차별, 성소수자(LGBT) 혐오, 장애인 혐오 등의 모습으로 나타나지만, 특히 인종, 정치적 이념, 종교 등의 차이에 따른 편견, 선입감이 매우 뚜렷하게 외부에 표출되며 공격적 양상을 띠게 된다.[2]

나치즘(Nazism)과 파시즘(Fascism)은 역시 인종과 종교, 정치적 차이에서 오는 반감이 혼재한 상대방에 대한 차별(Discrimination)과 증오, 편견(prejudice)으로 적대적인 태도를 보이는 제노포비아의 한 형태라고 할 수 있다.[3]

따라서 제노포비아는 때로는 일탈된 행동으로 때로는 범죄자의 양태로 나타나며, 범인은 평범한 시민에서부터 특정한 신념과 종교, 정치적 이념 등을 추구하는 강박증적인 사고를 가진 폭력사범 등 매우 다양한 모습으로 존재할 수 있다. 현실적으로는 증오범(hate criminal)의 모습으로 분류될 수도 있다.

2013년 12월의 싱가포르 폭동사건,[4] 일본 극우주의자들의 지속적인 반한시위,[5] 중국의 반일시위,[6] 독일 네오나치주의자들의 시위,[7] 코로나 바이러스로 인한 아시아인 혐오[8] 등에서 나타나는 것처럼 제노포비아 현상은 지구촌시대를 살아가는 인류에게 던져진 해결과제라 할 수 있다.

제노포비아는 식민지시대 이후 지배자와 피지배자 관계의 형성 및 이로 인한 사회경제적 지위의 차별 등에서 오는 증오와 지구촌시대에 새로운 일자리를 찾아 이동하는 이주노동자들과 기존 사회구성원 간의 경쟁이 낳은 갈등 등이 주요 동기라는 것에는 대체로 인식을 같이한다. 따라서 제노포비아적(Xenophobic)인 또는 차별적인 행위는 사회 구성원 모두에게 동시에 나타나는 것은 아니며, 구성원 중 일부라도 다른 인종, 민족, 지위, 문화, 종교 또는 성적 태도에 대해 차별적인 또는 적대적인 태도로 나타나는 특징이 있다.

증오범 프로파일링을 위한 귀납적 데이터

제노포비아, 즉 증오범의 이유에 대한 설명은 두려움이론(Fear Theory) 및 접촉이론(Contact Theory)으로 크게 나눌 수 있다.[9]

두려움이론은 제노포비아의 원인이 두려움이라는 것으로 즉, 이질적인 종교와 문화, 인종, 경제력 등이 다른 사람들이 자신들의 국가, 사회, 종교, 경제, 안전 등을 위협할 것이라는 두려움에서 상대방에게 적대감을 갖는다는 것이다. 접촉이론은 종교와 문화, 인종, 경제력 등이 차이가 있는 사람 간 접촉할 기회부족으로 서로를 잘 이해하지 못함으로써 상호 적대감이 형성되어 결국 상대방을 거부하고 혐오한다는 것이다.

따라서 두려움이론과 접촉이론을 검증하는 많은 연구들이 이루어졌다. 특히 독일과 미국 등 다문화가 이미 형성된 서구사회에서 많은 연구가 진행되었으며 이를 증오범 사건의 프로파일링시 활용할 수 있다.

폴락(Detlef Pollack)은 독일의 제노포비아의 원인에 관한 연구에서 구동독
인들의 이슬람에 대한 적대적 감정이 구서독인들 보다 상대적으로 높
은 것은 구동독인들의 이슬람과의 일상적인 접촉기회가 부족했던 것
이 그 원인이라고 지적했다. 특히 그는 구동독인들이 지역사회 공동체
에서 이슬람을 자주 접하지 못하면서도 미디어를 통하여 부정적인 뉴
스 및 묘사, 드라마나 영화 속 악당 캐릭터 등에 노출됨으로써 이슬람
을 기독교 사회를 위협하는 존재로 인식하게 되었다는 것이다.[10]

　　리지렌(Jens Rydgren)은 프랑스와 스웨덴의 제노포비아의 원인에 관
한 연구에서 제노포비아를 지향하는 극우정당의 출현 및 이들의 활
동에 의하여 영향을 받는 시민의식의 변화를 제노포비아의 원인이라
고 주장하였다. 즉, 시민들은 정교하게 계획된 극우주의적인 정책 및
입법을 추구하는 정당 등을 접하면서 종교 및 문화 등이 다른 집단에
대하여 차별적인 사고와 행동을 구축해나간다는 것이다.[11]

　　크라우스(Nicole Butkovich Kraus)와 히레라(Yoshiko M. Herrera)는 러시아
인들의 국수주의 및 정교도적인 문화가 제노포비아에 영향을 미치는
지를 연구하였지만 직접적인 상관성은 나타나지 않았다.[12]

　　한편 오므젠(Reidar Ommundsen) 등은 노르웨이 학생들을 대상으로
이민자들에 대한 제노포비아 영향요인에 관하여 연구하였다. 이들의
연구에서 이방인과의 공동체의식은 제노포비아에 별 영향을 주지 않
고, 오히려 최근에 만났던 이방인과의 부정적 경험이 제노포비아와
상관성이 있는 것으로 나타났다. 또한 이방인과의 비공식적인 만남이
적은 경우에 이방인과의 공동체의식이 낮았고, 이방인과의 좋은 만남
은 공동체의식을 더 강화하는 것으로 증명되었다.[13]

　　페레라 등(Cícero Pereira et al.)은 유럽의 21개국에서 시민들의 편견
과 차별에 영향을 주는 것이 무엇인가를 조사한 결과 두려움 보다 외
국인에 대한 거부감이 더 영향을 준다고 주장하였다.[14] 또한 같은 연
구에서 이민정책에 대하여 다른 정책을 취하고 있는 스위스와 포르
투갈 시민들을 대상으로 한 비교연구에서는 두려움이 편견과 이민자

에 대한 적대감에 영향을 주는 것으로 나타났다. 따라서 이 연구는 시민들의 외국인에 대한 두려움은 외국인 차별 및 적대적인 이민정 책 등을 합리화는 요소로도 작용할 수 있음을 보여주었다.

한국에서는 제노포비아의 원인을 외국인혐오 및 경제적 불안에 서 찾은 장명학의 연구(2006)[15] 및 이방인에 대한 배타성으로 설명한 김용신의 연구(2012),[16] 한정된 노동시장 및 배타적인 이민정책 등에 서 찾은 송태수의 연구(2006)[17] 등이 있다. 또한 제노포비아의 한 현상 으로 증오범죄의 가해자 및 피해자의 심리를 분석한 허경미의 연구 (2012)[18] 등이 있다.

이와 같이 제노포비아의 원인에 관한 연구들을 종합해볼 때 제 노포비아는 이방인에 대한 두려움 보다는 접촉의 부족에서 오는 편 견이 낳은 태도라는 공통된 결과를 확인할 수 있다. 또한 대중매체 등을 통하여 얻은 부정적인 묘사에서 자연스럽게 학습된 왜곡된 정 보로 인하여 이방인 등에 대한 두려움이나 적대감이 더욱 강화되고, 이것이 현실에서 반이민정책 및 귀화자에 대한 차별 등의 행태로 나 타날 수 있다는 것도 입증된다. 나아가 한정된 노동시장에의 외국인 및 이민자들의 고용비중이 늘어나 실직이나 저임금 등을 야기할 수 있다는 두려움 등도 중요한 제노포비아의 요인이라고 할 수 있다.

이는 결국 시민 또는 국민의 정체성(identity)의 형성에도 영향을 서로 주고받는다. 즉, 시민들은 다른 구성원이 자신과 동일한 시민으 로서의 정체성을 가진 경우 동질감을 느끼며 포용하지만, 동일한 정 체성을 갖지 않았다고 생각될 경우 배타적으로 인식한다. 상대방이 정체성을 가졌는지의 여부는 외국인 및 이민자 등의 긍정적인 직간 접적인 접촉을 통하여 인지하게 되며, 접촉할 기회가 적거나 부정적 인 인지를 할 경우 제노포비아적인 인식과 태도를 형성하게 되는 것 이라 할 수 있다.[19]

한편 증오범죄는 다른 일반범죄보다 발생건수는 적지만 지역사 회에 미치는 영향은 더 부정적이며, 그 피해자의 충격도 더 심각하다. 즉, 증오범죄가 가지는 사회구조적인 문제의 폐해를 다음과 같이 두 가지 관점에서 명확하게 지적할 수 있다.

첫째, 상당한 증오범죄 사건에서 피해자들의 내부전환성(interchangeability)이 이루어진다는 점이다. 내부전환성이란 한 개인이 자신의 정체성에 대한 지각과 사회구조적으로 타인에게 인식되어지는 모습에서의 갈등을 경험할 때, 증오범죄의 피해자적인 입장에서 가해자적인 입장으로 전환하는 것을 말한다.

즉, 증오범죄의 피해자들이 증오범죄의 가해자로 지위가 변화되는 것이다. 이는 증오범죄의 가해자가 증오범죄의 대상으로 오랫동안 소외당하면서 느꼈던 고통과 분노가 쌓인 결과이며, 폭행, 방화, 테러 등 다양한 모습으로 나타난다.

둘째, 증오범죄는 공격 대상자에게 피해를 주는 자에 그치지 않고 평범한 일반시민에게도 피해를 주게 된다. 증오범죄 가해자들은 일차적 피해를 주는 그들의 일반적인 목표를 넘어서 일반시민들에게도 영향을 미친다는 특징이 있다.

예를 들어 백인우월주의(White supremacy) 그룹인 KKK(Ku Klux Klan)의 폭력행위는 그 가입원이나 지지자들뿐만 아니라 다른 보통 흑인 미국인에게도 그 사건에 대해 두려움을 느끼게 한다. 여성혐오와 남성혐오의 경우에도 특정 상대 뿐만 아니라 사회구성원 전체로 그 공격대상이 확대되기도 한다.

결국 증오범죄는 그 피해자의 내부전환성과 2차 피해자화의 가능성으로 지역사회를 붕괴시키고, 구성원간 유대감이나 동질감을 와해시켜 결국 사회의 해체를 가져온다.

☷☷☷ 비판적 인종이론 교육, 미국 사회를 분열시키다

비판적 인종이론(critical race theory)이란 미국의 인종차별은 개인적 편견과 행동들의 총합이 아니라 미국 사회의 구조적이고 제도적인 문제로 보는 관점이다. 미국의 형사사법, 교육 , 노동시장, 주택시장, 의료제도 등이 백인과 유색인종 간의 정치·경제·사회적 불평등을 초래한다고 보는 것이다. 대체로 이에 대해 트럼프 전 미국 대통령을 지지하는 극우적 성향의 공화당파, 보수주의파는 이에 대해 극렬하게 거부반응을 보이며, 민주당, 진보주의적 성향의 정치인이나 시민들은 이를 지지한다.

이 비판적 인종이론을 학교에서 가르쳐서 인종차별주의를 없애야 한다는 움직임이 발생하였다. 그러자 미국의 일부 주정부들은 이러한 교육은 오히려 특정 인종, 특히 백인에 대한 혐오감을 불러일으켜, 마치 미국 사회에 인종차별주의가 만연된 것처럼 학생들이 인식하는 부정적 효과가 발생한다면서 인종차별주의 교육을 금지하는 주법을 제정하는 등 반발하였다. 또한 비판적 인종이론으로 인하여 백인이 오히려 유색인종들로부터 차별과 증오를 받으며, 학교무상교육, 의료혜택, 주거지원 등의 혜택을 백인들이 아니라 흑인, 아시안, 히스패닉 등의 유색인종들이 더 많이 받는다고 주장한다. 일부 주에서는 백인 시민들이 인종차별주의 교육을 학교에서 금지할 것을 촉구하는 시위를 벌이기도 하였다.

한편 비판적 인종이론 교육의 옹호주의자들은 미국 사회의 백인우월주의(white supremacy)가 유색인종 차별 원인이라며, 2017년 8월 12일 버지니아주 살러츠빌의 대규모시위 폭력시위가 단적인 예라고 반박한다. 당시 백인우월주의자들의 폭력시위로 3명이 숨지고, 35명이 다쳤다. 버지니아주는 비상사태가 선포되기도 했다.

자료: BBC뉴스, https://www.bbc.com/news/world-us-canada-57908808/ 2021. 7. 22일자 보도

독일의 제노포비아

극우주의와 반이슬람주의의 갈등과 충돌

독일은 통일 이후에 동서독 간 이질적인 문화, 정치적, 경제적인 차이, 동독인들의 독일인으로서의 정체성 부족 등으로 인한 갈등은 아직도 여전하다. 물론 이러한 현상은 통일 초기 보다는 서서히 완화되고 있지만, 여전히 독일 사회 곳곳에서 나타나는 제노포비아 사건들은 아직도 독일 사회가 안고 있는 이중적인 문화의식과 갈등요인이 사라지지 않고 있다는 것을 보여준다고 하겠다.

이는 콘라드 아데나워재단(Konrad-Adenauer-Foundation)의 조사에서도 나타났다. 즉, 이 재단이 1990년대에 독일인의 정체성을 조사한 결과, 서독주민의 경우 1993년도에는 53%, 1995년도에는 57%로 나타났고, 동독주민의 경우 1993년도에는 40%, 1995년도에는 46%로 나타났다. 즉, 독일인들이 전체적으로 정체성이 약하고, 특히 동독주민의 경우 서독주민 보다 상대적으로 정체성이 더 약한 특징을 보였다.[20]

이러한 현상은 민주주의의 이념 하에 동서독이 통일을 이룬 지 3년이 지났음에도 불구하고, 주민들 중 절반 정도가 아직도 같은 독일인이라는 생각을 갖지 못하고 여전히 상대주민에 대하여 동질감을 형성하지 못하고 있음을 나타낸다. 동독주민의 이질감은 경제적으로 그리고 사회적으로 서독주민들 보다 열악하다고 느끼는 것이 분노감이 원인으로 작용하였다. 즉, 1992년 중반까지 동독주민들의 절반 정도는 실업자 상태였고, 실업의 원인이 서독정부가 적극적으로 동독주민의 실업문제를 해결하려는 정책을 제시하지 않고 있다는 불만이 크게 작용한 것이다.

한편 서독주민들 역시 가난한 동독인들이 자신들의 일자리와 복지정책을 위협하고, 경제상황을 악화시키며, 삶의 질을 떨어뜨린다는 불만을 갖게 되었다. 이러한 불만은 동독인들과 외국인들에 대한 폭

행이나 차별 등으로 이어지는 전형적인 제노포비아 양상으로 나타났
다. 이는 독일인들이 제2차 세계대전 중에 유대인들을 대상으로 했던
제노포비아적인 모습의 일부이기도 하다.[21]

1999년 말에 독일은 국적법(Foreigner Law)[22]을 개정하였다. 이 개정
법은 외국인의 경우 독일 지역에 일정기간을 거주한 경우 기존의 국
적을 포기하는 조건으로 범죄자가 아닌 한 독일시민권을 부여하는
것을 골자로 하며, 기본적으로 혈통주의(German Bloodlines)를 근간으로
하고 있다.

그런데 많은 외국인들이 자신의 국적을 포기하는 조건 때문에
독일 시민권을 취득하는 것을 망설이게 되었고, 독일인들은 독일 시
민권을 취득하지 않는 외국인들에 대해 제노포비아적인 반응을 보이
기 시작했다. 특히 외국인의 자녀는 성인이 되기 전에 모국적을 포기
하여야만 독일 국적을 취득할 수 있어 독일 국적을 포기하고 원래 국
적을 유지할 경우 사회적인 권리를 제대로 누리지 못하는 차별을 겪
어야 했다. 시민권을 취득한 외국인들 역시 이중국적을 인정하지 않
는 독일 사회의 문화적 배타성 및 우익(Right Wing) 시민들의 적대적인
반응으로 여전히 독일 사회에 동화되지 못하였다. 따라서 독일은 서
독출신인과 동독출신인, 독일 시민권을 취득한 외국인, 그리고 모국
적을 포기하지 않은 이민2세대 등의 이질적인 사회로 분열되어 상호
간 제노포비아 양상을 드러내는 갈등적인 사회구조를 띄게 되었다.[23]

따라서 독일의 국적 취득정책은 게르만 혈통주의를 내세워 인종
및 민족, 종교적인 배타성을 공공연하게 드러내는 신나치즘 및 우익
주의 등을 촉발한다는 비난을 받아왔다.[24]

한편 2016년도에 독일에서 발생한 모스크를 대상으로 발생한 증
오범죄 현황과 이슬람교도가 독일인 사회에 동화될 것 같은가?라는
질문에 대한 독일인들은 2010년도에 비해 매우 부정적인 태도로 변
화한 것으로 나타났다.

이슬람에 대한 독일인의 인식

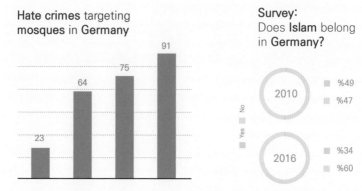

자료: http://www2.trtworld.com/magazine/hate-crimes-against-muslims-in-germany-
      on-the-rise-415493

이슬람계를 추방하라는 독일인들의 시위

자료: http://www2.trtworld.com/magazine/hate-crimes-against-muslims-in-germany-
      on-the-rise-415493

정책의 변화

독일의 전 대통령인 크리스티안 불프(Christian Wulff)는 재임 중 독일 사회는 외국인 및 이민자들에 대하여 좀 더 관대한 태도를 가져야 한다면서 특히 이슬람 포용정책을 줄기차게 강조했다. 특히 그는 통일독일 제20주년 기념식에서 이슬람도 독일인의 일부(Islam is also a part of Germany)라고 독일 국민을 설득하는 등 정부 차원에서 제노포비아를 척결하려는 의지를 보였다는 평가를 받았다.[25]

이어 메르켈 총리는 2013년 8월에 제2차 세계대전 당시 최초의 나치 강제수용소였던 바이에른주의 다하우 수용소를 방문해 희생자들을 추모해 독일을 비롯한 유럽사회에서 고개를 들고 있는 극우주의에 대하여 경종을 울렸다.[26] 또한 메르켈 총리는 독일에서 태어난 이민자 자녀에게 이중국적을 허용하겠다는 방침을 발표했다. 이 조치로 현재 독일에 거주하는 300만명의 터키계 이민자들이 가장 혜택을 받을 수 있게 되었다. 그동안 이들은 독일 사회에서 종교 및 피부색, 그리고 국적 등으로 상당한 차별을 받아 독일 사회의 갈등요인이었다.[27]

독일 통계청에 따르면 2018년을 기준으로 독일 인구의 20%인 1,710만 명이 외국태생인 것으로 나타났다.[28]

평범한 시민. 극우주의자의 양면성

독일 통일이 20여 년이 지나면서 구동독인 및 구서독인 간의 사회적 통합은 서서히 이루어져가는 것으로 평가받고 있다.[29] 그러나 유럽의 경제대국인 독일에서의 안착을 희망하는 노동 이민자 및 난민 등이 늘어나면서 이들에 대한 제노포비아 현상이 나타나고 있다.

특히 2011년 EU가 회원국에게 회원국간 인구의 자유로운 이민 및 국적취득 기회를 부여할 것을 요구하자 독일에서는 EU 회원국 내에서도 비교적 경제가 안정적인 독일로 이민자들이 매년 10만여 명이 입국하여 노동시장을 위협할 것으로 전망하고 이에 반발하는 집회 등도 늘어났다.

신극우주의자(Neo-nazist)들의 난민수용시설에 대한 공격도 꾸준히 증가하고 있다. 이는 독일인들의 출산율 저하 및 인구의 고령화 등으로 독일 내수시장의 침체 및 노동력의 감소 및 이로 인한 세수의 감소 등으로 결국 독일 사회가 침체될 것이라는 다양한 지표 및 진단들이 제시되면서 이민 노동력이 오히려 경제를 활성화하고, 역동적인 사회를 이끄는 동력이라는 시민인식을 배경으로 하고 있다.

한편 베텔스만 재단(Bertelsmann Foundation)이 2012년에 독일을 비롯한 13개국, 14,000여 명을 대상으로 종교모니터(Religion Monitor)를 통하여 종교와 가치에 대한 시민태도를 조사한 결과 독일인 중 51%는 이슬람이 독일사회에 위협적이라고 답했다. 그러나 동시에 85%의 독일인은 모든 종교에 대하여 관대한 태도를 가져야 한다고 생각하는 것으로 나타났다.[30]

미국의 제노포비아

미국의 경우 1868년 수정헌법 제14조부터 2021년 코로나19증오범죄법에 이르기까지 헌법 및 다양한 특별법을 제정하여 증오범죄를 예방하고 처벌하려는 노력을 지속해왔다.[31]

미국의 증오범죄 관련 입법

미국의 증오범죄 관련 입법과정: 예방 및 통제

- 1868 미국 수정헌법 제14조
- 1968 시민인권법(Civil Rights Laws)
- 1969 증오범죄규제법
- 1994 폭력범죄통제 및 법집행법
- 1996 교회방화예방법
- 2009 증오범죄예방법
- 2021 코로나19 증오범죄법

미국의 증오범죄 통계 관련 입법
1990 증오범죄통계법: 1992부터 통계집중관리
1994 폭력범죄통제 및 법집행법
1997 캠퍼스 증오범죄 통계법

FBI가 2021년도에 발표한 증오범죄통계(Hate Crime Statistics, 2021)는 증오범 프로파일의 기초자료를 활용할 수 있다.

FBI는 증오범죄를 인종, 민족, 출신, 종교, 성적 취향, 장애, 성별 및 성 정체성에 대한 편견에 의해 분류하였다. 그리고 이러한 것들로 동기부여된 7,314건의 형사사건 및 5,559건의 관련 범죄자를 포함한 사건보고서를 2021년에 발표하였다.

FBI의 UCR (Uniform Crime Reporting) 프로그램은 법 집행 기관에서 자발적으로 수집 및 제출한 범죄 데이터의 국가 저장소 역할을 한다. 주요 목표는 법 집행 관리, 운영 및 관리에 사용할 신뢰할 수있는 정보를 생성하는 것이다. 15,588개의 법 집행기관에서 제출한 2019년 증오범죄 데이터를 통해 그 실태를 알 수 있다.

2019년에는 단일동기 혐오범죄(Single-bias hate crime) 피해건수는 7,103건이고 그 피해자는 8,552명으로 나타났다. 다중동기 혐오범죄 (multiple-bias hate crime) 피해건수는 211건이고, 그 피해자는 260명으로 나타났다.

8,552건의 증오범죄 중 사람에 대한 범죄 64.4%, 재산에 대한 범죄 : 32.8%, 사회에 대한 범죄 : 2.8%로 나타났다. 범죄자의 특징은 6,406 명의 알려진 범죄자 중 52.5%가 백인, 23.9%는 흑인이며, 기타 9%, 미상 14.6%로 나타났다.

단일 동기 혐오 피해자(2019)

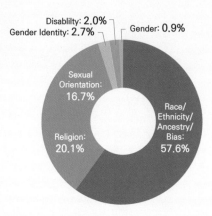

자료: U.S. Department of Justice, FBI Releases 2019 Hate Crime Statistics, https://www.justice.gov/hatecrimes/hate-crime-statistics/

단일동기별 피해자 현황(2019)

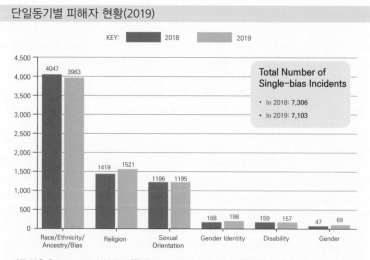

자료: U.S. Department of Justice, FBI Releases 2019 Hate Crime Statistics, https://www.justice.gov/hatecrimes/hate-crime-statistics/

연령이 알려진 5,599명의 범죄자 중 84.6%는 18세 이상으로 나타났다. 법 집행기관은 증오범죄 사건 내에서 범죄발생의 위치를 46개의 장소 중 하나로 분류할 수 있다. 이에 의하면 증오범죄 사건의 24.6%는 범인의 거주지 근처에서 발생했다. 고속도로/ 도로/ 골짜기/ 거리/ 보도에서 발생한 경우는 18.2%로 나타났다. 이 밖에도 학교/ 대학에서 9.6%, 주차장/ 하차장/ 차고 4.7%, 교회/ 회당/ 사원/ 모스크 4.4% 기타 장소 27.3%, 불상 11.2%로 나타났다.

한국의 제노포비아

제노포비아의 원인에 대한 선행연구 및 독일 등에서 증명된 것처럼 제노포비아의 원인을 외국인 또는 이방인과의 접촉 부족, 그리고 대중매체 등에서의 왜곡된 이미지, 노동시장 및 복지정책 등에서 기득권을 침해당할 수 있다는 두려움 등이라고 할 때 한국의 경우에도 제노포비아적인 양상이 발현될 대상으로 외국인 및 결혼이주여성, 그리고 북한이탈주민 등의 증가와 이들의 부적응문제 등의 요인들이 산재해 있다.

프로파일러는 살인·폭행, 상해, 방화 등의 사건 프로파일링시 제노포비아적 요소의 개입여부를 파악해야 한다.

외국인 증가와 범죄. 그리고 일자리 나누기의 갈등

외국인 입국자가 증가하면서 국내 체류외국인 수도 지속적으로 증가하여, 우리 사회도 다문화 사회로 변화되고 있다.[32]

이러한 외국인 유입의 증가는 부족한 노동력 문제를 해소하고, 또 다양한 외국 문화를 경험하게 하는 등의 순기능적인 측면이 있지만, 다른 한편 외국인 관련 범죄가 증가하고, 정주 외국인들의 사회부적응 사례가 나타나는 등 사회의 불안요인도 함께 증가하고 있다.

　　또한 국내 체류외국인들이 일부 지역을 중심으로 집단거주하면
서 슬럼화 현상을 보이고 있으며, 범죄의 온상이 될 소지도 충분하다
는 우려도 있다. 특히 이들 지역에 거주하는 대다수의 외국인들은 경
제적으로 저소득층에 속하여 불안정한 환경에 처해 있다.

　　외국인 중 불법체류자의 비중도 증가하고 있는데 비자면제 관광
객이나 비자만기자들이 돌아가지 않고 체류하는 등이 가장 큰 요인
으로 나타났다.

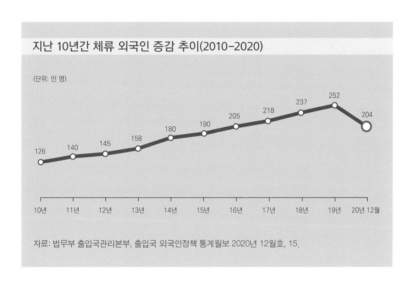

지난 10년간 체류 외국인 증감 추이(2010-2020)

(단위: 만 명)

126　140　145　158　180　190　205　218　237　252　204

10년　11년　12년　13년　14년　15년　16년　17년　18년　19년　20년 12월

자료: 법무부 출입국관리본부, 출입국 외국인정책 통계월보 2020년 12월호, 15.

체류외국인 및 불법체류자 현황

구 분	총 계	장기체류			단기체류
		소계	등 록	거소신고	
2019년 12월	2,524,656	1,731,803	1,271,807	459,996	792,853
2020년 12월	**2,036,075**	**1,610,323**	**1,145,540**	**464,783**	**425,752**
전년대비 증감률	-19.4%	-7.0%	-9.9%	1.0%	-46.3%
구성비	100%	79.1%	56.3%	22.8%	20.9%

자료: 법무부 출입국관리본부, 출입국 외국인정책 통계월보 2020년 12월호, 15.

결혼 이민자 체류현황

국적 구분	계	중국	한국계	베트남	일본	필리핀	태국	캄보 디아	미국	기타
전체	168,594	60,072	22,580	44,058	14,595	12,002	5,929	4,638	4,312	22,988
	100%	35.6%		26.1%	8.7%	7.1%	3.5%	2.8%	2.6%	13.6%
남자	30,716 (18.2%)	13,823	8,312	3,195	1,244	503	111	466	3,083	8,291
여자	137,878 (81.8%)	46,249	14,268	40,863	13,351	11,499	5,818	4,172	1,229	14,697

자료: 법무부 출입국관리본부, 출입국 외국인정책 통계월보 2020년 12월호, 30.

최근 국내의 외국인 범죄는 제3국과 연계되어 발생하는 등 그 수법도 날로 다양해지고 지능화되어 가고 있다. 한편 불법체류자의 범죄도 매년 증가하고 있다. 외국인에 의한 횡령범은 2015년 이후 증가추세이며, 성폭력도 2015년 이후 매년 증가추세이고, 절도 역시 뚜렷한 증가 추세를 보이고 있다.

외국인 범죄 현황

연도 죄명	2015		2016		2017		2018		2019	
	인원	구성 비	인원	구성 비	인원	구성 비	인원	구성 비	인원	구성 비
형법 범죄	20,024	52.8	20,370	46.9	19,003	52.4	18,850	54.1	20,218	51.4
절 도	2,306	6.1	2,817	6.5	2,906	8.0	2,933	8.4	3,172	8.1
사 기	2,944	7.8	2,805	6.5	2,548	7.0	2,916	8.4	3,264	8.3
횡 령	415	1.1	579	1.3	648	1.8	714	2.0	770	2.0
강 도	119	0.3	89	0.2	66	0.2	54	0.2	71	0.2
성 폭 력	749	2.0	798	1.8	950	2.6	987	2.8	979	2.5
폭 행	5,353	14.1	5,784	13.3	5,423	14.9	5,317	15.3	5,472	13.9
상 해	3,047	8.0	2,612	6.0	2,916	6.1	1,923	5.5	1,680	4.3
도박· 복표	850	2.2	575	1.3	460	1.3	419	1.2	435	1.1
기타 형법	4,241	11.2	4,311	9.9	3,806	10.5	3,587	10.3	4,375	11.1

자료: 법무연수원, 범죄백서, 2021, 164.

다문화가정의 증가와 사회해체

한국 사회 제노포비아의 요인 중 하나는 결혼이주여성, 즉 다문화가정여성의 증가 및 이들의 범죄행위에의 노출 등 부적응 문제를 들 수 있다.

다문화가정은 도시 저소득층 및 농촌지역 남성의 결혼문제와 결부되어 결혼이민자 중심으로 급속히 증가되었다. 2015년을 기준으로 다문화가정 구성원 규모는 결혼이민자 및 귀화자 등(30만), 자녀(20만), 배우자 등 기타(39만) 등 89만 명 정도로 추산되었다. 그런데 정부는 다문화가정의 증가 추세는 앞으로도 계속되어 2020년에는 결혼이민자가 약 35만 명, 자녀 30만 명, 한국인 배우자 35만 명 정도에 달할 것으로 예상하고 있다.

그런데 이와 같이 결혼이주여성들이 결혼 후 가출[33]하거나 또는 국적 취득 후 이혼을 요구하는 등 가정해체 등으로 결혼이주여성에 대한 시민들의 인식이 매우 부정적으로 나타나고 있다. 특히 결혼이주여성이 국적을 취득하기 전까지는 원만하게 가정생활을 유지하다가 국적을 취득한 이후 가출하는 사례가 늘어나 계획된 도주, 위장결혼 등의 의구심을 주변 가족들은 갖는 것으로 나타났다. 심지어 아이를 데려가 베트남이나 캄보디아 등 자신들의 고국 집에 데려다 놓고 한국에 입국하여 취업활동을 하는 경우도 상당한 것으로 나타나고 있다.[34] 결혼이주여성의 가출은 단순히 아내의 부재로 끝나는 것이 아니라 남편의 정상적인 생활 곤란, 자녀양육의 문제로 이어져 시민들에게 결국 결혼이주여성들에 대하여 부정적인 인식을 형성케 하는 요인이 되고 제노포비아적인 양상으로 진행할 수 있다.[35]

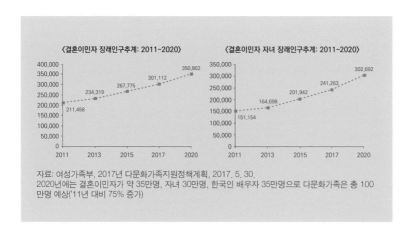

자료: 여성가족부, 2017년 다문화가족지원정책계획, 2017. 5. 30.
2020년에는 결혼이민자가 약 35만명, 자녀 30만명, 한국인 배우자 35만명으로 다문화가족은 총 100만명 예상('11년 대비 75% 증가)

북한이탈주민과 정체성

제노포비아의 요인적 배경으로 북한이탈주민의 증가 및 이들의 범죄행위에의 노출 등 부적응 문제도 있다.

북한이탈주민은 지속적으로 증가추세를 유지하다가 2010년 이후 증감추세를 반복하고 있다. 2020년도는 229명이 입국하였다. 코로나로 입국자가 급감하였다.

성별 입국비율을 살펴보면 여성의 입국비율이 높아 월등하게 높다.

북한이탈주민 입국

구분	2012	2013	2014	2015	2016	2017	2018	2019	2020
총원	1,502	1,514	1,397	1,275	1,418	1,127	1,137	1,047	229
남	404	369	305	251	302	188	168	202	72
여	1,098	1,145	1,092	1,024	1,116	939	969	845	157

자료: e-나라지표현황, https://www.index.go.kr/

북한이탈주민 수감자 현황 자료에 따르면 2015년 113명이던 탈북자 출신 교도소 수감자는 2019년의 경우 152명으로 35% 가량 늘었다.

북한이탈주민 수감현황

구분	2015	2016	2017	2018	2019
계	113	135	144	149	152
절도	7	7	9	4	7
폭행 · 상해	2	10	7	11	10
사기 · 횡령	11	12	17	21	16
과실범	8	8	7	10	6
강도	5	3	3	2	3
살인	12	11	9	15	12
폭력행위	14	4	4	8	0
마약류	28	49	54	47	55
강간*	26	31	14	15	15
기타			20	16	28

자료: UPI뉴스, 2020년 10월 12일자 보도

　　수감된 범죄명으로 전체 152건 중 마약이 55건(36.2%)으로 가장 많았고, 사기 · 횡령 16건(10.5%), 강간 15건(9.9%)이 뒤를 이었다. 마약 범죄 비율이 높은 것은 북한에 거주할 때부터 마약 범죄에 연루된 탈북민 비율이 높기 때문이다.

이방인에 대한 시민태도: 편견 또는 통합

　　한국은 외국인 및 결혼이주여성, 그리고 북한이탈주민 등 한국 사회에서 이방인이라고 지칭될 수 있는 그룹에 대해 국적법 및 재외동포법, 결혼중개업의 관리에 관한 법률, 다문화가족지원법, 북한이탈주민의 보호 및 정착지원에 관한 법률 등 다양한 관련법의 제개정을 통해 외국인 및 이주민 등을 포용하기 위하여 유연하게 정책을 펼치는 것으로 평가할 수 있다. 그러나 한편으로는 결혼이주여성이나 북한이탈주민 등의 부적응 및 일탈 등의 사회문제로 사회적 여론이 심각해진 뒤에 문제해결을 위한 처방 위주의 관련법 제정 등으로 이미 결혼이주여성이나 북한이탈주민에 대한 부정적인 시민의식을 완화시키기에는 그 효과가 제한적인 것으로 보인다.

그런데 이방인에 대한 제노포비아적인 태도형성에 영향을 주는
정체성에 대한 국가간 비교자료를 근거로 한 연구에서 한국인은 이
른바 종족지향형(Ethnic Community)에 속하는 것으로 나타났다. 이는 한
국인들이 동일 조상의 후손이고, 전통과 문화적 유산을 공유하며, 공
동의 정치운명에 대한 집단적 경험을 공유한 경험 등이 있을 때에 상
대방에 대하여 같은 정체성을 가졌다고 느끼고, 상대방을 포용한다는
의미이다.[37]

이를 바탕으로 결혼이주여성을 포함한 외국인 그룹 및 북한이탈
주민에 대하여 한국인들이 갖는 태도가 북한이탈주민의 범죄에 영향
적 요인으로 작용했는지 여부에도 프로파일러는 관심을 가져야 한다.

첫째, 프로파일링을 할 때 외국인 및 결혼이주여성 관련 태도
의 변화를 파악해야 한다.

결혼이주여성을 포함한 외국인을 이방인이라고 간주할 때 이들
에 대한 한국인의 인식 변화이다. 먼저 한국의 대학생을 대상으로 한
이주민에 대한 인식조사에서 이주민을 동반자(Partnership)로 인식하는
경우는 25.1%, 비동반자로 인식하는 경우는 24.3%, 양가적 감정을 갖
는 경우는 50.6%로 나타났다. 또한 정부의 다문화지원정책이나 외국
인에 대한 정부정책을 지지하는 정도가 이주민 등을 동반자로 인식
하는 경우가 가장 높았고, 양가적 태도, 및 비동반자로 인식하는 순
으로 나타났다.[38]

외국인이 증가함에 따라 외국인에 의한 범죄피해 두려움을 느
끼는지에 대한 연구에서는 한국인들은 범죄피해 가능성이 높아졌다
고 인식하는 것으로 나타났다. 이와 같은 인식은 매스미디어나 드
라마 등에서의 범죄뉴스나 범죄적 이미지를 통하여 형성한 것으로
드러났다.[39]

그런데 외국인 등에 대한 제노포비아적인 태도는 2012년 4월의
오원춘 살인사건이 상당한 기폭제로 작용한 것으로 보인다. 이는 결
국 정부의 결혼이주여성에 대한 지원정책 및 한국 최초의 귀화 외국

인 출신인 이자스민 국회의원의 의원직을 박탈하라는 등의 격렬한 시위로 이어졌다.[40] 특히 대표적인 안티다문화 카페인 다음(Daum)포털 카페인 다문화정책반대는 1만명이 넘는 회원이 '갈등과 분열을 초래하고 망국으로 가는 정부의 다문화 정책에 반대한다는 것'을 카페 설립목적으로 내걸고, '외국인 노동자들 때문에 서민경제가 파탄나고, 인신매매적 성격이 짙은 국제결혼의 이혼율이 한국인 부부의 이혼율보다 훨씬 높다'고 주장하면서 외국인 노동자들이 각종 사건, 사고를 일으킨다며 그들을 '잠재적 범죄자'로 간주하였다.[41]

둘째, 프로파일링을 할 때 북한이탈주민 관련 태도의 변화를 파악해야 한다.

북한이탈주민에 대한 선행연구를 분석한 결과 북한이탈주민과 직접 접촉하지 않은 경우 연민과 부정적 정서를 동시에 갖고 있었고, 직접 접촉한 경우에도 차이를 보여 북한이탈주민의 신변보호담당경찰은 부정적이었고, 대안학교 교사는 호의적인 것으로 나타났다.[42] 같은 연구에서 북한이탈주민에 대한 감정에 영향을 주는 요인은 북한사람에 대한 이질감의 정도, 북한에 대한 감정이입정도, 연령이 많을수록, 개방적일수록, 여자 보다 남자가 더 우호적인 것으로 나타났다.

한국인들의 이와 같은 태도는 북한이탈주민의 정착에 대하여 어느 정도 국가 및 사회가 지원할 책임이 있다고 생각하지만, 그러나 북한이탈주민의 일탈이나 범죄행위 등 사회부적응적인 문제가 있는 경우 관대하게 인식하지 않는다는 의미이기도 하다. 실제로 북한이탈주민들의 한국 사회에의 정착과정에서 북한이탈주민의 자녀나 청소년들이 학교에서 친구들로부터 놀림을 당하거나 따돌림 등을 당하면서 학교를 이탈하거나 가출하여 이들이 다시 용돈을 벌기 위한 수단으로 범죄행위에 가담하는 등의 악순환이 이어지고 있다.[43] 한편으로 북한이탈주민이 취업시에도 임금을 차별적으로 받거나 무시를 당하면서 취업에 어려움을 겪고 결과적으로 실업상태에 빠지는 등 한국 사회에 애착을 느끼지 못하고 북한으로 재입북을 시도하는 사례

도 늘어가고 있다.[44]

또한 북한이탈주민들이 3D업종에의 취업을 꺼리고, 취업을 하더라도 적응하지 못하자 중소기업체 및 소상공인들 사이에서는 이들을 채용하지 않으려는 분위기가 확산되고 있다. 나아가 북한이탈주민의 높은 범죄율 역시 한국인들이 이들에 대해 적대감을 갖게 하는 요인이라 할 수 있다.[45]

외국인 및 북한이탈주민 등 한국 사회의 이방인이라고 간주할 수 있는 사람들에 대하여 한국인들은 어느 정도 수용적인 태도를 지니고 있지만, 동시에 우월감 및 차별적 즉 제노포비아적인 태도를 함께 가진 것으로 나타나고 있다. 외국인에 대한 친밀도에 있어서도 출신국가에 따라 차이를 보이는 것으로 나타났고, 주변 사람들이 외국인 등에 대 어떤 태도를 갖는 가에 따라 영향을 받는다고 정리할 수 있다.

한편 한국인들의 북한이탈주민, 조선족, 외국인 노동자에 대한 혐오감 및 관용에 대한 경험적 연구결과도 발표되었다.[46] 조사 대상자들이 가장 혐오감을 느끼는 집단은 조선족, 외국인 노동자, 북한이탈주민 순이었다. 그리고 혐오감에 영향을 미치는 요인들을 분석한 결과 사회적으로 불안하다고 느낄수록 북한이탈주민에 대한 혐오감이 높았고, 연령이 낮을수록 조선족에 대한 혐오감이 높았으며, 소득이 낮을수록 외국인 노동자에 대한 혐오감이 높은 것으로 나타났다.

혐오집단에 대한 관용수준을 분석한 결과 북한이탈주민에 대한 관용 수준이 가장 낮았고, 다음이 조선족, 그리고 외국인 노동자였다. 즉 혐오집단 중에는 외국인 노동자에 대한 관용수준이 가장 높은 것으로 나타났다.

:::::: '다문화수용도' 청소년 높아지고 성인은 다소 낮아져

청소년−일반성인의 **다문화수용성** 점수

2018년 4월 ~ 2019년 3월 기준   조사·결과분석: 한국갤럽, 한국여성정책연구원
일반국민: 만 19세~74세 성인 남녀 4,000명
청소년: 전국 160개 중·고등학교 재학생 4,225명

연령대별 점수

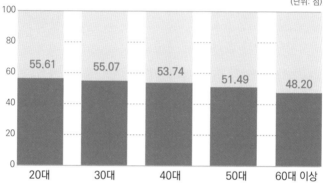

(단위: 점)

- 20대: 55.61
- 30대: 55.07
- 40대: 53.74
- 50대: 51.49
- 60대 이상: 48.20

구성요소별 점수

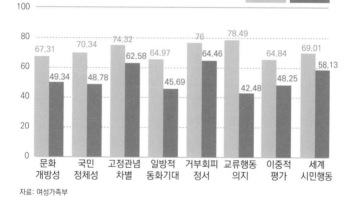

청소년 **일반국민**

- 문화개방성: 67.31 / 49.34
- 국민정체성: 70.34 / 48.78
- 고정관념차별: 74.32 / 62.58
- 일방적동화기대: 64.97 / 45.69
- 거부회피정서: 76 / 64.46
- 교류행동의지: 78.49 / 42.48
- 이중적평가: 64.84 / 48.25
- 세계시민행동: 69.01 / 58.13

자료: 여성가족부

　　2018년 다문화수용성 조사(전국민 8000여명 대상, 매 3년 마다 조사, 성인 4000여
명, 청소년 4000여 명)에서 나타난 가장 두드러지는 특징 중 하나는 일반국민 성인과
청소년이 다문화수용성이나 국민정체성 이주민이나 그 자녀 등 이주배경 집단과의 관
계 등에 있어 전혀 다른 성격을 지니고 있으며 전개방향에 있어 차이를 보이고 있다.

　　즉, 일반국민의 다문화수용성은 52.81점인데 비해 청소년의 다문화수용성은 71.22
점으로 100점 기준에 20점 가까이 차이가 있을 뿐 아니라 일반국민의 다문화수용성은
2015년에 비해 1.14점 하락했지만 청소년의 다문화수용성은 같은 기간 동안 3.59점 상
승하였다.

자료: 한국여성정책연구원, 2018년 국민 다문화수용성 조사, 2019, 47-48.

참고문헌

1_Boehnke, Klaude, *International Migration, Racism, Discrimination and Xenophobia*, ILO, IOM, OHCHR, in consultation with UNHCR, 2001, 2.

2_Wimmera, Andreas, Explaining xenophobia and racism: A critical review of current research approaches, *Ethnic and Racial Studies Vol.20 Iss.1*, 1997, 17 – 41.

3_이와 같은 제노포비아에 대한 개념정의를 바탕으로 이 연구에서는 외국인을 포함한 북한이탈주민, 결혼이주여성 등을 모두 지칭할 경우 이방인이라고 표현하거나, 외국인 등이라고 지칭하기로 한다.

4_2013년 12월 싱가포르에서는 외국인 노동자 400여 명이 자신들에 대한 싱가포르인들의 차별행위에 항의하는 시위를 벌여 경찰이 이를 진압하는 과정에서 경찰 차량 5대와 민방위 차량 9대가 파손되고 경찰과 구조대원 등 20여 명이 부상을 입은 사건이 발생하였다. 그런데 이 폭동은 싱가포르 역사상 44년만에 일어난 시위로 이 사태와 관련 리센룽(李顯龍) 싱가포르 총리는 외국인 노동자들이 근면한 노동으로 싱가포르경제에 기여했다면서 온라인 등을 통해 이들을 증오하거나 외국인 혐오증을 퍼뜨려선 안 된다고 시민들에게 당부했다. 서울신문, "싱가포르 44년만에 폭동, 외국인 노동자 차별 불만 폭발 … 리센룽 총리 금주령", 2013 – 12 – 11 http: //boom.seoul.co.kr/news/newsView.php?id = 20131211050036

5_YTN, "한국과 단교하라면서 … 도쿄서 대규모 반한 시위", 2014 – 01 – 18, http: //www.ytn.co.kr/_ln/0104_201401182142431368; 동아일보, "극우 득세하는 일본", 2012 – 09 – 19, http: //news.donga.com/3/all/20120919/49512228/1

6_헤럴드경제, "中 분노와 규탄, 비난 쇄도.. 반일시위, 불매운동 촉발될 듯 … 중 일 관계는 최악으로 … ", 2013 – 12 – 27, http: //news.heraldcorp.com/view.php?ud = 20131227000239&md = 20131230003628_AT

7_Deutsche Welle, "Is Germany's far – right NPD set to self – destruct?", 2013 – 12 – 30, http: //www.dw.de/is – germanys – far – right – npd – set – to – self – destruct/a – 17329887

8_NEWYORK TIMES, 'No Vaccine for Racism': Asian New Yorkers Still Live in Fear of Attacks https://www.nytimes.com/2021/07/14/nyregion/asian – hate – attacks – police.html/

9_허경미. (2014). 한국의 제노포비아 발현 및 대책에 관한 연구. 경찰학논총, 9(1), 233 – 259.

10_Deutsche Welle, "Study, Germans see Islam as a threat", 2013−04−
29, http: //www.dw.de/study−germans−see−islam−as−a−threat/
a−16780089

11_Rydgren, J. (2008). Immigration sceptics, xenophobes or racists?
Radical right−wing voting in six West European countries. European
Journal of Political Research, 47(6), 737−765.

12_Kraus, N., Herrera, Y., Xenophobia and Nationalism in Russia: A
Multilevel Analysis of Xenophobia and its Relationship to Nationalism,
APSA 2010 Annual Meeting Paper, 1−42.

13_Ommundsen, R., Yakushko, O., Veer, Kees VD., and Ulleberg,
Pål, Exploring the relationships between fear−related xenophobia,
perceptions of out−group entitativity, and social contact in norway,
Psychological Reports Vol.112 Iss.1, 2013, 109−124.

14_Pereira, C., Vala, J., and Costa-Lopes, R., From prejudice to
discrimination: The legitimizing role of perceived threat in
discrimination against immigrants, *European Journal of Social Psychology
Vol.40 No.7, 2010*, 1231−1250.

15_장명학, 독일의 제노포비아 현상에 대한 연구: 통일 이후의 사회, 경제적 불
안과정 제노포비아의 확산, 사회과학연구, 제14권 제2호, 사회과학연구소,
2006, 324−359.

16_김용신, 제노포비아에서 포용으로: 다수로부터의 하나, 비교민주주의연구,
제8권 제2호, 비교민주주의학회, 2012, 163−182.

17_송태수, 현대 유럽의 제노포비아(Xenophobia) 현상 비교연구: 영국, 프랑
스, 독일의 사례 비교, 유럽연구, 제23권, 유럽연구학회, 2006, 253−282.

18_허경미 외 미국 증오범죄 피해자 특징에 관한 연구, 경찰학논총, 제2권 제1
호, 경찰학연구소, 2007, 75−104.

19_정기선, 이선미, 한국인의 국민정체성 국제비교연구. 자격요건 평가를 중
심으로, Comparative Korean Studies 제19권 제1호, 국제비교한국학회,
2011, 45−72.

20_Dennis, M., "Perceptions of GDR Society and its Transformation: East
German Identity Ten Years After Unity," in The New Germany in the
East: Policy Agendas and Social Developments since Unification, ed.
Chris Flockton, Eva Konlinsky and Rosalind Pritchard, Portland, OR:
Frank Cass, 2000, 92.

21_Open Democracy, Covert and hidden populism in unified Germany,"
2012−11−28, http: //www.opendemocracy.net/herfried−
m%C3%BCnkler/covert−and−hidden−populism−in−unified−
germany

22_시민법(Citizenship Law)이라고도 하는 이 법은 프러시아제국시대인 1913 년 3월에 Nationality Law of the German Empire and States으로 제정되어 1934, 1935, 1938년, 1945년 등 4회에 걸쳐 개정되어 시행되다가 1999 년 말에 전면적으로 개정되어 2000년 1월부터 시행되었다. Wikipedia, German nationality law, http: //en.wikipedia.org/wiki/German_nationality_law

23_REURERS, Germany learning to open arms to immigrants," 2013 – 07 – 21, http: //www.reuters.com/article/2013/07/21/us – germany – immigration – idUSBRE96K02B20130721

24_Diehl, C., Tucci, I., Who can become German? Xenophobia and attitudes towards naturalization," DIW Economic Bulletin, Vol.1 No.3, 2010, 3 – 8.

25_그의 연설문의 일부 즉, "Christianity doubtless belongs in Germany. Judaism belongs doubtless in Germany. That is our Judeo – Christian history. But by now, Islam also belongs in Germany"는 독일인들에게 사회적 개방성 및 관대성 등을 강하게 요구했다는 역사적 평가를 받고 있다. REUTERS, German president welcomes Islam during unity speech," 2010 – 10 – 03, http: //www.reuters.com/article/2010/10/03/us – germany – unity – islam – idUSTRE69218Z20101003

26_세계일보, 메르켈 '잘못된 과거 깊은 슬픔과 부끄러움' 獨 현직 총리로 최초 나치 수용소 '다하우' 찾아 사죄," 2013 – 08 – 21 http: //www.segye.com/content/html/2013/08/21/20130821004259.html?OutUrl = naver

27_Zinn, S., Germany is Finally Beginning to Open Its Arms to Immigrants," the culture – ist , http: //www.thecultureist.com/2014/01/06/germany – finally – beginning – open – arms – immigrants/

28_News Digm, 독일 인구, 5명 중 1명은 외국인, http://www.newsdigm.com/sub_read.html?uid = 11037&section = sc18&section2 = %C0%AF%B7%B4/

29_통일부, 독일 통일 이후 동서독 주민의식변화 분석, 1990 – 2010, 2013, 77 – 79.

30_한편 Religion Monitor의 조사대상 13개국의 기독교인 88%, 이슬람교 81%, 유대인의 84%, 그리고 무종교인의 84%가 정부의 가장 좋은 형태가 무엇인가?라는 질문에 민주주의라고 답한 것으로 나타났다. 또한 모든 국가에서 젊은 세대일수록 종교적 성향이 낮아지는 추세를 보였다. Bertelsmann Stiftung, The Religion Monitor of the Bertelsmann Stiftung reveals, 2013 – 06 – 25, http: //www.bertelsmann – stiftung.de/cps/rde/xchg/bst_engl/hs.xsl/nachrichten_116944.htm

31_NPR, https://www.npr.org/2021/05/20/998599775/biden−to−sign−the−covid−19−hate−crimes−bill−as−anti−asian−american−attacks−rise/

32_법무부 출입국관리본부, 출입국외국인정책 통계월보, 2020년 12월호, 15−30.

33_춘천지법은 2013년 6월 가출한 결혼이주여성 남편들이 가출한 결혼이주여성을 상대로 제기한 나홀로 이혼소송 4건에 대하여 피고인인 결혼이주여성들이 모두 불참했음에도 불구하고 모두 이혼을 인정했다. 이는 민법 840조 2호의 '배우자가 악의로 다른 일방을 유기할 때 이혼을 청구할 수 있다'는 내용에 근거한 것이다. 강원일보, 결혼 후 사라지는 외국인 아내들 나홀로 이혼訴 신청하는 남편들, 2013−06−06, http: //www.kwnews.co.kr/nview.asp?s=501&aid=213060600146

34_심지어 이들은 아이를 보고 싶으면 돈을 내놓으라고 하면서 아이를 감추거나, 다른 남성과 동거하는 등도 발견되고 있다. 베트남에서는 이런 아이들을 라이삐엣남(가짜베트남인)이라고 하는 별칭까지 생겨났다고 한다. JTBC 뉴스, 가출한 외국인 아내 "아이 보고 싶으면 돈 줘", 2013−12−08, http://news.jtbc.joins.com/article/article.aspx?news_id=NB10391296

35_제주일보, 사라지는 이주여성, 다문화가정 붕괴 우려, 2013년 12월 12일자 보도.

36_연합뉴스, 시민단체 '정부는 국제결혼 피해대책 마련하라', 2013년 4월 4일자 보도.

37_중앙일보, 2016년 9월 21일자 보도.

38_정체성은 크게 종족지향형(Ethnic Community) 및 시민지향형(Citizenship Community) 등으로 구분하며, 시민형은 국가를 법적 제도적 공동체로 이해하며, 공동의 법적 제도적 인식을 가질 경우 정체성을 가졌다고 하는 것으로 시민사회 지향적 특징을 지닌다. 정기선, 이선미, 한국인의 국민정체성 국제비교연구. 자격요건 평가를 중심으로, Comparative Korean Studies 제19권 제1호, 국제비교한국학회, 2011, 45−72.

39_안득기, 한국사회의 다문화인식과 신념에 대한 연구, 동북아연구 제26권 제2호, 동북아연구소, 2011, 203−219.

40_노성훈, 2013, 외국인의 증가와 범죄에 대한 두려움: 집단위협이론을 중심으로, 형사정책연구 제95호. 한국형사정책연구원, 2013, 151−184.

41_헤럴드경제, 외국인 혐오증? 외국인도 외국인 나름 '백인우호' Vs '아시아인 혐오' 이중성, 2012−04−23. http: //news.heraldcorp.com/view.php?ud=20120423000156&md=20120617123452_AT

42_헤럴드경제, 무서운 안티다문화 카페 … 극으로 치닫는 외국인 혐오증, 2013−08−08, http: //news.heraldcorp.com/view.php?ud=20130808000077&md=20130811004015_AT

43_양계민 외, 북한이탈주민과의 접촉이 남한 사람들의 신뢰와 수용에 미치는 영향, 한국심리학회지 사회문제, 제11권, 한국심리학회, 2005, 97 - 115.

44_권수현, 북한이탈주민에 대한 남한국민의 태도, 한국정치연구 제20집 제2호, 한국정치연구소, 2011, 129 - 150.

45_내일신문, 마음 꼭 닫고 선생님까지 의심, 2013 - 10 - 22, http: //news. naver.com/main/read.nhn?mode = LSD&mid = sec&sid1 = 100&oid = 086&aid = 0002172784.

46_주간동아, "씻기 힘든 '2등 국민' 낙인 … 죽더라도 가고 싶다", 2013 - 07 - 29, http: //news.naver.com/main/read.nhn?mode = LSD&mid = sec&sid1 = 102&oid = 037&aid = 0000016325

47_장준오, 고성호, 북한이탈주민 범죄실태 및 대책, 한국형사정책연구원, 2010.

48_임재형, & 김재신. (2014). 한국사회의 혐오집단과 관용에 관한 경험적 분석. OUGHTOPIA, 29(1), 149 - 174.

5장

외로운 늑대, 자생⁽국내⁾테러범 프로파일링

테러: 외생테러와 자생테러

2017년 10월 1일 미국 라스베가스 중심가에서 발생한 총기난사 사건의 범인인 스티븐 패덕은 자신이 투숙하던 만델레이 베이 호텔의 32층에서 건너편 야외 콘서트장에 운집한 2만 2,000명의 관객들을

자료: https://www.youtube.com/watch?v=xRt6_LmnSSc/

향해 총기를 난사했다. 이로 인해 최소 58명의 사망자와 550여 명의 부상자가 발생하여 미국 역사 최대 총기난사사건으로 인한 피해자가 발생했다. 사건을 수사 중인 FBI는 자살한 패덕이 외부와 연계되지 않은 '외로운 늑대(lonely wolf)'로 보인다"고 밝혔다.[1]

이들을 자생테러(homegrown terror), 또는 국내테러(domestic terror)라고 한다. 이들은 특정국가 내에서 성장하고, 주로 생활기반을 가지고 있으며, 특정한 동기를 가지고 자신의 국가 및 사회를 공격하는 폭력적 성향을 보인다.[2]

한편 테러의 원인은 크게 외생적 원인론과 자생적 원인론으로 대별된다.[3]

외생테러이론(exogenous terror theory)은 급진적 세력 및 조직 등과 연계하여 특정국가의 공공기관 및 교통수단, 종교시설 등을 공격한다는 것이다.[4] 즉, 외생테러이론의 핵심은 IS와 알카에다와 같은 급진적 이슬람조직의 지원과 연계 등이 테러의 동력이라는 주장이다.[5]

자생테러이론(homegrown terror theory)은 테러는 특정인의 생태적 요인, 경제적 요인, 정치적·종교적 요인 및 정신적 요인이 복합적으로 작용한 산물이라는 것이다.[6] 이는 9.11테러 이후 지난 20년여간 외부 세력 혹은 지하드 혹은 극우주의자 등에 의하여 행해질 가상의 테러에 대비하여 각국이 총력을 기울여왔던 테러방지책의 전면적인 정책변화가 불가피해졌다는 것을 의미한다.[7]

2011년 노르웨이 테러, 2013년 보스턴 마라톤 테러 및 2015년 프랑스 파리 테러[8] 등을 비롯한 일련의 테러는 외생테러이론의 주장과는 다른 자생적 양상을 보이고 있고, 이러한 자생테러의 영향요인을 설명하는 이론으로 자생테러이론이 주목받는 것이다. 특히 최근의 테러는 자생테러범에 의한 경우가 대부분이고, 테러단체 역시 자생테러범을 양성하기 위하여 다양한 채널로 테러범으로서의 환경 및 동기를 갖춘 사람들을 유인하거나 결속력을 강화하는 등의 방향으로 나아가고 있다.

자생테러이론을 바탕으로 노르웨이의 오슬로 테러범 브레이빅(Anders Behring Breivik), 미국의 보스턴 마라톤 테러범 타메를란(Tamerlan Tsarnaev)과 조하르(Dzhokhar Tsarnaev)에 대한 프로파일링을 통하여 이들에게 미친 영향요인이 무엇인지 확인해 볼 수 있다.

자생테러범 프로파일링을 위한 귀납적 데이터

자생테러이론을 바탕으로 테러범의 특징을 생태적, 경제적, 정치적 · 종교적 및 정신적 측면 등으로 구분할 수 있다.[9]

생태적 특징

테러범의 생태적 배경은 테러의 중요한 영향요인으로 나타났다.[10] 자생적 테러범의 사회적 성향 또는 환경 역시 테러의 동기를 유발하고 촉진시킬 수도 있다. 대부분의 테러범은 평범한 성장환경과 가정환경이 아니라 지나치게 엄격한 부모나 종교적인 통제 하에서 성장했거나, 반대로 가족과 이웃 등의 관심과 통제를 받지 못하는 경우가 많다.

특히 이민자가 왜 자신이 성장한 사회를 공격하는 자생테러범이 되는 지에 대한 연구들은 이민정책이 동화주의(assimilation) 모델인지 아니면 분리주의 모델(exceptionalism)인지와 상관없이 이민자가 가지고 있는 고유의 성향이 더욱 영향을 미친다고 주장한다.[11] 대부분의 사회에서 이슬람권에서 서구세계로 온 이민자들은 자신들이 기존의 서구세계와 다른 종교와 문화, 전통을 가진 사람들이라는 신념이 강하고, 그들 자신이 속한 지역과 문화, 공동체에서 이슬람전통을 지키는 것이 무슬림으로서의 숙명이라고 인식한다는 것이다.

따라서 이들은 이민사회에 적응하기 보다는 공동체를 통해 이민사회와 분리되려는 경향이 강하고, 이민자 자신이나 자녀들 역시 이민사회에 정착하지 못하면서 문화적 갈등과 정체성의 혼란을 일으키게 된다. 이는 기존 문화와 정치, 그리고 종교와 충돌하는 양상을 보

이며, 결국 자생적 테러의 영향요인으로 작용한다는 것이다.[12]

경제적 배경

자본주의 사회에서는 불가피하게 결국 부의 편중과 불평등이 있을 수밖에 없고, 이러한 것들에 대한 갈등과 사회경제적인 모순에 반발하는 문화와 세력들이 당연히 존재할 수밖에 없게 된다. 또한 이들은 다양한 방법으로 연대하는 특징을 보인다. 빈곤과 실업, 분노감 등으로 성장한 자생적 테러범은 이러한 환경에서 필요한 정보와 자원, 그리고 자기 합리화 등 발판을 마련하게 된다.[13]

신자본주의화 및 글로벌화에 기반한 각종 정책들은 기존의 경제환경 및 자본주의적 사회구조에서 비교적 안정된 지위를 누리던 평범한 시민들의 일자리를 불안하게 만들고 특히 저소득층, 이민자 그룹 등에게는 더욱 경제적 어려움이 가중되었다. 이는 기존 주민과 이주민 모두에게 불안과 불만을 안겨주고, 그 치환적 작용으로 테러에 눈을 돌리게 된다는 것이다. 즉, 현실적으로는 자생테러의 요인을 극우주의나 극단적 이슬람주의 또는 극단적 기독교주의를 표방하더라도 실제로 그 근원은 경제적인 불만이 더 커다란 내재된 요인이라는 것이다.[14]

일찍이 아리스토텔레스는 빈곤은 혁명과 범죄의 부모라고 하였다. 또한 심리학자 존 달라드(John Dollard)는 성취욕이 차단될 때 욕구불만과 분노가 쌓이게 되고, 이것은 사회적 긴장을 해소하기 위한 공격적인 행위로 이어진다고 주장하였다.[15] 한편 쿱타(Dipak K. Gupta)는 빈곤으로 인한 분노감과 욕구불만은 가장 보편적으로 테러를 설명하는 영향요인으로 내재화된 분노와 욕구불만, 상실감 등의 극단적인 표현방식이 테러라고 주장한다. 자생테러범들은 분노감을 준 대상에게 복수하는 수단으로 테러를 행한다는 것이다.[16]

이념적 배경: 정치적 · 종교적 극단주의

자생테러범의 가장 커다란 특징은 정치적 또는 종교적인 극단주의(extremism)이다. 테러는 정치적인 동기를 갖지만, 이는 대부분 종교적 신념이라는 명분으로 이루어진다. 즉, 정치적 극단주의는 종교적 극단주의와 맥락을 같이 하며 어떤 종교이든 마찬가지이다.[17] 특히 사회적 불공정, 문화적 편견, 그리고 전통적인 가족체제의 붕괴 등에 직면한 젊은이들은 극단적 종교주의의 메시지에 더욱 매료될 수 있다.

많은 선행연구들은 특히 전통적인 종교적 가치관 및 사회제도를 추구하는 이슬람권은 기존세대와 청년세대의 갈등, 그리고 빈부격차 등으로 인한 불만과 갈등이 내재화되어 있고, 상대적으로 서구사회보다 많은 청년인구 비중으로 인해 그만큼 더 교육 및 구직 등에 어려움을 겪고 있다. 이러한 것들이 자생테러의 촉발요인으로 작용한다고 분석한다. 알카에다나 IS는 이슬람청년세대의 취약성을 교묘히 낚아채고 이들의 현실적인 어려움이 기독교를 대변하는 서구사회의 이슬람에 대한 탄압 때문에 발생한다는 다양한 홍보영상을 유투브나 페이스북 등의 사이버세상을 활용하여 무차별적으로 제공함으로써 테러를 더욱 부추긴다. 즉, 현실사회에서 직접 대면하지 않고도 인터넷 매체를 통해 이슬람극단주의를 부추기고 공격심을 조장하며, 폭발물 제조기술을 전수하면서 지하드를 양성하는 것이다.[18]

반사회적 성격장애적 경향

자생테러범은 대부분 반사회적 성격장애 및 자기도취, 과대망상증 같은 정신장애 양상을 보이며 특히 심리적으로 타인에게 매우 의존적이며, 복종적인 성향을 보이는 경향이 있다고 지적하였다.[19] 특히 자생테러범은 특정한 조직이나 집단, 가족, 종교 등에 소속되거나 관계를 유지하고 싶어하는 성향이 강하지만, 현실에서 이러한 것들이 충족되지 못하고 있을 때 스스로 이를 극복해가는 과정 혹은 결과물이 테러라는 폭력적 행위일 수 있다.[20]

또 하나의 세상: 왕성한 사이버 활동

자생테러범에게 인터넷은 급진주의의 과정에 대한 원동력이자 가이드라고 할 수 있다. 인터넷은 가상의 관계를 형성하고 급진적이고 극단주의적 종교와 이데올로기에 대해 토론하고 정보를 나눌 수 있는 다양한 방법을 제공하며, 또 오프라인상의 관계를 맺을 수 있는 통로가 된다.

테러범들은 인터넷을 통해 무기를 구하고, 심지어 무기를 만드는 방법을 공유하며, 테러동기를 부추기는 등 커뮤니티를 구축한다. 또한 유튜브나 블로그, 페이스북, 트위터 등 사이버 상의 교류매개체를 통해 테러단체의 가입을 유도하고, 필요한 자금을 모금하며, 선동주의적인 영상을 제작하여 이념화를 촉구한다.[21]

특히 테러단체들은 인터넷을 통하여 지지자들에게 그들이 속한 어떤 장소에서도 이슬람주의나 극우주의를 실행할 수 있다며 자생테러를 부추긴다. 노르웨이 테러범이나 보스턴 테러범 역시 인터넷 사이트나 유튜브 등을 통하여 극우주의적 성향을 신념화시키거나 표현하였다.

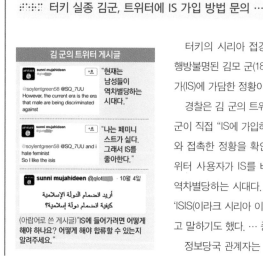

⋮⋮⋮⋮ 터키 실종 김군, 트위터에 IS 가입 방법 문의 …

김 군의 트위터 게시글

sunni mujahideen
@soylentgreen58 @SQ_7UU
However, the current era is the era
that male are being discriminated
against
"현재는 남성들이 역차별당하는 시대다."

sunni mujahideen
@soylentgreen58 @SQ_7UU and i
hate feminist
So I like the isis
"나는 페미니스트가 싫다. 그래서 IS를 좋아한다."

sunni mujahideen @glot⬛⬛ 10월 4일
أريد انضمام الدولة الإسلامية
كيفية انضمام دولة إسلامية؟
(아랍어로 쓴 게시글)"IS에 들어가려면 어떻게 해야 하나요? 어떻게 해야 합류할 수 있는지 알려주세요."

터키의 시리아 접경에서 2015년 1월 10일 행방불명된 김모 군(18)이 자발적으로 이슬람국가(IS)에 가담한 정황이 드러나고 있다.

경찰은 김 군의 트위터 계정 'glot****'에서 김 군이 직접 "IS에 가입하고 싶다"는 글을 올려 IS와 접촉한 정황을 확인했다. 김 군은 또 한 트위터 사용자가 IS를 비판하자 "지금은 남성이 역차별당하는 시대다. 나는 페미니스트가 싫어 'ISIS(이라크 시리아 이슬람국가)'를 좋아한다"라고 말하기도 했다. … 중략 …

정보당국 관계자는 "김 군이 속아서 (터키에)

갔을 가능성은 희박하다"며 "본인이 가고자 하는 의지가 있어 IS를 찾아간 것으로 본
다"고 말했다. 김 군은 지난해 10월 초 10만 명이 넘는 트위터 팔로어를 가진 IS의 공
식 트위터 계정을 시작으로, 수십 개의 IS 관련자 트위터를 팔로했다. 관계 당국은 김
군이 스스로 IS 가입 방법을 물어본 만큼 IS 가담 의지가 충분했다고 판단하고 있다. …
중략 … 경찰은 김군이 수니파 원리주의 무장단체인 '이슬람 국가(IS)'에 가입하려고 시
리아 밀입국을 시도했을 가능성이 큰 것으로 보고 있다.

한편 2015년 9월 23일 미국과 요르단이 연합군이 IS의 주요기지를 공격하면서 김모
군도 사망한 것으로 추정되고 있다.

자료: 동아일보, '터키 실종' 10대 김군 "페미니스트 증오, 남성 차별 받는 시대" …
IS 가담했나, 2015년 1월 20일자 보도

자생테러의 실태

최근의 자생테러범은 대부분 극단적 이슬람주의에 심취하거나
극우주의이며, 직업은 학생, 군인, 교사, 무직 등 다양하였으며, 이민
1.5세대 및 2세대의 영주권자 또는 시민권자인 것으로 파악되었다.[22]

대표적 자생테러

국가	내용
호주	Operation Pendennis: Melbourne & Sydney 2005 Sydney hostage crisis 2014
캐나다	Misbahuddin Ahmed of Ottawa 2010 Chiheb Esseghaier and Raed Jaser of Montreal and Toronto 2013 National War Memorial 2014 Quebec City mosque shooting 2017
노르웨이	Norway attacks 2011
네덜란드	Theo van Gogh murder 2004
프랑스	JÎle-de-France attacks 2015 r 2015 Paris attacks 2015
스페인	Madrid Train Bombings 2004
영국	London Underground bombing 2005

미국	Buffalo Six Lackawanna 2002 José Padilla 2002 Portland Seven 2002 Virginia Jihad Network 2003 Herald Square, New York City 2004 Colleen LaRose 2009 Little Rock recruiting office shooting 2009 Fort Hood Shooting 2009 Portland car bomb plot November 2010 Christopher Dorner shootings and manhunt 2013 Boston Marathon bombing 2013 Charleston church shooting 2015 San Bernardino attack 2015 Chattanooga shootings 2015 Orlando nightclub shooting 2016 Congressional baseball shooting 2017 Charlottesville car attack 2017 Pittsburgh synagogue shooting 2018 Escondido mosque fire and Poway synagogue shooting 2019 El Paso Walmart shooting 2019 United States Capitol attack 2021

자료: Wikipedia, Domestic terrorism, https://en.wikipedia.org/

FBI는 2001년 9월 11일 테러 공격 이후 미국에 대한 테러 위협이 계속되고 있다고 평가하고 있다. 즉, 국제 테러리즘은 여전히 심각하고, 국내 테러리즘의 위협도 전반적으로 지속되고 있으며, 행위자들은 수정헌법 제1조로 보호되는 권리를 행사하는 것에서부터 폭력적인 이슈를 조장하기 위한 범죄를 행하는 등 다양한 유형을 보이는 것으로 진단하였다. FBI는 미국을 대상으로 한 국제 및 국내 테러 위협의 진화 양상으로 특히 다음을 주목하였다.

첫째는 고독한 공격자들(Lone offenders)이 증가하고 있다. 테러리스트의 위협은 대규모 집단의 음모에서 단일 공격자 공격으로 진화했다. 이들은 종종 온라인에서 급진화하고 신속하게 폭력에 동원된다. 명확한 그룹 소속이나 지침이 없으면 고독한 공격자들을 식별하여 수사하고 이들의 행동을 저지하기 어려워 테러를 당하기 쉽다.

둘째는 인터넷 및 소셜 미디어 사용 공격자들(Internet and social

media use offenders)이 늘어나고 있다.

국제 및 국내 폭력 극단주의자들은 메시징 플랫폼과 온라인 이미지, 비디오 및 출판물을 통해 인터넷에서 광범위한 입지를 구축했다. 이는 극단주의 메시지를 수용하는 개인을 급진화하고 이들을 모집하는 그룹의 능력을 활성화시킨다. 또한 소셜 미디어는 국제 및 국내 테러리스트에게 미국을 공격할 수 있는 가상 액세스 권한을 부여하며, 세계 어디에 있든 미국을 공격하도록 메시지를 전달하는 통로가 되고 있다고 진단하였다.

미국은 2021년 1월 6일 극단주의자들에 의해 국회의사당 공격으로 자극을 받고, 2021년 6월 15일 국내 극단주의에 대응하기 위한 국가전략을 발표했다. 이 전략의 핵심은 폭력 극단주의자, 특히 백인 우월주의와 반정부 민병대 이념을 동일시하는 사람들이 미국에 "가장 지속적이고 치명적인 위협"을 제기한다는 인식 하에 이들에 대한 대테러정책을 강화한다는 것이다.

이러한 전략의 변화는 2020년 테러 공격 및 음모의 66%가 국내 극우주의 이데올로기에 동조한 극단주의자들이 자행했다는 전략및정보연구센터(Center for Strategic and International Studies: CSIS) 분석과 일치한다.[23]

:::::: **미국 국회의사당 점령 당하다.**

2021년 1월 6일 수요일, 워싱턴 D.C.의 미 국회 의사당이 폭도들에 의해 습격당했다. 트럼프 대통령 지지자들은 바이든 대통령 당선자의 승리를 공식화하기 위한 의회 합동 회의를 방해함으로써 2020년 대선에서 트럼프 대통령의 패배를 뒤집으려 했다. 의사당은 폐쇄되었고 의원과 직원들은 대피했고, 폭도들이 몇 시간 동안 건물을 점거하고 파괴했다. 이 사건으로 5명이 사망했고, 140명 이상의 부상자가 발생했다.

자료: npr, 3 People From Extremist 'Oath Keepers' Indicted On Capitol Riot Conspiracy
Charges, 2021. 1. 27, https://www.npr.org/sections/insurrection-at-the-capitol/

자생테러범 브레이빅과 차르나에프 형제의 프로파일링

노르웨이의 브레이빅(Anders Behring Breivik) 및 미국의 타메를란 (Tamerlan Tsarnaev) 조하르(Dzhokhar Tsarnaev)는 자생테러범 프로파일링을 위한 매우 적절한 사례들이다. 왜냐하면 이들에 의해 행해진 자생테러가 서구사회에서도 가장 발달하고 안전한 사회라는 인식을 받고 있는 노르웨이나 미국에서 발생한 점, 그리고 이미 테러범에 대한 유죄확정판결이 이루어졌다는 점, 이들 테러가 전형적인 내국인 및 이민자인 점 등 자생테러의 요건을 대부분 갖췄기 때문이다.[24]

브레이빅의 프로파일링
노르웨이 오슬로 테러란

브레이빅은 2011년 7월 22일 15시 22분 경 오슬로의 행정부 건물과 총리 집무실 외곽, 기타 정부 건물을 향하여 폭탄이 장착된 차량을 돌진시켜 다수의 부상자와 8명을 사망케했다. 브레이빅은 2시간여 후 우퇴위아 섬의 노동당 청소년캠프 행사장에 진입하여 폭발물 수사를 한다며 참가자들을 나란히 줄 세우고, 총을 쏘았다. 그는 죽은 척하는 사람들을 확인사살하거나, 물에 뛰어든 사람들을 추적하며 총을 쏘아 모두 69명을 사살하였다. 브레이빅은 무장경찰이 우퇴위아 섬에 상륙한 지 2분만에 손을 들고 항복했다.[25]

그는 2012년 7월 24일 판사의 연장이 허용되는 21년 징역형을 선고받아 사실상 무기징역형이 확정되었다.

생태적 배경

브레이빅(Anders Behring Breivik)은 1979년에 태어났다. 모친 Wenche Behring는 간호사였고, 부친 Jens David Breivik은 시민경제학자이자 런던 및 파리의 노르웨이 대사관에서 근무하는 외교관이었다.

그는 출생 후 런던에서 살다가 부모가 이혼하면서 2살 때부터 모친과 함께 오슬로에서 의붓 여동생과 살았다. 그는 4세 때 어머니 로터 성적 학대를 당한 것으로 나타났다.[26] 그는 아버지를 만나러 프랑스를 15세 때까지 오갔다. 10대 초기에 브레이빅은 힙합커뮤니티에 가입했고, 여기저기 낙서를 그리다가 경찰에 체포되는 일이 잦았다. 결국 1995년 그가 16세에 낙서혐의로 벌금형을 받자 아버지는 그에게 절교를 통보했다.[27]

브레이빅은 청소년기에 단백질 스테로이드를 주사하며 웨이트

자료: http://gawker.com/tag/anders-behring-breivik

트레이닝에 심취하는 등 자신의 외모가 크고 강하게 보여지길 바랐
다. 그가 19세가 되던 해, 노르웨이 국방부 보안부서는 부적합한 인
물이라며 그의 군징집을 면제했다. 브레이빅은 21세에 백화점 고객부
서에서 근무하는 평범한 청년이었지만, 중동이나 남아시안 출신지역
사람들에게는 쉽게 성질을 냈다는 평을 받았다. 이 시기에 브레이빅
은 전직 KGB대령 출신으로부터 군사훈련을 받았으며, 턱과 코, 이마
등을 성형수술했다.

경제적 환경

브레이빅은 23세가 되던 2002년부터 9년 뒤인 2011년의 테러를
위해 9개년 계획을 세웠고, 이를 위해 백화점 고객서비스센터에 근무
하면서 컴퓨터 프로그래밍 사업체를 설립한 것으로 나타났다.[28]

그는 24세가 되던 해에 1억 3천 만원 정도의 수익금을 남겼지만,
회사는 곧 파산했고, 돈을 절약하기 위하여 어머니 집으로 복귀했다.
노르웨이 세무당국은 2007년에 그의 은행계좌는 8천 3백 만원 정도
이며, 거의 소득이 없었으며, 이 돈이 테러자금으로 사용되었다고 밝
혔다. 브레이빅은 2009년 5월에 채소, 멜론, 그리고 뿌리 식물들을 재
배한다며 브레이빅 지오팜(Breivik Geofarm)이라는 농업회사를 설립하고,
2011년 6월 말에 오슬로에서 거의 140km나 떨어진 농촌지역으로 이
사했다. 그는 진술서에서 농업회사는 합법적으로 폭발물 제조에 필요
한 비료 등을 사기 위한 위장회사였다고 인정했다. 또한 브레이빅은
인터넷으로 폴란드로부터 폭발물 뇌관을 사들였다. 노르웨이 세관은
그의 이름으로 60여 차례나 물건이 거래된 것으로 파악하였다. 이를
위해 4억원 정도의 비용을 지출했고, 무기도 구매했다.

정치적 · 종교적 성향

브레이빅은 15세에 루터교 신도가 되었다. 브레이빅은 테러를
자행하기 90분 전에 앤드류 브레이빅(Andrew Berwick)이라는 이름으로

2083이라는 제목을 붙여 1,518페이지에 달하는 이른바 유럽독립선언

2083이라는 제목을 붙여 1,518페이지에 달하는 이른바 유럽독립선언문(A European Declaration of Independence)이라는 성명서(manifesto)를 1,003명에게 이메일로 발송했다.[29]

그는 선언문에서 이슬람공포증과 증오심을 보였고, 자신은 유럽으로 오는 무슬림 이민자들을 저지하는 기사이며, 유럽문화를 회복시키기 위해 가부장제(patriarchy)가 필요하다고 주장했다. 또한 그는 제2차 세계대전 후 체코슬로바키아에서 독일인의 추방을 합법화한 베네선언(Beneš Decrees)과 같이 유럽에서 무슬림을 추방하는 법을 만들 것을 촉구했다. 또한 유럽사회의 페미니즘을 비난했다. 브레이빅은 극우보수주의 단체인 English Defence League(EDL)가 유럽에서 무슬림을 추방하는 수단으로 테러를 이용해야 한다는 자신의 제안을 무시했다면서 EDL을 순진한 바보라고 맹비난하였다. 이에 대해 EDL은 브레이빅의 테러와 자신들은 아무런 관련이 없다고 선을 그었다.

수사결과 브레이빅은 자신의 홈페이지(document.no.)를 운영하면서 반이슬람적이고 친이스라엘적인 글들을 지속적으로 게재했고, 자신의 웹사이트의 방문객들과 "Documents venner"(Friends of Document) 미팅에도 참여했던 것으로 나타났다.

또한 노르웨이의 주요 우익 정당인 진보당과 그 청년단체의 당원이었으며, 그 리더는 브레이빅이 2000년대 초반에 당에서 매우 왕성한 활동을 했으나, 그의 성향이 점점 극단주의화되면서 스스로 당을 떠났다고 주장했다.

브레이빅은 자신의 유투브 계정에 업로드한 12분짜리 동영상에서 윈스턴 처칠과 막스 마누스, 네덜란드의 극우 정치인 헤이르트 빌더르스의 열렬한 찬양자라고 밝히면서 네덜란드 자유당이야말로 유일하게 진실된 극우정당이라고 주장했다.

노르웨이 경찰은 브레이빅을 극우주의자(right-wing extremist)라고 단정지었지만, 브레이빅은 언론이 자신을 보수적 민족주의자(conservative nationalist)라고 불러주기를 요구했다. 그러나 브레이빅은 교

도소 수감 중에는 자신은 스스로를 기독교도라고 생각한 적이 없으며, 오히려 자신의 종교가 스칸디나비아의 샤머니즘인 오딘교(Odinism)이며, 자신은 파시스트이자 민족사회주의자(national socialist)라고 주장했다.

정신적 특징

브레이빅은 제1심 법원이 자신에 대해 정신분열증이라고 통보하자 모욕적이라며 반박했다. 결국 법원은 재감정 결과 그가 정신분열증이 아니라 반사회적 성격장애 및 폭력적인 성향 및 자아도취 성향을 가진 정도라고 진단하였다.[30]

이러한 진단결과는 경찰수사 과정 등에서도 나타났다. 즉, 그는 테러 당일 경찰복 차림이었고, 그의 웹사이트에 게시된 사진은 대부분 경찰복이나 장교복 또는 중세시대의 귀족차림이었다. 또한 자신이 테러 전에 상당히 규모가 큰 조직의 리더인 것처럼 설명하고 있으나 사실확인 결과 모두 존재하지 않는 것으로 나타났다. 한편 경찰이 그를 체포한 직후 경찰유니폼을 벗기고 사진촬영을 하자 그는 보디빌딩 선수처럼 가슴을 힘껏 내밀고, 허리를 꼿꼿이 세우며, 손을 엉덩이에 걸치는 등 포즈를 연출하였다.[31]

브레이빅은 체포 당시 경찰에게 손가락을 다쳐 피를 1리터 이상 흘렸다며, 빨리 치료해주지 않으면 고소하겠다면서 욕설을 퍼부었다. 의사에게는 자신의 상처가 피해자의 얼굴 가까이서 총을 쏘면서 총구가 반동하여 생긴 것 같다며 상황을 설명하기까지 했다. 그런데 상처의 길이는 겨우 5mm에 지나지 않았다.[32]

한편 그는 성명서에서 아버지가 자신을 버린 무책임한 사람이라며 비난했고,[33] 어머니는 페미니스트라고 주장하며, 그녀의 양육방식으로 인해 자신이 여성주의화 되었다며 비난했다.

차르나에프 형제의 프로파일링

보스톤 마라톤 테러란

　차르나에프 형제는 2013년 4월 13일 오후 2시 50분 경 보스톤 마라톤의 결승지점의 혼잡한 관람객들 틈과 결승선 지점의 관람객들 사이에 압력밥솥 폭탄이 든 백팩을 내려놓고 원격으로 조종하여 폭발시켰다. 이 테러로 현장에서 3명이 즉사하고 시민 264명과 경찰관 18명이 부상당했다. 이들을 검거하는 과정에서 경찰관 2명과 형인 타메를란이 사망했다.[34]

　동생 조하르는 차량을 버리고 한 주택 정원의 보트에 은신해 있다가 검거되었다. 조하르는 변호사를 원하는가에 대한 경찰의 질문에 이를 거절했다. 그는 2015년 4월 8일 살인 중화기 사용 등 30개 혐의에 대해 모두 유죄 평결을 받았다. 이 중 17개가 사형을 선고 받을 수 있는 혐의였다. 당시 배심원단은 만장일치로 조하르가 진심으로 사과하지 않고, 반성하는 기미도 없다며 사형을 결정했다. 이어 메사추세츠 주 연방법원은 2015년 6월 24일 조하르에게 독극물 투입을 통한 집행이 가능한 사형을 공식 선고했다. 조하르는 6월 25일에 콜로라도주의 Florence High 연방교도소로 이송되었다가, 7월 17일에 ADX

자료: https://www.bostonglobe.com/

Florence로 재이송되었다.[35]

생태적 배경

차르나에프 가족은 제2차 세계대전 때 체첸에서 카자흐스탄으로 이주했다.[36] 그의 부친인 Anzor Tsarnaev는 체첸출신이고, 모친 Zubeidat Tsarnaev는 아바르인이다. 부부는 두 아들과 두 딸을 두었으며, 형인 타메를란은 1986년에, 그리고 동생인 조하르는 1993년에 출생했다. 가족은 키르키스탄에 살다가 2001년에 다케스탄으로 이주했다. 2002년 봄에 부모와 조하르는 90일간 여행비자로 미국에 입국해 종교망명을 신청했다.

타메를란은 키르키스탄의 루플란이라는 삼촌 집에서 양육되다가 2년 후에 미국의 가족과 합류했다. 가족은 미국정부로부터 정착지원금(transitional assistance money)을 받아 메사추세츠주의 캠브리지 노포크 거리에 정착했다. 또한 가족 모두 이민자공공복지서비스 혜택을 받았으며, 부친은 정원사로, 모친은 미용사로 일하면서 2007년 3월에 합법적인 영주권을 받았다.

조하르는 케임브리지 린지 공립고교에서 공부했으며, 당시 그레이트 보스턴 겨울 올스타리그에 출전할만큼 뛰어난 레슬링 선수로 활동했고, 하버드 대학에서 인명구조원으로 일하기도 했다.[37]

2011년에 조하르는 체첸 역사수업을 가르치는 다트머스 대학의 교수를 접촉했다. 같은 해 그는 정부장학금을 받아 매사추세츠 다트머스 대학 해양생물학과에 입학했다. 당시 조하르 형제의 복싱코치는 조하르가 형을 따르는 강아지 같았다고 기억했다. 대학시절 그의 동료들은 조하르가 평범한 학생으로 힙합을 좋아하며, 마리화나를 피우고, 정치얘기를 좋아하지 않는 친구였다고 기억했다. 또한 그가 자원봉사 프로그램에 매우 적극적으로 참여하고, 미국인들과 같은 영어 발음을 구사하는 평범한 캠브리지청년으로 기억했다. 한편 2012년에 알링턴경찰은 영장을 발부받아 알링턴 하이츠 파티에서 조하르의 미성년자 음주혐의를 들어 그의 혼다자동차를 수색하였다.

타메를란은 케임브리지 린지 라틴어고등학교를 거쳐 2006년 가을 매사추세츠 보스턴 대학에 지원했지만 낙방했다.[38] 이후 벙커 힐 커뮤니티 칼리지에 입학하여 엔지니어학을 전공하면서 아르바이트를 했으며, 권투를 배웠다. 이후 권투에 집중한다면서 학교를 중퇴했다. 2007년에 타메를란은 2년여간 그의 여동생의 남자친구였던 브라질 소년이 무슬림이 아니라는 이유로 때리기도 했다. 그는 2008년에 충실한 무슬림으로 거듭나 금주와 금연을 하면서 모스크에 출석했다. 여동생이 자신의 남편이 바람이 나 자신을 학대한다고 알리자 워싱턴까지 가서 처남을 훈계하기도 했다.

타메를란은 2009년부터 2010년까지 헤비급 권투선수로 활동해 뉴잉글랜드 골든 글러브 헤비급 챔피언이 되었다. 2009년 5월에 201 파운드 체중 클래스의 대회에 출전했으나 1회전에서 KO패 당하였다. 타메를란의 첫 번째 데이트 상대여성은 후에 타메를란이 자신을 때린다며 경찰에 신고했고, 타메를란은 체포되어 2009년 7월 28일에 기소됐다. 이 일은 증거불충분으로 기각됐지만, 부친은 후에 법정에서 이 일이 타메를란의 시민권취득을 방해했다고 주장했다.

타메를란은 로드아일랜드에서 온 미국인 대학생인 캐서린 러셀과 데이트를 했고, 그녀는 2008년도에 이슬람으로 개종하여, 히잡을 쓰고 다녔다. 러셀의 친구들은 타메를란이 러셀에게 욕설을 하며 가구나 물건을 던지는 것을 목격하곤 했다. 타메를란은 2012년 9월에 국토안보부에 미국 시민권을 신청했지만, 국토안보부는 FBI가 2011년에 그와 인터뷰한 기록을 발견하고 시민권 발급을 보류하였다.

경제적 환경

조하르는 테러 당시 다트머스 대학의 파인 데일 홀 기숙사에 사는 2학년생이었지만, 3학기에 걸쳐 7과목에서 F학점을 받는 등 학업에 충실하지 못했다.[39] 따라서 그는 장학금을 지급받지 못했고, 용돈을 벌기 위해 마리화나를 팔았다. 또한 형이 결혼했지만, 경제적 사정으로 함께 살지 못하고 기숙사에서 계속 살았으며 러시아로 귀국한 부모로부터는 어떤 경제적인 지원도 받지 못하였다.

형인 타메를란 역시 권투선수 시절을 제외하고는 정기적인 급여를 받는 직업을 가진 적이 없고, 2009년부터 메사추세츠정부가 지원하는 공공복지서비스(taxpayer-funded state welfare benefits)를 받았다.[40] 그는 테러 일주일 전까지도 이 서비스로 생활비와 음식물 등을 제공받은 것으로 알려졌다. 그는 결혼 후에는 아내와 세 살인 딸과 함께 공공복지서비스를 받았다. 그의 아내는 일주일에 70시간을 건강도우미로 일하였고, 그는 아내를 대신해 딸을 돌봤다.

정치적 · 종교적 성향

조하르에 대한 심문결과 수사당국은 조하르형제가 극단적 이슬람주의자라고 단정지었다.[41] 그러나 그들이 공식적으로 연계된 조직은 없는 것으로 밝혀졌다.[42] 조하르는 개인적으로는 러시아어 소셜 네트워킹 사이트 VK에서 자신의 세계관이 이슬람이며, 최우선적인 관심사는 경력과 돈이라고 적었다. 또한 자신의 홈페이지에 이슬람 웹사이트와 시리아내전 전투기 동영상, 그리고 체첸독립 다큐멘터리 등을 링크시켜 놓았다. 트위터에서는 종교 보다는 스포츠와 치즈버거에 더 관심이 있다고 적었다. 마라톤 폭탄테러를 개시하기 직전에는 급진적 이슬람주의를 선전하는 코란의 구절을 게시하였다.

한편 조하르는 자신의 노트에 자신들의 행동은 "미국의 아프가니스탄과 이라크 공격에 대한 보복이며, 폭탄을 준비하고, 테러를 실행하는 것은 모두 자발적인 신념에 의한 것"이라 메모했다. 또한 자신은 형인 타메를란이 천국에서 살고 있을 것이기 때문에 그의 죽음을 슬퍼하지 않으며, 자신도 형과 함께 천국에서 살게 되길 바란다고 적었다.[43] 한편 테러는 2010년 타임스퀘어 자동차폭탄테러를 내용으로 하는 Anwar al-Awlaki의 온라인비디오게임에서 영감을 받았다

고 진술하였다.[44]

　　2011년 초에 러시아연방보안서비스(Russia's Federal Security Service: FSB)
는 FBI에 타메를란이 러시아의 이슬람 극단주의자의 추종자이며, 러
시아에서 정체불명의 지하조직들을 접촉하기 위해 미국을 출국한다
는 정보를 제공했다. 이에 대해 FBI는 처음엔 타메를란과의 접촉을
부인했다. 그러나 모친은 FBI가 타메를란과 친척들을 면담했으나 별
다른 혐의를 발견하지 못했다고 주장했다. 당시 FBI는 더 이상의 자
세한 정보를 러시아에 요구했지만, 묵살되었다.[45] 모친은 타메를란이
FBI의 감시대상자이고, FBI가 자신에게 타메를란이 이슬람 극단주의
자이며, 그가 이슬람 극단주의 사이트에서 활동하고 있다고 말했다고
증언했다. 한편 2011년에 모친의 극단적 지하드 조직과의 전화통화
가 FSB에 의해 감지됐다. 또한 자신의 아들들이 이슬람을 위하여 어
떻게 죽어야 하는지를 묻는 문자내용도 발견됐다. 2011년 말에 CIA
는 그녀와 타메를란을 테러리스트 명단에 등록했다.

　　타메를란은 2012년 1월에 러시아를 방문했다가 7월에 미국으로
입국했다.[46] 러시아에 있는 동안 그는 북 코카서스에 있는 가족들을 방
문하고, 군사훈련을 받은 것으로 알려졌다. 그는 다게스탄의 이슬람공
동체의 정신적인 지도자이면서 급진적 이슬람을 추종하는 사촌과 급
속도로 가까워졌다. 이 사촌은 후에 보스턴 마라톤 테러는 세상의 시
각을 이슬람으로 돌리게 한 9.11테러에 버금가는 선한 일(good thing)이
라고 주장하였다. 한편 다게스탄 경찰은 타메를란이 이슬람 군사조직
인 사파리 모스크를 여섯 번이나 방문하였다고 기록하고 있다.[47]

　　이 밖에도 러시아 수사당국은 타메를란이 캐나다 국적의 러시
아-타타르 분리주의자인 23세의 플로트니키보(William Plotnikov)와도 온
라인으로 접촉하고, 그를 만나러 캐나다를 방문했다고 밝혔다. 또한
타메를란은 다게스탄에서 모두 7회에 걸쳐 19세의 다케스탄-팔레스
타인인 남자인 니달(Makhmud Mansur Nidal)을 만났는데 니달은 이슬람성
전주의자를 모집한다는 혐의를 받고 경찰의 추적을 받는 인물이었다.

그러나 니달이 교전 중 사살되자 타메를란은 새롭게 발급된 러시아 여권을 찾지도 않고, 미국으로 출국하였다.

　미국으로 돌아온 타메를란은 이슬람 율법에 충실한다는 표식을 상징하는 의미로 수염을 기르고 눈주위에 코홀을 걸치며, 주위 사람들에게 극단적 이슬람주의자가 되라고 하였다.[48] 또한 유투브 계정을 만들어 다게스탄 출신의 이슬람 극단주의자인 듀자나(Amir Abu Dujana)와 관련된 영상을 테러리스트라는 이름으로 링크시켰다. 또한 북 코카서스에 이슬람왕국을 건국하자는 이슬람 극단주의자들의 영상 및 아랍인의 폭탄테러를 찬송하는 노래들을 링크시켰다. 또한 알카에다와 같은 이슬람 지하드 단체 등의 사이트를 빈번하게 방문하여 영상을 보고, 게시된 글을 읽었다. 그는 2012년 11월에 모스크 주변의 식료품 주인에게 추수감사절에 칠면조를 파는 것은 옳지 않다고 비난했다. 모스크의 추수감사절 예배에서는 미국의 공휴일을 축하하는 예배는 잘못된 것이라며 소리를 질렀다. 2013년 1월에는 마틴 루터 킹 주니어 데이를 기념하는 설교를 중단하라며 난동을 부렸다. 결국 신도들은 그가 다시는 소란을 피우지 않는 조건으로 모스크 사원에 출입할 것을 요구했다.

정신적 특징

　조하르는 체포 후 마지막 재판 전까지 소극적으로 조사에 응하였으며, 법정에서도 적극적으로 자신을 변호하지 않았고, 묵비권을 행사했다. 그러나 구치소에서는 카메라를 향해 가운데 손가락을 들어 올리며 피해자들을 성적으로 모욕하는 행동을 보이기도 하였다. 또한 마지막 재판 때까지 전혀 자신의 죄(살인죄를 포함한 모두 30여 가지 죄목)를 인정하지 않았다.[49] 그는 2015년 6월 24일 최종 판결 전 처음으로 입을 열어 피해자들에게 사과하고 자신이 행한 일을 모두 인정한다며 자신은 죄인이라고 진술했다.

　조하르의 변호사는 조하르가 성적이 좋지 않아 장학금을 놓치는

등의 일로 열등감 및 낮은 자존감을 가졌으며, 테러 역시 이러한 정
신적인 문제의 연장선상이라고 주장했다. 그러나 법원은 조하르가 반
사회적 성격장애의 모습을 보이지만 특별한 정신적 장애를 갖고 있
지는 않다고 진단하였다.[50]

자생테러의 영속화 요소들: 프로파일 데이터 베이스화

노르웨이 테러범 브레이빅과 보스턴 테러범인 차르나에프 형제
를 대상으로 이들에게 미친 영향요인을 분석한 결과 다음과 같은 결
론을 얻을 수 있었다.

첫째, 자생테러는 테러범의 성장과정의 생태적 환경에 따라 촉
발되거나 가속화될 수 있다. 둘째, 빈곤이 곧 자생테러의 결정적 요
인은 아니며, 테러동기가 충만한 경우 중산층과 빈곤층, 이민자그룹,
모국인 모두 테러를 실행한다는 것이다. 셋째, 테러범의 극우주의적
정치적 이념이나 극단적인 종교적 성향은 성장과정 및 부모와의 유
대감 결여 등에서 기인한 불만이나 불안감을 감추거나 폭발시키는
도구일 수 있다는 것이다. 따라서 평범한 사람일지라도 그의 테러를
합리화시키는 도구로서 극단주의화 경향을 선택할 수 있다. 넷째, 테
러범은 자기애적 망상에 빠져있거나 도덕심, 배려, 그리고 시민의식
이 결여된 반사회적 성격장애의 징후를 갖고 있다.

이를 좀 더 분석하면 다음과 같이 정리할 수 있다.

첫째, 생태적 배경에 있어서 브레이빅과 차르나에프 형제 모두
부정적인 환경에 노출되어 있고, 평범하지 않은 성장환경을 가졌으
며, 부모와 일찍 단절된 생활을 했으며, 부모의 적극적인 통제와 관
심을 받지 못했다는 특징이 있다.

브레이빅은 부모의 이혼과 모친의 성적 학대와 부친의 반복적인
재혼, 부친과의 단교 등 불안정한 가정환경에서 성장했다. 즉, 그는
부모와의 유대감을 제대로 형성하지 못하였다. 군입대 징집 검사에서

도 부적합 판정을 받았고, 스테로이드 주사를 맞거나 이마, 턱 등의 성형수술 등 타인에 대한 자기과시적 성향이 강하였다.

차르나에프 형제는 체첸 출신 이민자들로서 케임브리지고등학교를 거쳐 대학에 입학했지만, 동생은 학업성적이 부진하여 장학금을 놓쳤고, 형은 권투를 이유로 학업을 중단하는 등 순탄치 않은 생활을 하였다. 부모는 영주권을 받은 후 러시아로 되돌아갔고, 조하르는 마약을 팔아 생활비를 벌었고, 형은 특별한 직업이 없이 정부의 복지보조금으로 생활했다.

차르나에프 형제의 경우 체첸을 벗어나 인간적인 삶을 살고 싶다는 욕망으로 미국으로 이주했지만, 부모의 삶은 곤궁했고, 영주권을 취득한 부모가 러시아로 귀국하면서 형제가 특별한 보살핌 없이 부모로부터 배운 이슬람식 생활을 영위했다. 형 타메를란은 러시아를 방문하여 친척인 지하드들과 접촉하고 부모 역시 이에 대해 방관하였으며, 동생 조하르는 이러한 형의 절대적인 영향 하에 있었다.

둘째, 경제적 환경에 있어서 브레이빅은 경제적 빈곤이나 실직 등이 테러에 영향을 준 것으로 보이지 않지만, 차르니예프 형제는 이민가정의 곤궁함과 그로 인한 부모의 러시아로의 귀국 등도 그들의 극단주의적 성향에 영향을 미쳤던 것으로 보인다.

브레이빅은 노르웨이 사회의 중산층 자녀로 경제적 어려움은 없었지만, 오히려 그의 생태학적 환경이 테러9개년계획을 세워 자금을 조달할 만큼 아웃사이더로의 모습을 보이는 특징이 있다. 즉 이는 빈곤이나 실업 등의 경제문제가 없는 중산층 시민(native born)이 왜, 어떻게 자생테러범으로 변화하는지를 설명해준다.

이에 비해 차르나에프 형제의 경우는 자생테러이론이 주장하는 것처럼 이슬람 이민자 가정의 청소년들이 테러범으로 성장하는 데에 경제적 문제가 동력요인으로 작용하고 있다는 것을 확인할 수 있다. 경제적 문제로 부모가 러시아로 귀국하면서 차르나에프 형제의 생활은 방임되었으며, 형인 타메를란이 부모 역할을 하며 완고한 이슬람

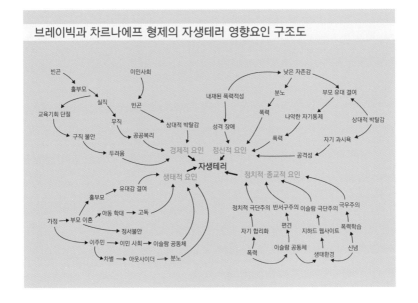

브레이빅과 차르나에프 형제의 자생테러 영향요인 구조도

식 가부장적 질서와 통제를 대신하였다. 그러나 타메를란 자신도 학업 및 권투 등 어느 것에서 성공하지 못하였으며, 그 자신이 폭력성을 드러내는 등의 결혼 생활을 하였다. 또한 적극적인 구직활동 대신급진적 이슬람에 빠져들어 반미주의를 키우면서도 미국 정부의 복지혜택을 꾸준히 받는 모순된 행동을 보이고 있다.

    셋째, 정치적·종교적 성향에 있어서는 브레이빅은 뚜렷한 극우주의 및 반이슬람주의를, 그리고 차르나에프 형제는 극단적 이슬람주의의 영향을 받은 것을 확인할 수 있다.

    브레이빅은 이른바 유럽독립선언문을 통해 문화적 막시즘, 부계사회의 회복, 반이슬람문화, 무슬림추방 등을 주장하며, 자신을 파시스트이자 민족주의자라고 정의했다. 자신의 홈페이지를 통해서도 반이슬람 및 극우주의적인 성향을 지속적으로 보였고, 관련 사이트에가입하는 등 매우 적극적으로 정치적 이념 및 종교적인 성향을 표현했다. 그런데 이러한 극단주의적 이슬람주의 및 극우주의적 성향은 모친에 대한 거부감과 부친에 대한 비난 등이 내재되어 있고, 이러한 의식은 청년기와 성인기를 거쳐 더욱 강화되었으며, 동시에 주변인 또는 어떤 조직과도 연계되지 못하는 고립된 생활을 하는 특징이 있다.

차르나에프 형제의 경우 타메를란은 매우 극명한 극단적 이슬람주의 성향을 보였고, 러시아를 방문하여 그 이념을 공고히 하고, 일상생활에서도 이슬람 율법을 지키는 등 끊임없이 이슬람 극단주의자나 단체와 교류하였다. 또한 유투브 계정을 통하여 이슬람 극단주의를 옹호하는 영상물 등을 매우 적극적으로 링크시켰다. 조하르 역시 자신의 유투브계정, 그리고 노트 등을 통하여 이슬람 극단주의 성향을 보였다. 그러나 이들 역시 실제로 테러와 관련하여 연대한 외부조직이나 세력이 밝혀지지 않았다.

따라서 즉, 자생테러이론의 주장대로 외부와의 연대를 갖지 않아도 브레이빅이나 차르나에프 형제가 가지고 있는 내재된 불만 또는 폭력적 성향이 종교 또는 정치적 이념으로 포장되어 테러의 명분을 부풀린다는 것을 알 수 있다. 한편으로는 누구와도 유대감을 형성하지 못하는 성격 또는 성향 등이 오히려 이들을 스스로 외부와 고립시키고 폭력성을 강화하는 요인이 되었을 것이다.

넷째, 자생테러이론의 주장과 같이 이들 테러범이 의사결정에 장애가 될 만한 정신적인 문제를 갖고 있지는 않았다. 다만 브레이빅 및 조하르는 반사회적 성격장애 및 자기현시적, 그리고 자아도취적인 망상증을 가진 것으로 진단되었다.

브레이빅의 경우 아동학대 및 부친과의 갈등 등으로 인해 자존감이 매우 낮고, 이를 감추기 위한 수단으로 경찰유니폼이나 장군복 또는 왕족의 복장, 성형술, 보디빌딩 등을 통하여 자신의 외양을 남에게 한껏 과시하고 돋보이게 하려는 현시성 및 과대망상증 등의 전형적인 양상을 보인다. 조하르나 타메를란은 마리화나를 팔거나 공공복지서비스로 생활하면서도 적극적인 구직이나 학업활동을 하지 않고 이슬람주의나 반미주의적인 성향 등을 보이는 등 현실도피 및 자기도취적 성향을 보이며, 특히 조하르는 마지막 법정에서야 피해자들에게 겨우 사과하는 등 반사회적인 양상을 보였다.

참고문헌

1_서울경제, 라스베가스 총기난사 범인은 외로운 늑대? '조직원 아닌 자생적 테러리스트' 총기 발견, 2017년 10월 5일자 보도.

2_허경미. (2012). 자생테러범의 급진과격화에 관한 프로파일링. 한국범죄심리연구, 8, 241－259.; 허경미. (2016). 자생테러의 영향요인에 관한 연구－노르웨이 오슬로 및 보스턴 마라톤테러범을 중심으로. 경찰학논총, 11(4), 219－250.; 허경미. (2009). 자살 테러의 동기에 관한 연구. 한국공안행정학회보, 18(4), 583－608.

3_Nesser, P. "Toward an increasingly heterogeneous threat: a chronology of jihadist terrorism in Europe 2008-2013". *Studies in Conflict & Terrorism*, *Vol.37 No.5, 2014*, 440－456.

4_Hausken, K., & Zhuang, J. "The timing and deterrence of terrorist attacks due to exogenous dynamics". *Journal of the Operational Research Society, Vol.36 No.6, 2012*, 726－735.

5_Estes, R. J., & Sirgy, M. J. "Radical Islamic militancy and acts of terrorism: A quality－of－life analysis". *Social indicators research, Vol.117 No.2, 2014*, 615－652

6_Szpunar, P. M. "From the Other to the Double: Identity in Conflict and the Boston Marathon Bombing. Communication", *Culture & Critique. 2015.* doi: 10.1111/cccr.12124.

7_Schmid, A. P., "Radicalisation, de－radicalisation, counter－radicalisation: A conceptual discussion and literature review." *ICCT Research Paper 97. 2013.* 22.

8_프랑스 파리 및 생드니 등에서 2015년 11월 13일 21시 16분부터 동시다발적으로 세 건의 연쇄테러가 발생하여 166명이 사망하고, 300여명 이상이 부상당했다. 주범인 모하메드 아브리니(31)빌랄 하드피(20) 등이 프랑스 국적이라는 것이 밝혀져 충격을 주었다. wikipedia, paris terror, https: //ko.wikipedia.org/wiki/2015%EB%85%84_11%EC%9B%94_%ED%8C%8C%EB%A6%AC_%ED%85%8C%EB%9F%AC/

9_Perry, A. and Minteh, B. S., "Home Grown Terrorism in the United States (US): Causes, Affiliations and Policy Implications". *Jan. 8, 2014.* http: //dx.doi.org/10.2139/ssrn.2518616.

10_Hinkkainen, K., "Homegrown terrorism: the known unknown". *Peace economics, peace science and public policy", Vol.19 No.2, 2013*, 157－182.

11_Szpunar, P. M. "From the Other to the Double: Identity in Conflict and the Boston Marathon Bombing. Communication", *Culture & Critique*. *2015*. doi: 10.1111/cccr.12124.

12_Lyons — Padilla, S., Gelfand, M. J., Mirahmadi, H., Farooq, M., & van Egmond, M. (2015). "Belonging nowhere: Marginalization & radicalization risk among Muslim immigrants". *Behavioral Science & Policy, Vol.1 No.2, 2013*, 1 − 12

13_Ghatak, S., & Gold, A. "Development, discrimination, and domestic terrorism: Looking beyond a linear relationship". *Conflict Management and Peace Science, 2015*, 0738894215608511.; Hinkkainen, K. "Homegrown terrorism: the known unknown. Peace economics". *peace science and public policy, Vol.19 No.2, 2013*, 157 − 182.

14_Caruso, R., & Schneider, F. "Brutality of Jihadist terrorism. A contest theory perspective and empirical evidence in the period 20022010". *Journal of Policy Modeling, Vol.35 No.5, 2013*, 685 − 696.

15_Borum, Randy, Robert Fein, and Bryan Vossekuil. "A Dimensional Approach to Analyzing Lone Offender Terrorism." *Aggression and Violent Behavior Vol.17 No.5, 2012*, 389 − 396.

16_Gupta, D. K. Understanding terrorism and political violence: The life cycle of birth, growth, transformation, and demise. Routledge. 2008.

17_Becker, Michael. "A Response to 'Key Issues and Research Agendas in Lone Wolf Terrorism.'" *Studies in Conflict & Terrorism Vol.39, No.5, 2016*, 472 − 476.

18_Qvortrup, M., & Lijphart, A. "Domestic terrorism and democratic regime types". *Civil Wars, Vol.15, No.4, 2013*, 471 − 485.

19_이러한 성향에 대하여 국내 다수 논문에서는 자생테러범을 외로운 늑대 (lone wolf)라고 표현하며, 한국의 결혼이주여성가정 및 이주노동자, 북한 이탈주민 등 이른바 다문화사회를 촉진한 그룹들이 가지는 소외감 및 정체성문제에 대하여 주목하고 있다.: 정육상, "외로운 늑대 테러의 발생가능성과 경찰의 대응방안", 한국경찰학회보, 42, 한국경찰학회, 2013, 201 − 226.; 박철현. "국내 자생테러 발생가능성에 대한 사회학적 고찰 및 대책", 한국사회학회 특별 심포지움 자료집, 한국사회학회, 2012, 132 − 150.; 신재헌, 김상운. "다문화사회의 자생적 테러리즘 예방을 위한 경찰활동", 한국위기관리논집, 9(2), 2013, 49 − 72.; 오세연, 송혜진, "한국내 다문화사회로의 전환에 따른 Lone − Wolf 테러발생 가능성에 대한 시론적 연구", 한국테러학회보, 6, 한국테러학회, 2013, 140 − 169.; 김순석, "다문화주의에 따른 자생테러리즘의 가능성과 대책에 관한 연구" 경호경비연구, 23, 한국경비학회, 2010, 1 − 19.

20_Corner, Emily and Paul Gill. "A False Dichotomy? Mental Illness and

Lone－Actor Terrorism." Law and Human Behavior Vol.39, No.1, 2015, 23－34.

21_Ki－moon, B. (2012). The Use Of The Internet For Terrorist Purposes. New York,: United Nations. wikipedia, https://Domestic_terrorism_in_ the_United_States

22_wikipedia, https://Domestic_terrorism_in_the_United_States

23_CSIS, https://www.csis.org/analysis/first－us－national－strategy－ countering－domestic－terrorism/

24_허경미. (2016). 자생테러의 영향요인에 관한 연구－노르웨이 오슬로 및 보 스턴 마라톤테러범을 중심으로. 경찰학논총, 11(4), 217－250.

25_The Final Call, "Tragedy in Norway Borne Out of Seeds of Racism and Intolerance in UK, EU". New America Media.", 2011. 8. 16. http://www.finalcall.com/artman/publish/World_News_3/harlem_8087.shtml/

26_NCBI, "The Breivik case and what psychiatrists can learn from it". World Psychiatry. Vol(12) No(1), 2013, 16-21

27_theguardian, Anders Behring Breivik trial: the father's story, 2012. 4. 13. https://www.theguardian.com/world/2012/apr/13/anders－ behring－breivik－norway/

28_DailyMail, "Tears of a mass murderer: Norwegian killer Breivik breaks down as film of his hero Vlad the Impaler is played", http://www.dailymail.co.uk/news/article－2130364/Anders－Behring－Breivik－ trial－Norwegian－killer－breaks－Vlad－Impaler－video－played. html/

29_CNN International, Key points from the Norway shooting suspect's purported manifesto, 2011. 7. 24. http://edition.cnn.com/2011/ WORLD/europe/07/24/norway.manifesto.highlights/

30_The Breivik Archive, Anders Behring Breivik Psychiatric Report 2012－ 04－10, https://sites.google.com/site/breivikreport/documents/ anders－breivik－psychiatric－report－2012－04－10

31_한편 브레이빅이 4살 무렵 「노르웨이 아동 및 청소년 정신센터」(Norway's centre for child and youth psychiatry(SSBU))는 브레이빅의 모친이 브 레이빅을 때리며, 그가 죽었으면 좋겠다고 말하는 등 브레이빅에 대하여 본능적이고 공격적인 성적 환상을 투사하여 아이를 양육하기에는 부적합 한 경계성 인격장애를 가지고 있다고 평가한 것으로 밝혀졌다. 이 보고서 는 모친이 법원에 증거자료 채택을 거부하였다. Orange, Richard "Anders Behring Breivik's mother 'sexualised' him when he was four'". 2012. 10. 7. http://www.telegraph.co.uk/news/worldnews/europe/ norway/9592433/Anders－Behring－Breiviks－mother－sexualised－

him－when－he－was－four.html/

32_Pierce, K., "Inside the warped mind of Anders Breivik". 2016. 7. 22. http: //www.telegraph.co.uk/news/2016/07/22/anders－breivik－inside－the－warped－mind－of－a－mass－killer/

33_이에 대해 그의 부친은 자신이 3번씩이나 결혼에 실패하고, 4번째 재혼했을 때 브레이빅이 더 이상 자신과의 연락을 원하지 않았으며, 매 월 그에게 성인이 될 때까지 경제적 지원을 했다고 했지만 편안한 대화는 나누지 못했다고 밝혔다.; theguardian, Anders Behring Breivik trial: the father's story, 2012. 4. 13. https: //www.theguardian.com/world/2012/apr/13/anders－behring－breivik－norway/

34_조하르는 테러 후 학교 기술사에 돌아가 트위터에 보스톤 테러 현장의 사람들이 안전하길(stay safe) 바란다는 글을 올렸다. 그는 4월 15일부터 경찰이 자신의 형제에 대한 용의자 사진을 공개한 4월 18일까지 기숙사에 머물면서 체육관에서 운동을 하고, 친구들과 테러뉴스를 시청하기도 하였다.

　조하르와 타메를란은 4월 18일 대학내 편의점에서 절도행위를 하다가 경찰의 추격을 받다가 도주하면서 MIT경찰을 살해하고 SUV차량과 메르세데스 혼다를 각각 탈취해 도주하였다. 그러나 혼다 소유자가 주유소에서 탈출하면서 언론에 조하르 형제를 제보했다.

　4월 19일 아침 경찰이 형제를 추격하자 이들은 경찰에 폭탄 압력밥솥을 투척하고 총격을 가하였다. 경찰이 타메를란이 탄 자동차를 포위하고 체포하는 사이 조하르가 SUV를 몰아 타메를란과 경찰을 향해 돌진하였다. 경찰은 몸을 피했지만 타메를란은 SUV 차량 밑바닥에 걸린 채로 9미터 가량을 끌려갔다. 이후 타메를란이 땅에 내동댕이쳐졌고, 이후 타메를란은 병원으로 이송됐지만 사망했다. 검시관은 차량공격 및 총상이 결정적인 사망원인이라고 밝혔다. 인근 자치단체와 보스톤 모스크 측은 타메를란의 매장허가와 장례식을 거부했다. 2014년 5월 9일 웨체스터 경찰은 타메를란의 사체가 매장되었으나 장소는 공개할 수 없다고 밝혔지만 결국 버지니아 도스웰의 무슬림 공원묘지인 Al－Barzakh Cemetery에 매장된 것으로 알려졌다. 도스웰 시민들과 모스크의 지도자들은 그의 비밀 장례에 대해 맹비난했다. 결국 공원묘지 운영주인 Martha Mullen of Richmond는 "타메를란의 폭력적인 행위는 용서할 수 없지만, 그것은 신과 그와의 일이며, 그를 땅으로 돌려보내는 것은 인간인 우리의 의무일 것"이라며 그의 매장허가를 시인했다. Greg Botelho and Paula Newton, "To locals' surprise, Tamerlan Tsarnaev buried in Virginia cemetery", CNN, 2013. 5. 11. http: //edition.cnn.com/2013/05/10/us/virginia－boston－suspect－burial/

35_WBUR News, Judge Releases List Of Tsarnaev Jurors, 2016. 1. 12. http: //www.wbur.org/news/2016/02/12/tsarnaev－jury－list/

36_New York Times, Transcript of the Boston Bombing Suspect's Bedside Hearing, 2013. 4. 22. http: //www.nytimes.com/

interactive/2013/04/22/us/tsarnaev — court — appearance.html?_r = 0/

37_New York Times, "Boy at Home in U.S., Swayed by One Who Wasn't", 2013. 4. 19. http: //www.nytimes.com/2013/04/20/ us/details — of — tsarnaev — brothers — boston — suspects — emerge. html?pagewanted = all/

38_DailyMail, "'I'm willing to die for Islam': Boston Marathon bomber's chilling texts to his mother reveal he was prepared to sacrifice his life for jihad", http: //www.dailymail.co.uk/news/article — 2314466/ Tamerlan — Tsarnaev — Boston — Marathon — bombers — texts — reveal — ready — sacrifice — life — jihad.html/

39_New York Times, Transcript of the Boston Bombing Suspect's Bedside Hearing, 2013. 4. 22. http: //www.nytimes.com/ interactive/2013/04/22/us/tsarnaev — court — appearance.html?_r = 0/

40_Boston Herald, "Tamerlan Tsarnaev got Mass. welfare benefits", 2013. 4. 24. http: //www.bostonherald.com/news_opinion/local_ coverage/2013/04/tamerlan_tsarnaev_got_mass_welfare_benefits/

41_Caryl. C., "'Misha' Speaks: An Interview with the Alleged Boston Bomber's 'Svengali'". 2013. 4. 29. http: //www.nybooks.com/ daily/2013/04/28/tamerlan — tsarnaev — misha — speaks/

42_WBUR News, "Judge Releases List Of Tsarnaev Jurors", 2016. 1. 12. http: //www.wbur.org/news/2016/02/12/tsarnaev — jury — list/

43_CNN. "Suspect: Boston payback for hits on Muslims". 2013. 5. 16. http: //edition.cnn.com/2013/05/16/us/boston — bombing — investigation/

44_조하르는 자신들이 또한 남은 폭탄 7개를 가지고 뉴욕타임스퀘어를 폭파시킬 계획으로 차량을 탈취했으나 차량연료가 부족하여 주유소에서 충전을 하는 동안 차량소유주가 도망친 것이며 이로 인해 계획을 실행할 수 없었다고 진술하였다. CBS News. "Boston bombings suspect Dzhokhar Tsarnaev left note in boat he hid in, sources say". 2013. 5. 16. http: // www.cbsnews.com/news/boston — bombings — suspect — dzhokhar — tsarnaev — left — note — in — boat — he — hid — in — sources — say/

45_United States Department of Justice. Tsarnaev Trial Exhibits, UNITED STATES v. DZHOKHAR A. TSARNAEV, Case Number: 13 — cr — 10200, https: //www.justice.gov/usao — ma/tsarnaev — trial — exhibits/

46_CNN. "What was Tamerlan Tsarnaev doing in Russia?".2013. 4. 22. http: //security.blogs.cnn.com/2013/04/22/what — was — tamerlan — tsarnaev — doing — in — russia/

47_Telegraph, "Boston bombs: the Canadian boxer and the terror recruiter who 'led Tsarnaev on path to jihad'". 2013. 4. 28. http:

//www.telegraph.co.uk/news/worldnews/europe/russia/tom－parfitt/10024185/Boston－bombs－the－Canadian－boxer－and－the－terror－recruiter－who－led－Tsarnaev－on－path－to－jihad.html/

48_Washington Post, "The obscure Russian jihadist whom Tamerlan Tsarnaev", 2013. 5. 6. https: //www.washingtonpost.com/news/worldviews/wp/2013/04/24/the－obscure－russian－jihadist－whom－tamerlan－tsarnaev－followed－online/

49_theguardin, "Boston Marathon bombing trial: Tsarnaev pleads not guilty to 30 charges". https: //www.theguardian.com/world/2013/jul/10/boston－marathon－explosions－dzhokhar－tsarnaev/; theguardin, "Dzhokhar Tsarnaev defence admits 'It was him' as Boston bombing trial begins". https: //www.theguardian.com/us－news/2015/mar/04/boston－marathon－bombing－trial－dzhokhar－tsarnaev－begins/

50_Lobato, D. "A tale of two brothers: How siblings influence behavior and health". *The Brown University Child and Adolescent Behavior Letter*, Vol.1 No.4, 2015. 1－7.

6장

섹스팅어 프로파일링

섹스팅의 유혹, 일탈

스마트폰 등 IT 기기의 발달로 누구나 인터넷 접속이 자유롭게 되면서 직접 찍은 각종 음란 사진, 성행위 동영상, 리벤지 포르노(Revenge porn), 몰카 등을 공유하는 등 이른바 섹스팅(Sexting)이 매우 심각하며, 이미 중독적 양상까지 나타나고 있다.

섹스팅(Sexting)이란 발신자와 수신자가 자신의 누드 또는 노출사진, 성적 행위 등을 묘사한 사진이나 영상 등을 스마트폰 등을 포함한 전자기기를 활용하여 인터넷사이트, 채팅, sns 등을 통하여 주고받는 행위를 말한다.[1]

국가에 따라서는 만약 섹스팅이 양 당사자의 동의를 전제로 하거나, 법적으로 용인된 범주를 벗어나지 않거나, 양 당사자만 접근 가능한 상태, 그리고 한 쪽 상대방이 미성년자가 아닌 경우 등은 단지 프라이버시 영역으로 간주되어 범죄로 규정되지 않는다. 그러나 그외의 경우 범죄로 규정되는 경향을 보이고 있다.[2]

그런데 섹스팅은 디지털 성범죄와 연결되는 통로가 될 수 있다. 동의 없이 상대의 신체를 촬영하거나 유포·유포협박·저장·전시하는 행위와 사이버 공간에서 타인의 성적 자율권과 인격권을 침해하는 행위를 모두 포괄한다. 현행 성폭력범죄의 처벌 등에 관한 특례법(성폭력처벌법), 아동·청소년의 성보호에 관한 법률(청소년성보호법), 정보통신망 이용촉진 및 정보보호 등에 관한 법률(정보통신망법) 등은 성적 목적을 위한 불법 촬영, 성적 촬영을 비동의 유포, 통신매체를 이용한 음란행위 등을 범죄로 규정하고 있다. 구체적으로는 다음과 같다.

① (불법 촬영) 치마 속, 뒷모습, 전신, 얼굴, 나체 등, 용변보는 행위, 성행위
② (비동의 유포, 재유포) 웹하드, 포르노 사이트, SNS 등에 업로드, 단톡방에 유포
③ (유통, 공유) 웹하드, 포르노 사이트, SNS 등의 사업자 및 이용자
④ (유포 협박) 가족, 지인에게 유포하겠다는 협박, 이별 후 재회를 요구하며 협박, 유포 협박으로 금전 요구 등
⑤ (사진합성) 피해자의 일상적 사진을 성적인 사진과 합성 후 유포(지인능욕)
⑥ (성적 괴롭힘) 사이버 공간 내에서 성적 내용을 포함한 명예훼손이나 모욕 등의 행위

섹스팅의 빈도가 높을수록 여러 섹스 파트너를 갖는 것 사이에 상당한 연관성이 있다는 연구결과가 있다. 또한 섹스팅 관련 문자나 사진 등을 주거나, 받거나, 요청한 사람들은 섹스 전 알코올과 약물 사용이 더 높은 것으로 나타났다.

청소년들 사이에서 섹스팅을 정상적 행위로 인식하며, 마구 성적 표현물을 다른 사람들에게 보내는 등의 행위는 성폭력과 성착취

를 정상적인 성문화로 인식할 가능성이 높은 것으로 나타났다. 또한 섹스팅은 학교폭력이나 따돌림, 학생상호간 성희롱에 대해 죄의식을 느끼지 못하는 데에 영향을 미치는 것으로 나타났다.

섹스팅 중독 진단 문항

문항	질문내용	척 도			
1	나는 섹스팅 시간을 줄이려 할 때마다 실패한다.	①	②	③	④
2	나는 섹스팅 시간을 조절 하는 것이 어렵다	①	②	③	④
3	나는 적절한 섹스팅 시간을 지키는 것이 어렵다.	①	②	③	④
4	나는 섹스팅으로 다른 일에 집중하기 어렵다.	①	②	③	④
5	나는 섹스팅 생각이 머리에서 떠나지 않는다.	①	②	③	④
6	나는 섹스팅을 하고 싶은 충동을 강하게 느낀다.	①	②	③	④
7	나는 섹스팅 때문에 건강에 문제가 생긴 적이 있다.	①	②	③	④
8	나는 섹스팅 때문에 가족 또는 이성친구(애인)과 심하게 다툰 적이 있다.	①	②	③	④
9	나는 섹스팅 때문에 친구 혹은 동료, 사회적 관계에서 심한 갈등을 경험한 적이 있다.	①	②	③	④
10	나는 섹스팅 때문에 업무(학업 혹은 직업 등) 수행에 어려움이 있다.	①	②	③	④

자료: Morelli, M., Bianchi, D., Baiocco, R., Pezzuti, L., & Chirumbolo, A. (2016). Sexting Behaviors and Cyber Pornography Addiction Among Adolescents: the Moderating Role of Alcohol Consumption. Sexuality Research and Social Policy, 1-9.

　　섹스팅의 심각성은 이미 2016년 4월에 회원 100만여 명을 둔 최대 음란사이트인 소라넷이 강제 폐쇄되는 과정에서도 증명되었지만, 2020년 조주빈 사건 등 최근에는 텀블러나 인스타그램, 카톡 등의 개인 sns를 통해서도 음란물이 배포되고 공유되는 것으로 알려졌다.

　　특히 조주빈은 2019년 7월 경 텔레그램 내에서 '박사방'을 생성하고 사진을 올린 다수의 여성으로부터 나체 사진을 전달받거나 불법으로 얻은 이들의 신상정보로 협박하여 가학적인 영상 등의 불법 촬영물을 제작하고 배포한 혐의와 함께 미성년자 강간, 유사강간, 강제추행 혐의를 받았다. 2021년 10월 14일 대법원은 42년 징역형을 확

정했다. 조씨와 함께 구속기소된 박사방 일당들도 이날 모두 실형을
선고받았다. 피해자들을 유인하는 광고를 게시하거나, 성착취물을 영
리목적으로 반복 유포하는 등 '범죄집단'을 구성하여 성 착취 범행을
벌인 공범들에겐 최소 7년에서 최대 13년의 징역형이 각각 선고됐다.

그런데 섹스팅은 일회성에 그치는 것이 아니라 행위의 은밀성,
반복성 그리고 IT의 발달로 다양하게 변형된 방식으로 이뤄진다.

섹스팅은 비록 상대방이 동의한 경우 또는 동의하지 않아 범죄
로 처벌받는 경우라 하더라도 일반적인 성적 행위라고 보기는 어려우
며, 그 자체로 일탈된 성적 행위라고 할 수 있다. 그런데 섹스팅이 갖는
충동 및 흥분, 그리고 모험성 등은 반복성과 중독성을 갖게 된다.[3]

중독이란 특정한 기호, 습관 또는 행동에 빠지거나 자신을 내맡
기는 상태로 정의되는데, 일정한 물질에 의존적인 물질중독과 특정행
위나 활동에 의존하는 행위중독으로 대별된다. 섹스팅은 행위적인 성
향이므로 행위중독에 해당한다고 할 수 있다.

섹스팅 중독은 사람들이 약물, 알콜, 또는 도박에 중독되는 것과
같이 섹스팅으로 인하여 심리적, 학업이나 직장, 대인관계 등에 있어
서 장애를 보이는 현상을 말한다.[4] 즉, 섹스팅 중독은 섹스팅을 중단
하기 어렵고, 점점 더 선정적, 자극적이며, 스릴이 있는 내용의 문자,
사진, 동영상 등을 주고 받거나 사이트에 게시하는 등의 행동으로 발
전하며, 나아가 이를 매개로 현실에서 일탈된 성적행위나 성범죄를
야기한다.

특히 청소년들은 사춘기 특유의 신체발달학적인 특징과 일상생
활 속에서 성적 호기심이나 취향을 드러낼 수 있고, IT에 능숙한 이
른바 IT세대로서 IT를 성적 활동의 한 방식으로 인식하는 측면도 있
다. 즉, IT를 통한 섹스팅에 노출될 자연스런 기회가 많아진다. 따라
서 섹스팅의 반복적인 특성 및 스마트폰 등을 이용한 실시간적인 인
터넷 접속 등으로 그 사용시간이 늘어나 결국 섹스팅 중독 현상을 보
일 가능성은 더욱 높아질 수 있다.

중독된 섹스팅어의 프로파일

자기통제력이 낮은 사람: 일탈된 섹스팅어의 가능성이 높다.

갓프레드슨과 허쉬(Gottfredson and Hirschi)는 일반이론(General Theory)을 통하여 자기통제력(Self Control)을 매우 중요한 범죄억제 요인으로 규정하였다. 그래스믹 외(Grasmick et al., 1993)는 자기통제력을 드러내는 지표로 즉흥성, 쾌락추구, 성급성, 모험, 스릴, 위험한 행동, 흥분, 무계획성 등을 제시하였다. 이를 바탕으로 청소년의 자기통제력과 비행과의 정적 상관성에 대한 연구는 상당한 진전을 이루었다.[5]

또한 자기통제력이 낮은 경우 충동적이어서 즉각적인 쾌락과 보상을 선호하고, 단순한 것에 매력을 느끼고, 위험한 행동에 흥미를 느끼며, 타인 보다 자신의 욕구에 민감하며, 쉽게 화를 내는 등의 특징을 보이며, 이러한 것들이 비행과 범죄에의 연루를 쉽게 한다는 연구들도 진행되었다.

자기통제력에 대한 이와 같은 연구들을 바탕으로 할 때 섹스팅은 성적 이미지 등을 온라인상에 노출하거나 불특정 다수와 주고받는 행위 등을 포함하는 것으로 자기통제력이 높을 경우 이와 같은 모험적이고 쾌락지향적이며, 위험한 행위를 자제할 수 있을 것이다. 그러나 자기통제력이 낮은 사람은 복잡한 것보다 매우 단순하게 생각하고 행동하는 경향이 높아 결국 성적욕구 충족을 위한 손쉬운 방법으로 섹스팅을 선택한다고 볼 수 있다.

섹스팅은 개인의 내재된 성적(Sexual) 성향을 드러내며 반복되다가 결국 중독적 양상으로 발전할 수 있다. 이때 자기통제력은 중요한 억제 요인으로 작용할 것이다. 자기통제력이 낮은 경우 섹스팅에 탐닉하여 섹스팅을 끊기 어렵게 되며, 더욱 자극적인 단계로 나아가게 된다.[6]

사이버 라이프, 노출기회가 많을수록 일탈된 섹스팅 가능성이 높다.

생활스타일노출이론(Lifestyle-Exposure Theory)은 일상적 활동이론 (Routine Activity Theory)과 함께 기회(Opportunity), 즉 생활스타일이 범죄와 피해가 일어나기위한 필수 조건이라고 가정한다. 기회는 방어능력이 없고, 매력적인 목표물이 존재하며, 동기가 있는 범죄자 등과 근접하게 만드는 위험한 상황과 개인의 생활스타일이 노출되는 경우 발생한다고 주장한다. 기회는 범죄와 피해의 원인을 설명하는 요인으로 검증되었다.

선행연구를 통하여 18~26세의 청년들이 범죄자가 되거나 피해를 당하는 생활스타일로 늦은 밤까지 자주 파티에 참석하는 경우, 습관적인 음주, 대마사용, 약물남용 등이 지적되었다.[7]

그런데 섹스팅이 인터넷, IT기기 등을 통하여 이루어진다는 점을 감안할 때 인터넷을 얼마나 오랫동안 접속하는 스타일인지, sns를 얼마나 활발하게 하는지는 섹스팅에 영향을 주는 기회요인으로 생각할 수 있다. 또한 섹스팅이 자극적이고 위험성을 즐기는 성적 성향이라는 점을 고려하면 이성적인 판단이 가능하거나 다른 즐거운 취미 생활을 하거나, 학업이나 일에 몰두하는 등의 생활스타일을 가진 사람은 섹스팅을 상대적으로 자제할 것이라고 생각해볼 수 있다.

자기통제력이 낮고 사이버 라이프가 길수록 일탈된 섹스팅어가 될 가능성이 높다.

쉐렉 외(Schreck et al.)는 개인의 범죄피해 취약성을 설명하는 개인 수준의 요인으로 낮은 자기통제력을 들고, 나아가 개인의 범죄피해 자화에는 개인이 처한 상황(기회)을 통합해야 한다고 주장했다(Schreck & Fisher 2004). 즉, 일반이론과 생활스타일노출이론을 통합하여 자기통제력은 범죄피해에 영향을 줄뿐만 아니라 위험한 생활방식과 일상적인 활동을 형성하는 요인이기도 하다는 것이다.[8]

자기통제력이 낮은 사람은 비슷한 사람들을 스스로 친구로 선택하고, 즉흥적인 스릴을 맛보게 하지만, 동시에 범죄자 또는 피해자가 될 가능성(기회)이 높은 활동에 참여하는 경향이 강하다. 그런데 낮은 자기통제력은 생활방식의 선택과 일상생활 보다 선행하는 내적 특성이므로 개인의 활동 종류에 따라 그 효과는 매개될 수 있다.

섹스팅어 프로파일링을 위한 귀납적 데이터

섹스팅의 가해자는 남성, 청소년이 더 많은 것으로 나타나며, 피해자는 젊은 여성이 가장 많은 것으로 나타났다.[9] 또한 섹스팅의 가해자는 섹스팅을 유머러스한 행동 또는 농담 등으로 인식하는 경향이 강한 것으로 나타났다. 그런데 어린 청소년들은 상호 외설적인 문자나 이미지를 주고 받는 행위에 노출되면서 자연스럽게 이러한 행위들을 로맨틱한 성관계를 형성하는 예비적인 과정이라고 인식하는 문제점이 지적된다.[10]

청소년의 성별, 사이버 포르노, 음주량 간의 관계를 조사한 결과 음주가 잦은 경우, 중독 정도가 더 심한 경우일수록 섹스팅이 더 심각한 것으로 나타났다. 이러한 현상은 남자 청소년이 여자 청소년 보다 강력하게 나타났다.[11]

한편 미국에서 2016년에 실시된 중고교 5,539명을 대상으로 진행된 섹스팅의 실태조사에서는 섹스팅의 수신 및 송신, 그리고 남녀 학생의 비중이 상세하게 파악되었다. 이에 따르면 전체 학생 중 섹스팅의 수신자는 18.7%, 발신자는 12.1%로 나타났고, 12세의 경우도 수신자가 5.5%, 발신자가 8.7%로 나타났다. 학년이 높아질수록 섹스팅의 수신 및 발신율이 높아지고 있으며, 남학생이 여학생 보다 수신 및 발신율이 높은 것으로 나타났다.

같은 조사가 2019년 미국 중고교 5,593명을 대상으로 진행되었다. 학생의 약 13%가 섹스트를 보냈다고 보고한 반면 18.5%는 섹스트를 받았다고 응답했다. 나이가 많은 학생과 남학생이 참여할 가능성이 더 높았다. 15 – 17세 중 18.3%가 섹스트를 보냈는데 12 – 14세의 10.3%와 비교된다.

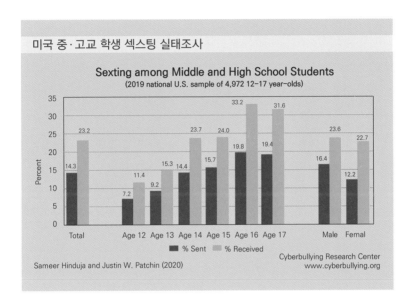

미국 중·고교 학생 섹스팅 실태조사

가장 큰 변화는 젊은이들이 섹스트를 공유하도록 요구받는 정도가 2016년 17.5%에서 2019년 23.8%로 증가한 것이다. 이는 중학생 및 고등학생 4명 중 1명이 누군가로부터 음란한 이미지를 보내달라는 요청을 받았다는 것을 의미한다.

또 다른 문제는 노골적인 이미지의 무단 공유가 증가한 것이다. 다른 사람과 이미지를 무단으로 공유했다고 말한 청소년의 비율은 2016년 4.2%에서 2019년 5.4%로 증가했다. 또한 무단으로 공유된 것을 알면서도 이를 다시 제3자에게 보낸 경우도 4.1%에서 5.1%로 증가했다. 이는 섹스팅이 낳는 극단적인 폐해이며, 피해자에게는 온오프라인의 일상생활이 곤란한 상황에 직면케 되는 불행을 야기할 수 있다.

미국 중·고교 학생 섹스팅 실태조사

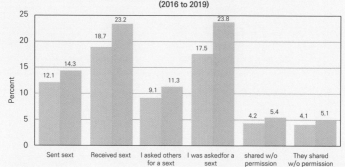

Sexting among Middle and High School Students
(2016 to 2019)

Sameer Hinduja and Justin W. Patchin (2020)

Cyberbullying Research Center
www.cyberbullying.org

자료: cyberbullying, https://cyberbullying.org/teen-sexting-research-2016-2019

미국과 영국의 2021년 상위 10개 섹스팅 통계

여성은 남성보다 섹스팅을 더 많이 한다. 섹스팅 수치가 널리 퍼진 밀레니얼 세대의 62%는 적어도 한 달에 한 번 섹스팅을 하는 반면 48%는 일주일에 한 번 이상 섹스팅을 한다. 10대들은 섹스팅에 대한 또래의 요구를 받는다. 성인의 52.3%가 마지 못해 섹스팅 행동에 참여했다. 소녀들은 소년들보다 약간 더 성적으로 암시적인 메시지를 보냈다. 18세에서 82세 사이의 성인 10명 중 8명은 적어도 한 번은 해본 적이 있다고 대답했다. 10대는 친구들 중 63%가 섹스팅을 한다고 생각한다. 미국 십대 4명 중 1명은 노골적인 성적 비디오, 사진 및 문자 메시지를 보낸다. 10대 12명 중 1명은 동의 없이 섹스팅 내용을 타인에게 전달한 것으로 나타났다. 기혼 부부와 동거 부부 보다 동거하지 않는 부부가 더 많이 섹스팅을 한다.

자료: Sanela Puac, 15 Exciting Sexting Statistics & Facts to Know in 2021, https://2date4love.com/sexting-statistics/

:::::: **영국: 18세 미만과의 섹스팅**

영국에서 성관계 동의 연령은 16세이다. 그러나 해당 콘텐츠가 해당 청소년의 동의를 받아 제작된 경우에도 18세 미만인 사람의 음란한 이미지를 제작, 배포, 소유 또는 보여주는 것은 범죄이다. 이 법은 1978년 아동 보호법 섹션 1(section 1 Protection of Children Act 1978)에 포함되어 있다.

성인의 노골적인 사진/이미지로 성인 간에 전송된 경우: 성범죄는 아니지만 원치 않는 사진/이미지일 경우 괴롭힘, 협박 등의 경우 범죄가 된다.

성인의 노골적인 이미지로 성인이 어린이에게 전송하는 경우: 범죄가 된다.

아동(18세 미만)의 노골적인 성적 이미지인 경우: 범죄가 된다.

또래(18세 미만)와 성적 이미지를 공유하는 아동(18세 미만)

다른 아동이 생성한 성적 이미지를 또래 또는 성인과 공유하는 아동(18세 미만)

아동(18세 미만)이 생성한 성적 이미지를 소지한 아동(18세 미만)

성적 이미지: 예를 들어 다음을 의미합니다.

알몸 사진, 소녀의 토플리스 사진, 성기 사진, 자위를 포함한 성행위, 속옷 사진 등

* 아동은 성적 이미지를 만들고 소유함으로써 범죄를 행한 것이다. 아동이 이미지를 다른 사람에게 보낸다면 아동은 이미지 배포에 대한 추가 범죄를, 이미지를 받은 사람도 이미지 소유 범죄에 대한 책임을 지게 된다. 이 경우 경찰에 신고해야 한다.

자료: childlaw advice, Sexting, https://childlawadvice.org.uk/information-pages/sexting/

참고문헌

1_Ostrager, B. (2010). SMS, OMG! LOL! TTYL: Translating the law to accommodate today's teens and the evolution from texting to sexting. Family Court Review, 48(4), 712－726.

2_박광선. (2016). 랜덤채팅의 음란정보 유통 실태 및 정책대안의 탐색. 경찰학연구, 16(4), 125－156.

3_Marcum, C. D., Higgins, G. E., & Ricketts, M. L. (2014). Sexting behaviors among adolescents in rural North Carolina: A theoretical examination of low self－control and deviant peer association. International Journal of Cyber Criminology, 8(2), 68.

4_한국정보화진흥원, 2016년 인터넷 과의존 실태조사 결과, 서울: 미래창조과학부, 2017.

5_Gottfredson, M. R., & Hirschi, T. (1990). A general theory of crime. Stanford University Press.;Reyns, B. W., Henson, B., & Fisher, B. S. (2014). Digital deviance: Low self－control and opportunity as explanations of sexting among college students. Sociological Spectrum, 34(3), 273－292.

6_김남선, & 이규은. (2012). 대학생의 자기통제력과 생활스트레스가 스마트폰 중독에 미치는 영향. 한국보건정보통계학회지 제, 37(2).

7_Thorlindsson, T., & Bernburg, J. G. (2006). Peer groups and substance use: Examining the direct and interactive effect of leisure activity. Adolescence, 41(162), 321.

8_Schreck, C. J., Wright, R. A., & Miller, J. M. (2002). A study of individual and situational antecedents of violent victimization. Justice Quarterly, 19(1), 159－180.

9_Mitchell, K. J., Finkelhor, D., Jones, L. M., & Wolak, J. (2012). Prevalence and characteristics of youth sexting: A national study. Pediatrics, 129(1), 13-20.

10_Lippman, J. R., & Campbell, S. W. (2014). Damned if you do, damned if you don't ⋯ if you're a girl: Relational and normative contexts of adolescent sexting in the United States. Journal of Children and Media, 8(4), 371-386.

11_Morelli, M., Bianchi, D., Baiocco, R., Pezzuti, L., & Chirumbolo, A. (2017). Sexting Behaviors and Cyber Pornography Addiction Among Adolescents: the Moderating Role of Alcohol Consumption. Sexuality Research and Social Policy, 14(2), 113－121.

7장

사이버범죄 프로파일링

사이버범죄 프로파일링을 위한 귀납적 데이터

사이버범죄(Cyber Crime)란 피해자의 명예에 의도적으로 해를 끼치거나 피해자에게 신체적 또는 정신적 피해를 직접 유발할 수 있는 범죄 동기를 가진 개인 또는 집단이 직접 또는 간접적으로 인터넷(대화방, 전자 메일, 게시판 및 그룹) 및 휴대폰(SMS/MMS)과 같은 전기통신네트워크를 사용하여 행하는 일체의 범죄를 말한다.

인터넷은 인류가 발명한 최고의 문명의 도구로 세계를 하나의 생활권으로 묶는 과학기술이라고 할 것이다. 인터넷을 활용한 사이버 세계는 인류의 생활을 오프라인에서 온라인으로 확장시켰고, 이는 다양한 긍정적인 측면에도 불구하고 사이버범죄 문제를 함께 노출하고 있다.

신원도용, 온라인사기, 프라이버시침해, 저작권침해, 금융도난 및 사이버 스토킹과 같은 수많은 악의적인 범죄들은 사이버 세상에서 벌어질 수 있는 범죄의 일부라고 할 수 있다. 인터넷의 특징을 고려할 때 앞으로도 더 다양한 범죄와 새로운 범죄들이 사이버상 등장할 것임을 누구나 예측할 수 있다.

　　주로 누가 사이버 범죄자가 되는 것인지에 대한 연구는 다양하게 진행되었다. 사이버 범죄자의 성향을 네 유형으로 분류할 수 있다.[1]

　　즉 첫째, 기술적인 전문성(technical know-how)을 어느 정도 갖춘 경우가 있다. 둘째, 사람의 심리적 구성에 내재하는 특성으로 범죄 행위를 취하기 쉬운 성격적인 특성(personal traits)을 가진 경우가 있다. 셋째, 사회적 규범이나 법적 수용성이 낮은 경우이다(social characteristics). 넷째, 사이버 범죄자가 되기 위한 동기가 충만한 경우이다(motivating factors).

　　사이버 범죄인의 프로파일링은 다음과 같이 정리할 수 있다.[2]

사이버범죄인 프로파일링

사이버범죄유형	주목할 특성	동기
풋내기 해커 (Novice Hacker)	· 13~18세 · 불법 컴퓨터 활동에 감탄	· 자랑거리 · 시스템침투시 스릴
사이버펑크 해커 (Cyber-Punk Hacker)	· 약간의 컴퓨터 숙달 · 교재없이의 초보코드 작성 가능 · 유명 기업 공격	· 언론관심
내부 공격자 (Internal Attacker)	· 화를 잘 내는 직원 · 37세 전후의 남성 · 고용기간 자신이 만든 작업성과를 훔치는 성향	· 사보타주 · 복수 · 상대회사 취업기회
좀도둑 (Petty Thief)	· 명성에 대한 관심이 적음 · 해킹으로 다른 범죄 활동을 계속하는 경우	· 금전적 이득
올드 가드 해커 (Old Guard Hacker)	· 잘 발달된 기술력 · 해킹 커뮤니티에 도움이 됨	· 컴퓨터 시스템에 대한 지속적인 호기심 · 지적 도전
바이러스 생성자 (Virus Writer)	· 전문적인 스크립트 및 코드 작성 가능 · 20대 후반의 개인	· 악의적인 의도
전문적 범죄 해커 (Professional Criminal Hacker)	· 관심/명성에 대한 관심이 거의 또는 전혀 없음 · 컴퓨터 기술의 상당한 수준 · 조직적인 범죄 집단에 속하는 경향이 있음	· 사이버 범죄 기업 증가 · 금전적 이득

피셔 (Phisher)	· 신원을 도용하여 금융정보 획득 목표 · 고도로 발달된 사회공학 기술 · 팀 구성 선호 · 노인 대상	· 금전적 이득
사이버스토커 (Cyberstalker)	· 이메일을 사용하여 스토킹 · Facebook 및 Twitter를 사용하 여 피해자를 위협	· 두려움 유발 · 구애 · 복수
성도착자 (SEIC Possessor)	· 고용상태 · 범죄경력 없음 · 최소한의 기술력 · 성도착 주제에 대한 관심	· 성적 충동

자료: Garcia, N. (2018). The use of criminal profiling in cybercrime investigations (Doctoral dissertation, Utica College).

사이버범의 프로파일

사이버범죄 피해는 2021년까지 매년 6조 달러에 달할 것이며, 사이버범죄에 대응하는 보안인력은 350만명에 달하며, 2020년까지 40억 정도의 인류가 인터넷을 사용하게 되며, 그만큼 더 사이버범죄에 노출된다고 예측되고 있다. 이미 글로벌 랜섬웨어의 공격으로 인한 손해는 2017년에 50억달러를 넘어섰고, 이는 2015년 3억 2,500만 달러에서 무려 15배나 증가한 것이다.[3]

정보통신망 침해범죄

구분		총계	해킹	서비스거부공격	악성프로그램	기 타
2017	발생	3,156	2,430	43	167	516
	검거	1,398	990	28	122	258
2018	발생	2,888	2,178	20	119	571
	검거	902	584	14	50	254
2019	발생	3,638	2,664	35	270	669
	검거	1,007	556	14	189	248

자료: 사이버경찰청, 사이버안전, https://www.police.go.kr/www/open/

정보통신망 침해범죄는 해킹, 서비스거부공격, 악성프로그램유포 등으로 구분되는데 가장 심각한 유형은 해킹으로 나타났다. 해킹은 고의로 타인의 정보나 데이터를 무단으로 침입해 훔치며, 공격하는 범죄이다. 나아가 타인의 컴퓨터 및 네트워크에 승인받지 않고 접속하고 필요한 자료를 훔쳐올 정도의 전문성을 가져야 함으로 우월감을 과시하려는 심리적 성향을 보일 수 있다.[4]

　서비스거부공격이나 악성프로그램유포 등은 개인과 기업, 은행, 학교, 공공기관, 정부의 중요시설물이나 부처 등의 전산망을 마비시키고, 혼란을 주며, 필요한 서비스를 행하지 못하도록 함으로써 피해를 끼치는 행위이다. 따라서 해킹 못지 않게 전문성을 필요로 하며, 자신의 존재감을 과시하기 위한 목적으로 악성프로그램을 유포하거나 디도스 공격 등을 행하는 등 파괴적이며 폭력적인 성향을 보인다. 나아가 이러한 행위들이 정치적 또는 종교적 신념으로 포장한 테러행위의 일부일 수 있으며, 경제적 이익을 위해 행해질 수도 있다.

∷∷∷ 러시아 정보부의 해킹

　미국과 영국 기관은 2021년 7월 2일, 러시아 정보부가 수백 개의 정부 기관, 에너지 회사 및 기타 조직의 클라우드 서비스에 침입하려고 시도한 사례들을 공개했다.

　미국 국가안보국(National Security Agency)은 해외 주요 사이버 공격과 2016년 및 2020년 미국 선거 방해 등은 러시아 군사 정보국인 GRU와 연결된 해커로 추정된다고 밝혔다. … 중략 …

　NSA는 GRU와 연결된 요원들이 최소한 2019년 중반부터 올해 초까지 클라우드 서비스를 관리하기 위해 원래 Google에서 개발한 오픈 소스 도구인 Kubernetes를 사용하여 네트워크에 침입하려고 시도했다고 밝혔다. NSA에 따르면 침입 시도의 "상당량"은 Microsoft Office 365 클라우드 서비스를 사용하는 조직을 대상으로 했지만 해커는 다른 클라우드 제공업체와 이메일 서버도 노렸다. … 중략 …

　NSA는 GRU 요원들이 코로나바이러스 대유행과 관련된 허위 정보 확산에도 관여했다고 주장했다. 또한 GRU는 2019년과 2020년에 미국 정치인을 감시하려고 시도했으며 우크라이나 에너지 회사 Burisma의 자회사에 대한 피싱을 시도했다. …중략 …

바이든 대통령은 이에 대해 푸틴 러시아 대통령에 강력하게 항의했고, 제재를 가하였다.

자료: AP, NSA discloses hacking methods it says are used by Russia, 2021년 7월 2일자 보도
https://apnews.com/article/
VOA NEWS, Putin Characterizes Summit with Biden as 'Constructive', 2021년 6월 16일자 보도
https://www.voanews.com/

⠿⠿ 조직의 운영자체를 마비‥더 많은 몸값 요구… 랜섬웨어

… 중략 … 14일 관련업계에 따르면 지난 5월 미국 남동부 지역 송유관 콜로니얼 파이프라인의 가동이 6일간 중단됐다. 해킹 집단 '다크사이드'가 주도한 랜섬웨어 해킹 공격 때문이다. 가동 중단으로 해당 지역에선 휘발유 부족으로 비상사태가 선포됐다. 콜로니얼 파이프라인은 랜섬웨어 공격자들에게 약 500만달러(약 57억원)를 몸값으로 지급했다.

랜섬웨어는 몸값이라는 뜻의 '랜섬(ransom)'과 '악성코드(malware)'의 합성어로 기업의 시스템이나 중요 데이터를 암호화하고, 이를 빌미로 몸값을 요구하는 해킹 수법이다.

랜섬웨어 제작·유포 범행 개요

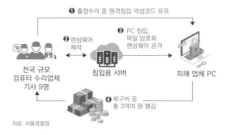

자료: 서울경찰청

국내 기업들의 랜섬웨어 피해도 늘고 있다. 이랜드는 지난해 랜섬웨어 공격으로 일부 매장이 휴점을 했고, 최근 한 배달 대행업체 점포 영업이 마비되는 피해가 발생했다. 코로나19 확산으로 재택근무·원격회의 등 비대면 활동이 늘면서 협업 솔루션에 대한 공격도 증가했다. … 중략 …

랜섬웨어 공격 수법도 치밀해졌다. 해커들은 주요 파일을 암호화후 피해자에게 복구 비용만 요구하는게 아니라 기업의 운영 자체를 마비시키거나, 사전에 훔친 기업 정보로 더 많은 몸값을 요구한다. 해커들은 피해 기업이 자신들이 원하는 몸값을 지불하지 않을 땐 훔친 데이터를 공개해 다수가 볼 수 있게 한다. 데이터가 '인질'인 셈이다.

공격 대상도 무작위가 아닌 감염시킬 대상을 물색한 뒤 해당 기업에 피해를 입혀 몸값을 요구하는 '표적형'으로 진화했다. 특히 표적형 공격의 배후는 해킹 그룹들의 거대 카르텔이 군림하고 있으며 이들은 다크웹에 몸을 숨기고 각종 사회적 이슈와 익명성이 보장되는 비트코인 거래 체계 속에서 지속적으로 범죄를 저지르고 있는 것으로 나타났다. 심지어 해킹에 대한 전문지식이 없어도 비용만 지급하면 랜섬웨어 공격이 가능한 랜섬웨어 공격 서비스(Ransomware as a Service)까지 등장했다.

자료: 파이낸셜뉴스, '데이터 인질극' 랜섬웨어 '기승' …표적형 공격 등 진화, 2021년 6월 4일자 보도
연합뉴스, "수리하러 왔습니다" 고객 안 볼 때 랜섬웨어 심어, 2021년 6월 16일자 보도

정보통신망 이용범죄 유형벌 현황

구분 (단위:건)		총계	인터넷사기	사이버 금융범죄	개인위치 정보침해	사이버 저작권침해	기타
2017	발생	107,271	92,636	6,066	413	6,667	1,489
	검거	88,779	80,740	2,632	298	4,134	975
2018	발생	123,677	112,000	5,621	246	3,856	1,954
	검거	93,926	87,714	2,353	142	2,467	1,250
2019	발생	151,916	136,074	10,542	179	2,562	2,559
	검거	112,398	105,651	3,387	78	1,772	1,510

자료: 사이버경찰청, 사이버안전, https://www.police.go.kr/www/open/

정보통신망 이용범죄의 유형에는 인터넷 사기, 사이버금융범죄, 개인위치 정보침해, 사이버 저작권침해, 스팸메일 등이 포함된다. 대부분 평범한 사람들의 일상생활의 안전을 침해하는 유형의 사이버범

죄로서 개인의 평온을 해치고, 구성원 간 신뢰를 해치는 특성이 있다. 이 유형의 사이버 범죄자들은 상대방의 컴퓨터 혹은 사이버 상의 정보나 지식이 둔감한 것을 이용하여 사기나 개인정보를 수집하거나 도용하는 등으로 이익을 챙기는 수법으로 사이버 범죄 중 가장 많은 범죄자와 피해자가 발생한다.

이러한 유형의 범죄자는 이러한 유형의 범행 자체를 직업적으로, 기업적으로 행하는 경우가 많고, 행위 자체가 반복적이며, 상대방의 약점을 교묘하게 조종하여 범죄를 지속하는 경향이 높다.[5]

불법콘텐츠범죄

구분		총계	사이버 음란물	사이버도박	사이버 명예훼손 · 모욕	사이버 스토킹	기타
2017	발생	21,307	2,646	5,130	13,348	59	124
	검거	17,312	2,329	5,080	9,756	52	95
2018	발생	23,039	3,833	3,012	15,926	60	208
	검거	17,305	3,282	2,947	10,889	50	137
2019	발생	24,945	2,690	5,346	16,633	25	251
	검거	19,154	2,164	5,162	11,632	20	176

자료: 사이버경찰청, 사이버안전, https://www.police.go.kr/www/open/

불법 콘텐츠 범죄에는 사이버 음란물 배포, 반포, 이용행위나 사이버도박행위, 사이버모욕이나 명예훼손, 사이버스토킹 등 주로 사이버 상의 불건전한 행위로 온오프라인 상의 개인 또는 기업 등에게 정신적 혹은 경제적 피해를 주는 행위들이다. 불법 콘텐츠 범죄와 관련된 사이버 범죄자들은 다른 사이버 범죄자들 보다는 해당 행위의 가해자이자 피해자적인 이중적인 입장에 있는 경우도 상당하다. 또한 피해자들과 가해자는 지인이거나 가까운 인간관계에 있는 경우도 있으며, 전혀 모르는 타인 혹은 연예인이나 정치인 등 대중적인 인물일 수 있다.[6]

이 유형의 사이버 범죄인들은 상대적인 열등감이나 피해의식, 패배주의적인 사고를 보이는 경우가 많고, 사이버스토킹이나 모욕행

위 등을 통하여 상대방을 공격함으로써 희열감을 충족시키는 등의
병리적인 양상을 보이기도 한다.

참고문헌

1_Gadelrab, M. S., & Ghorbani, A. A. (2016). Cyber Criminal Profiling. In Handbook of Research on Civil Society and National Security in the Era of Cyber Warfare (49−67). IGI Global.;Alazab, M. (2015). Profiling and classifying the behavior of malicious codes. Journal of Systems and Software, 100, 91−102.;Sundaresan, S., McCoy, D., Afroz, S., & Paxson, V. (2016, June). Profiling underground merchants based on network behavior. In Electronic Crime Research (eCrime), 2016 APWG Symposium on (1−9). IEEE.

2_Garcia, N. (2018). The use of criminal profiling in cybercrime investigations (Doctoral dissertation, Utica College).

3_European Commission, EU cybersecurity initiatives − European Commission, http://ec.europa.eu/information_society/newsroom/image/document/2017−3/factsheet_cybersecurity_update_january_2017_41543.pdf/

4_Warikoo, A. (2014). Proposed methodology for cyber criminal profiling. Information Security Journal: A Global Perspective, 23(4−6), 172−178.

5_Jahankhani, H., & Al−Nemrat, A. (2012). Examination of cyber−criminal behaviour. International Journal of Information Science and Management (IJISM), 41−48.

6_Stevens, F., Nurse, J. R., & Arief, B. (2021). Cyber stalking, cyber harassment, and adult mental health: A systematic review. Cyberpsychology, Behavior, and Social Networking, 24(6), 367−376.

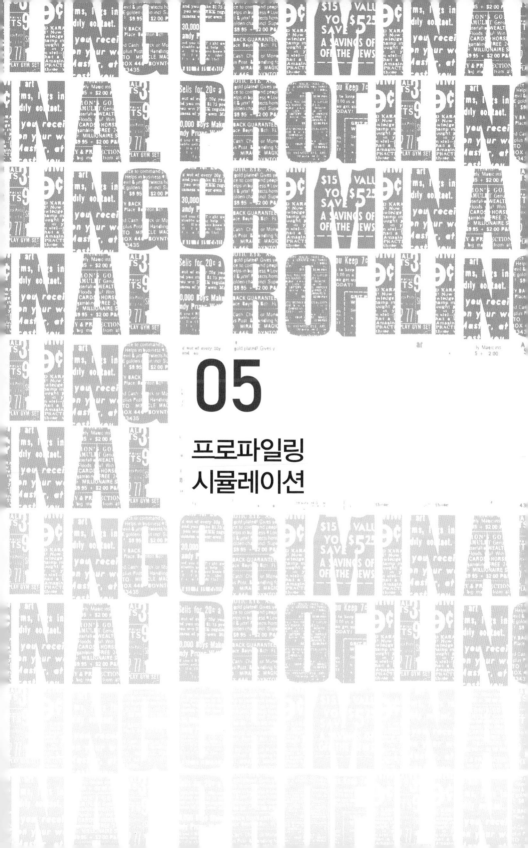

05

프로파일링
시뮬레이션

CRIMINAL
PROFILING

1장

Law & Order:
Special Victims Unit

Seasons 4, Episode 1

선정대상

프로파일링 대상으로선정한 사건은 <성범죄수사대: SVU>의 시즌 4, 제1화이다.[1] 선정동기는 성범죄수사대의 대부분은 성범죄를 당한 이는 피해자, 성범죄를 한 이는 가해자로써 수사가 끝이 난다. 그런데 시즌 4의 1화는 성범죄 피해자가 연쇄살인을 하는데, 단순히 성범죄에 대한 복수심으로 범죄를 저지르는 것이 아니고, 강간을 유도하고 그에 대해 자기방어인

자료: http://www.showbiz411.com/2017/04/19/tv-exclusive-law-order-svu-battling-diminished-ratings-showrunner-may-be-departing

듯이 연출하여 연쇄살인을 저지른다는 점에서 프로파일링 시뮬레이션의 동기가 되었다.

이 여성에 대한 정신의학자의 진단은 상대의 약점과 성격을 읽어낸 다음 거기에 맞춰 행동하는 것으로 반사회적 성향으로 상대방을 휘두르고자 했고, 남성들이 강간을 하도록 일부러 유도한 것으로 설명되었다. 또한 범인은 강간의 피해자라는 점을 돋보이게 하기 위해 일부러 거친 남자들만 노렸고, 살해한 피해자들의 신용카드를 가져가서 장을 보고, 손톱 관리를 받고, 아이의 장난감을 사는 평범하기 그지 없는 생활을 계속했다.

연쇄강간범 혹은 연쇄살인범이 대부분 남자이지만, 이 사건의 경우 여성이 최종적으로 범인으로 밝혀졌으며, 신분 변장 등이 매우 특이한 점도 이 사건을 프로파일링 대상으로 삼은 이유이다.

프로파일링 방법

사용한 방법은 연역적 프로파일링 방식인 행동증거 프로파일링 방법을 사용했다. 이 방법은 브랜트 터비가 고안한 연역적 프로파일링의 일종으로 사건을 둘러싼 모든 물리적 증거와 범죄 현장의 특징과 범죄자의 행동의 관련성을 종합하여, 범과학적인 방법으로 평가하고 연역적으로 추론하여 범죄자의 특징을 밝히는 것이다.

프로파일링 자료

- 법과학 – 법의유전학(체모분석, DNA분석)
- 법의정신의학 자료(범죄자의 정신건강 상태, 범행 동기 등 연결하여 실증 연구하는 정신의학–잠재적 범행동기와 범죄행동을 분석함으로써, 증거를 해석하고, 범죄자를 추정하는 데 도움을 준다)
- 범죄분석프로그램(Crime Analysis Program)

드라마의 내용상 용의자가 한명 밖에 나오지 않고 그 한명이 범인인지 알아내기 위해 발생한 살인 사건들의 특징을 통해 범죄자의 특징, 피해자들의 공통된 특징을 파악하고 사건 현장에서 발견된 법의유전학적 증거의 감식 결과들을 종합하여 범죄를 증명해 보기로 한다.

사건의 기본정보

경찰은 성매매 여성 살인사건의 범인 숀 베커라는 남성을 추적한다. 그의 위치를 찾아내 출동을 했지만 여성을 강간하려다 여성이 쏜 총에 맞아 사망한다.

그녀를 병원으로 호송하고, 병원에서 데브라(여성이 진술한 이름)에게 진술을 듣는데, "자신은 직업적 성판매자이니, 돈 얘기부터 하자고 말하자 폭행후, 침대에 던져 강간했다. 이어 총을 꺼내 쏘려했고, 몸싸움을 하다가 떨어진 총을 주워 방아쇠를 세 번 당겼다"고 말한다.

피해자 숀 베커가 맞은 총을 감식한 결과 격침흔적과 산탄에 난 총미의 흠집이 6개월 전 미제 살인사건(레너드 그레이브스)에 사용된 총과 동일한 것이 밝혀진다. 하지만 6개월 전 당시 숀 베커는 아티카 교도소에서 복역 중이었기 때문에 총의 소유자가 아닐 수도 있다는 정황이 포착된다. 그래서 병원에 있는 데브라를 더 신문하려 했으나 이미 병원을 떠난 뒤였고, 기재한 주소, 이름이 허위였다는 것이 들어난다. 사라진 여성을 찾기 위해 그레이브스 사건부터 차근차근 파헤치기 시작한다.

병원에서의 통화기록를 추적해 블루버드 어린이집을 탐문한다. 어린이집 주인인 커버 부인은 데브라를 매기라고 불렀으며, 그녀가 식당에서 일하는 것으로 알고 있었다.

커버 부인은 "매기가 병원에서 전화가 왔을 때 조이를 일찍 데려간다며 새벽5시에 와서 돈을 주고 데려갔고, 잠깐 동안 여행을 간다고 했다."고 진술한다.

경찰은 매기의 신상조회를 한다. 매기의 진짜 이름은 마가렛 피터슨이며, 주소가 있었지만 집은 비어있었다. 여성의 수상한 행적에 형사들은 매기를 살인범으로 의심하기 시작했고, 범죄분석프로그램을 이용해 성매매주변지역에서 발생한 살인사건 중 신용카드가 분실된 사건을 검색한다.

총 4건의 미제 살인사건을 더 찾아내고, 이에 대해 수사를 시작하는데, 얼마나 지나지 않아 다른 사건이 일어났다. 피해자는 빈센트 버트램으로 칼에 찔려 사망한 상태에서 발견되었으며, 역시 신용카드가 분실된 것으로 나타났다. 형사들은 이 또한 피터슨의 행위일 수 있다는 추론을 했고, 카드의 사용내역을 추적해, 호텔에서 400달러를 결제한 내역을 찾아내 마가렛 피터슨을 체포한다. 이후 정황증거와 물적 증거(DNA, 체모 발견)를 조합하여 마가렛 피터슨의 범죄를 밝혀낸다.

살인 피해자 분석

	인물	증거	장소	살해 수법	범죄경력
숀 베커	거칠어 보이는 남성, 미혼 6번째 피해자	카드 도난 당함	당해 경찰관할 성매매 집중지역	총(3발)	폭행과 강간 미수로 복역하다 사건 발생 3주전 가석방
레너드 그레이브스	거칠어 보이는 남성, 미혼	카드 도난 당함	당해 경찰관할 성매매 집중지역	총	불법 총기소지-매매 죄로 체포된 경력
마이크 오코넬	거칠어 보이는 남성	카드 도난 당함	당해 경찰관할 성매매 집중지역	목이 잘림	4년 전 잡상인으로 활동하다 체포된 경력
빈센트 버트램	거칠어 보이는 남성, 마지막 피해자	카드 도난 당함	당해 경찰관할 성매매 집중지역	칼(발견당시 바지가 내려간 상태에서 6군데 찔려 사망)	없음
존 도나토브	거칠어 보이는 남성	카드 도난 당함	뉴저지의 성매매 집중지역	몽둥이	없음
브래드 호튼	거칠어 보이는 남성	카드 도난 당함	뉴저지의 성매매 집중지역	칼	없음
필립 말라코우스키	거칠어 보이는 남성	카드 도난 당함	맨해튼의 성매매 집중지역	몽둥이	없음

범죄 현장/사건 정황 분석
사건들의 공통점

1 신용카드가 도난당했다.

2. 성매매 집중지역에서 발생했다.

추론: 돈을 노린 살인으로 추정되며, 범인은 성매매와 관련된 인
물이다.

전형적인 연쇄살인과 차이

연쇄살인범은 동일한 수법을 사용하는데 비해 살해 수법이 다양
하다.

추론: 여러 번의 연쇄적인 범죄를 저지르는 과정에서 수사에 혼
선을 주기 위한 조직적인 행위일 수 있다.

그레이브스 사건에서 얻은 추론

1. 그레이브스 사망 한 달 후 미혼임에도 불구하고 금발의 여성
이 아내라며 카드를 사용했다.

2. 카드사용 내역은 장보기 40달러, 손톱관리 15달러, 백화점 화
장품코너 포터호텔에서 150달러, 장난감가게 400달러

추론: 용의자는 아이를 키우는 금발의 여성으로 추정된다.

용의자 마가렛 피터슨 분석

인적사항: 매기, 데브라 라는 가명을 썼고, 직업은 성매매이다.
자녀는 조이라는 아들을 두고 있다.

외관적 특징: 금발의 날씬한 여성

추론: 매기가 아이를 가진 금발의 여성으로 그레이브스 사건의
용의자와 인적사항이나 외관적 특징이 일치함으로 용의선
상에 올릴 수 있다.

정황증거

총기: 마가렛 피터슨(데브라)은 숀 베커의 총이라고 진술했으나 숀 베커가 복역 중 이던 때에 미제 살인사건(그레이브스)에 사용되었던 총으로 밝혀진다.

추론: 수사에 혼선을 주기 위한 거짓 진술을 했다고 볼 수 있다.

거짓된 신원정보: 처음 병원에서의 진술 당시 이름, 주소, 사회보장번호 모두 거짓으로 기재한다.

추론: 성매매 직업여성들이 신분을 속이려 하는 행동일수도 있지만, 의도적으로 거짓 진술을 한 경우로도 볼 수 있다.

법의정신의학적 증거

1. 조사요원에 따라 다른 성격을 드러내며 남성 조사관을 성적으로 유혹하지만, 정신병의학자 앞에서는 부모님에 대한 이야기를 사실과 다르게 지어내어 동정심을 유발하는 행위를 한다.

2. 자신의 행위가 나쁜 것인지 알면서도 죄책감을 느끼지 않음.

3. 상대를 자신이 원하는 방향으로 휘두르려는 성향을 보인다.

추론: 상대의 약점과 성격을 읽어낸 후 거기에 맞춰서 행동을 하는 일종의 반사회적 성향의 특징을 가지고 있다. 또한 정신병학자 조지의 소견에 따르면 강간의 상황을 유도했을 가능성도 있다고 한다.

법의유전학적 증거

1. 미제 사건 중 필립 말라코우스키, 빈센트 버트램 살해 현장에서 마가렛 피터슨의 DNA가 발견되었다.

2. 다른 사체 에서도 마가렛 피터슨의 체모가 발견되었다.

추론: 미제 사건에서의 샘플들과 마가렛 피터슨의 DNA가 발견되었다. 마가렛 피터슨은 그 현장에 있었다.

용의자의 행동특징

미제사건들과 숀 베커와 7번째 피해자 빈센트 버트램의 사체에서 마가렛 피터슨의 DNA가 발견되었다. 그녀가 살해 현장에 있었다고 보여지며, 신용카드의 사용내역이나 가게 주인들의 진술에 따르면 마가렛 피터슨의 인상착의와 아이를 가졌다는 점이 일치한다. 그렇다면 마가렛 피터슨을 범인이라고 지목할 수 있다.

그러나 마가렛 피터슨은 강간을 당했거나 당하기 직전의 상황에서 그들을 죽였다고 주장하고 있다. 그렇다면 연쇄살인이 아니라 거친 남성들에 의해 강간당하는 상황에서 방어기제로 살해를 한 것이 아닐까? 라는 의문이 있다.

또한 매기의 행동이 강간 증후군의 결과일 수도 있다. 남성들의 폭행이 공포와 분노 무력감을 연상시켜 공격했을 수도 있다는 추론할 수 있다. 그러나 신용카드를 훔친 후 쇼핑을 즐긴다는 것은 강간에 의한 방어기제로써 사람을 죽인 사람치고는 이해할 수 없는 행동이며, 위의 정신병학적 자료, 피해자들의 특징에 근거해서 보면 도덕적 정당성을 확보하기 위해 일부러 거친 남성을 표적으로 삼아 강간을 유도하고, 살해를 했던 것으로 추리해 볼 수도 있다.

드라마의 범인과 프로파일링의 최종 결론

피해자들은 공통적으로 신용카드를 도난당했으며, 성매매 집결지에서 목숨을 잃었다. 이를 통해 범행의 동기는 돈이라고 보여지며, 성매매와 관련된 일을 하는 사람이 범인일 것이다. 피해자 그레이브스의 신용카드 사용내역 조사와 탐문을 통해 범인은 아이를 가진 금발의 여성으로 좁혀졌다.

이 때 경찰에게 처음 피해자로 진술을 할 때 거짓 진술을 한 마가렛 피터슨의 인상착의와 인적정보들이 범인과 일치한다. 따라서 마가렛 피터슨을 피의자로 보고 수사를 시작한다.

그 후 그레이브스, 숀 베커의 사건처럼 성매매 집결지에서 살해당했으며 신용카드가 사라진 미제사건들에서 발견된(당시 비교할 샘플이 없어서 범인을 밝히지 못한 사건들) 법의 혈청학적 자료들을 감식한 결과 마가렛 피터슨의 DNA와 일치하는 것을 알 수 있었다. 이를 통해 총 7건의 사건(그레이브스, 숀 베커 포함) 현장에 마가렛 피터슨이 있었음을 밝혀냈다.

그리고 마가렛 피터슨의 반사회적 성향을 토대로 강간을 당할 상황에서 남성들을 죽인 것이 방어적 기제가 아닌 피터슨의 유도작전이었을 수도 있다는 추론에 도달할 수 있다. 처벌의 회피, 살인의 정당성을 갖기 위해 일부러 거친 남성을 골라 강간을 유도한 상황에서 남성들을 살해한 것으로 결론지을 수 있다.

따라서 모든 상황을 종합해 용의자인 마가렛 피터슨을 연쇄살인 사건의 범인이라고 지목할 수 있다.

2장

Criminal Minds

Seasons 4, Episode 9

선정대상

프로파일링 대상으로 선정한 사건은 미국의 범죄 드라마 <크리
미널 마인드: Criminal Minds>의 시즌 4, 제9화이다.

선정동기는 범인의 잔인한 살해 방식과 범행 대상이 성매매여성
에서 일반 여성으로 바뀌었다는
점, 모든 범죄 현장으로부터 청
소 도구가 동일하게 발견되는 독
특한 행동 패턴에서 프로파일링
시뮬레이션의 동기가 되었다.

특히 독특한 범인의 행동
혹은 과거의 트라우마와 관련된
단서, 성매매 여성들을 대상으
로 했던 초기의 범죄가 1년의 냉

자료: http://viterbivoices.usc.edu/desiree/take-a-
break-de-stress-and-explore-3/criminal-minds-
season-12-2/\

각기를 거치면서 왜 일반 여성들로 범행 대상을 바꾸게 된 것이며 피해자 특징의 변화가 과연 범인에게 의미가 있는 행동인지, 네 번째 피해자는 왜 추락사로 사망하였으며 범인의 범죄 수법에 변화가 생긴 것이라 가정할 수 있는 것인지 등 범죄가 계속될수록 조금씩 달라지는 특징들의 이유를 추론해보고자 하였다.

프로파일링 방법

사용한 방법은 연역적 프로파일링 방식이다. 연역적 프로파일링 방법의 주요 특징인 범죄 현장에 남겨진 물적 증거와 범인의 행동적 증거, 피해자의 특징 등을 이용하여 범인상을 그려보기로 한다.[2]

사건의 기본정보

미국 조지아(Georgia) 주, 애틀란타(Atlanta) 지역에서 한 여성이 자택에서 살해된 채 발견된다. 복부 아래와 목에는 칼에 그인 흔적이 있었고 시신의 옆에는 표백제, 암모니아, 쓰레기봉투가 삼각형으로 배치되어 놓여있었다. 살해된 피해자의 신원은 25세의 바네사 홀든이었다. 금요일 밤, 동생과 함께 클럽을 찾은 그녀는 그곳에서 만난 사람에게 호감을 느꼈고, 새벽에 클럽에서 나와 그와 단 둘이서 자신의 자택으로 돌아간 이후 봉변을 당했다. 수사팀은 1년 전 성매매 여성들이 모텔에서 바네사와 동일한 수법으로 살해된 사건 기록을 발견하게 되고 이 세 개의 사건을 동일범으로 연관 지어 수사에 착수한다.

그러나 바네사 사건 일주일 뒤, '벡키 윌리엄스'라는 이름의 또 한 명의 피해자가 발생한다. 범행 현장에서는 역시나 청소 용구들이 발견되었지만 이전과는 달리 패턴 없이 무분별하게 놓여있었다. 피해자의 사인도 칼에 의한 외상이 아닌 추락사였다. 수사팀은 변화된 범인의 행동에 초점을 맞추며 수사에 가속을 붙인다.

피해 시체 및 현장분석을 통한 추론

세 번째 피해자이자 수사의 시발점인 바네사 홀든의 시신은 자택에서 발견되었다. 사망 장소로 추측하건대, 강도에 의한 살인이 아닐까 의심 됐지만 피해자에게서 반항의 흔적이 발견되지 않아 피해자가 이미 알고 있거나 호감을 가지고 있던 면식범의 소행으로 보인다. 시신의 옷차림새는 정돈되어 있으며 성폭행의 흔적이 발견되지 않은 것으로 미루어 보아, 범인이 성적 쾌락 추구의 목적으로 살인을 저지른 것은 아닐 수 있다는 추측을 하게 된다.

시신에서는 목과 아랫배 부분에 칼로 그인 외상이 발견되었다. 사인은 두 번째로 그인 목에 의한 출혈로 보인다. 범인은 피해자를 바로 죽이지 않고 처음에 복부에 상처를 줘 피해자가 피를 흘리며 괴로워하는 것을 지켜보다 목을 그어 살해한 것으로 보인다. 이러한 잔인한 살해 수법을 미루어 보아 범인은 가학적 성향을 지녔으며, 살인이라는 행위 자체에서 쾌락적 만족감을 느끼는 싸이코패스 기질을 가진 사람일 수도 있다는 가능성을 열어 두었다.

현장증거분석을 통한 추론

왼쪽 방향의 두 시신은 1년 전 각각 모텔에서 살해된 성매매 여성들이다. 두 피해자들의 복부 쪽에 고인 피들로 추측하건대 역시 바네사처럼 복부 아래 부분이 칼로 그인 것으로 보인다. 또한 세 범죄 현장에서 공통되는 독특한 특징을 발견할 수 있다. 바로 피해자들의 옆에 놓인 표백제, 암모니아, 쓰레기봉투이다. 세 물품들은 삼각형의 형태로 배치되어 있으며 범인이 범행 당시 가져다 놓은 것으로 추정된다. 이러한 행동 증거를 분석했을 때, 1년 전 두 살인 사건과 바네사의 사건이 동일범에 의한 소행이라고 추론해 볼 수 있다.

물적 증거를 통한 추론

모든 범죄 현장에서 청소 용품들이 일정한 패턴을 가진 채로 놓여 있는 것을 보며 범인은 강박증을 앓고 있는 사람이 아닐까 하는 생각이 들었다. 혹은 '청결'과 '청소'라는 행위에 강한 트라우마나 집착을 가지고 있는 사람일 수도 있고, 단순히 경찰의 수사망을 피하기 위해 범죄현장을 청소하기 위해 가져왔을 수도 있었다. 한편으로는 이 도구들이 피해자들의 곁에서 발견된 것으로 보아 범인은 범행 대상들을 '청소해야 할 것', '불결한 것', '더러운 것'으로 인식하여 그들에 대한 일종의 혐오감을 표시한 것이라는 추측도 들었다. 범죄 현장에서 동일하게 발견되는 칼질과 청소라는 행동 증거는 범인의 대표적인 욕망 표출구로 보인다.

피해 시체의 상태를 통한 범인의 심리 추론

시신들의 자세가 모두 공통적으로 엎드린 자세를 취하고 있으며 무릎도 살짝 굽혀진 상태이다. 마치 몸이 앞으로 굽어져 쓰러진 것처럼 보여 사망 전 피해자들은 범인의 앞에 무릎을 꿇은 자세를 하고 있었으리라 추측됐다. 피해자들의 무릎을 꿇게 하는 행위는 범인의 정복욕과 우월감을 고취시키는 수단이라고 생각된다. 범인은 사람을 아래에 둠으로써 지배하고 통제하는 행위에 만족감과 희열감을 느끼는 사람일 것이며, 범행에서 피해자들에게 이런 행위를 요구한 것은 한편으로 그가 현실에서는 반대로 억압되는 지위에 있거나 내성적인 성격을 가졌으며 이에 대한 내적 분노가 상당히 쌓여 있을 수 있다는 추측을 갖게 한다.

범죄패턴의 변화와 추론

네 번째 피해자의 사인은 앞선 다른 피해자들과 다르게 칼이 아닌 추락사이다. 범죄 현장에는 여전히 세 개의 청소 도구들이 발견됐지만 이전과는 다르게 일정한 패턴 없이 어질러져 있었다. 이를 통해 범행에 어떤 요인이 발생한 것일 수도 있다. 예컨대 네 번째 피해자는 다른 피해자들과 달리 범인에게 거세게 저항하는 행동 등을 보였을지 모른다. 지배와 통제, 상대의 무력감에 희열을 느끼는 범인에게 이런 반항은 오히려 분노와 가학성을 더욱 자극했을 것이다. 범인과 피해자 사이에 다툼이 있었을 것이고 범인이 충동적으로 피해자를 난간 밖으로 밀어 사망케 한 것일 수도 있었다. 예상치 못한 결과에 범인도 당황하였을 것이고 범죄현장을 미처 정리하기도 전에 다급히 그 곳을 빠져 나왔을지 모른다.

피해자 변화성

처음 범인의 범행 대상은 성매매 여성이었다. 모텔은 상대적으로 폐쇄성을 띄는 장소이다. 아마 범인은 남에게 과시하기를 좋아하거나 호전적인 성격의 소유자는 아닐 것이며 그 행동 증거로 금전을 이용해 상대적으로 자신이 우위적인 지위를 인정받을 수 있는 성매매 여성을 범행 대상으로 삼은 것이라 생각했다. 그러나 냉각기가 지난 뒤 범인의 범행 대상은 일반 여성으로 범행 장소는 피해자의 자택으로 바뀌었다. 범인의 심리적 지위와 범죄 수준이 훨씬 더 높아진 것으로 보인다. 냉각기 동안 범인의 심리적 변화를 초래할 만한 어떤 사건이 일어났으며, 이것이 범죄 대상의 변화로 이어진 것이 아닐까 하는 생각이 들었다. 하지만 현장에서는 범인의 심리적 지위의 변화를 나타낼 만한 증거를 찾아볼 수 없어 이를 추론하는 데 한계가 있다.

드라마의 범인과 프로파일링의 최종 결론

범인은 바비라는 이름의 남성이었다. 바비는 가정부의 아들이었다. 그의 어머니는 바비가 어렸을 적에 바네사의 집에서 파출부로 근무했었다. 어렸을 적, 바비는 어머니를 따라 바네사의 집에 가곤 했었다. 어느 날 바네사의 어머니에게 바네사와 함께 있는 것을 들킨 바비는 그의 어머니가 보는 앞에서 모욕과 학대를 받는다. 바네사의 어머니는 바비를 때리면서 "도우미 따위가 주인 집 자식을 건드려?"

라는 등 폭력적 언행을 했으며 이는 바비에게 수치심과 모욕감을 안
겼다.

소심하고 내성적인 성격의 바비는 처음에는 남의 눈에 띄지 않
도록 신문의 성매매 광고를 통해 피해자들을 유인했고, 피해자들의
복부에 상처를 내어 그들의 흘린 피를 청소하게 시켰다. 범행 중 바
비는 그들에게 연신 호통을 치며 "청소부는 조용히 청소나 하는 거
야!"라고 말하는 등 자신이 당한 폭력의 모습을 재현했다.

범죄로 자신감을 얻은 그는 성매매 광고 옆에 붙어있던 픽업 아
티스트 – 연애 방법, 이성에 대한 작업 방법 등을 가르쳐 주는 사람 –
의 강연 광고를 접하게 된다. 강연을 들으며 그는 완전히 다른 성격
의 사람으로 변신한다. 하지만 여성혐오 픽업 아티스트의 강연은 그
의 트라우마와 결합하여 잘못된 여성관을 정립시켰다.

네 번째 범행 실패로 만족하지 못한 바비는 곧바로 다른 범행을
실행하던 중 그를 추론한 수사팀의 수사망에 걸려 체포된다.

범인이 강박증과 트라우마를 가진 사람이며 이에 대한 분노가
상당한 사람이었을 것이라는 추론과 실제 결과가 상당 부분 일치했
지만 범인과 세 번째 피해자가 과거에 관계있던 사람일 것이라고는
생각하기 어려웠다. 현장에 나와 있는 증거들로는 바비와 바네사와의
연결 고리를 전혀 추측할 수 없었다.

한편 바비의 트라우마를 깊게 분석해보면, 바비는 자신을 학대
한 바네사의 어머니와 그것을 지켜보고 있던 바네사에게 분노했
다. 그 때 받았던 모욕적인 언사들은 고스란히 열등감과 분노의
원인으로 내재되어 바비가 이러한 엽기적 범행을 저지르는 동기
로 작용하였다.

바비의 심리적 변화에 대한 원인은 드라마에서 수사팀이 바비가
피해자로 선정했던 성매매 여성들의 신문 광고와 나란히 붙어 있었
던 픽업 아티스트의 강연 광고를 발견하면서 해결의 실마리를 찾을
수 있었다.

　　내성적인 성격을 바꾸길 원했던 바비는 적극적이고 당당한 픽업 아티스트의 모습에 선망을 느꼈다. 그의 모습을 모방했고 특히 과거에 자신을 차거나 모욕을 줬던 여성들에게는 반드시 복수해줘야 한다는 픽업 아티스트의 말은 가슴 깊이 묻어두었던 바비의 트라우마를 자극하였다. 이는 결국 바비가 바네사를 살해하는 기폭제 역할을 했을 것이다.

참고문헌

1_이가영, 허경미, Law Order: Special Victims Unit, Seasons 4, Episode 1. 프로파일링 시뮬레이션.

2_이은영, 허경미, Criminal Minds, Seasons 4, Episode 9. 프로파일링 시뮬레이션.

찾아보기

저자 약력

학　　력
동국대학교 대학원 경찰행정학과 졸업(법학 박사)
동국대학교 행정대학원 공안행정학과 졸업(행정학 석사)
동국대학교 법정대학 경찰행정학과 졸업(행정학 학사)

경　　력
계명대학교 사회과학대학 경찰행정학과 교수
경찰청 인권위원회 위원
경찰청 마약류 범죄수사자문단 자문위원
대구지방검찰청 형사조정위원회 위원
대구지방경찰청 손실보상심의위원회 위원
대구경북지방노동위원회 차별심판 공익위원
대구광역시 행정심판위원회 위원
대구광역시 미래비전위원회 위원
대구광역시 자치경찰위원회 위원
법무부 인권교육 강사
통계청 범죄분류개발 자문위원
한국양성평등교육진흥원 폭력예방교육모니터링 전문위원
John Jay College of Criminal Justice 방문교수
한국마약퇴치운동본부 전문위원
한국소년정책학회 감사
한국교정학회 부회장
한국공안행정학회 제11대 학회장

수상경력
경찰대학교 청람학술상(2000)
계명대학교 최우수강의교수상(2008) 업적상(2014)
한국공안행정학회 학술상(2009)
대통령 표창(2013)

저서 및 논문

1. 경찰행정법, 법문사, 2003
2. 정보학특강, 계명대학교 출판부, 2005
3. 국립과학수사연구소의 혁신과 발전에 기여할 기본법 제정을 위한 연구 및 법령제정안 및 기준(지침)안 작성, 국립과학수사연구소, 2006(공저)
4. 조직폭력범죄의 대책에 관한 연구, 한국형사정책연구원, 2007(공저)
5. 범죄 프로파일링(criminal profiling) 기법의 효과적인 활용방안, 경찰대학 치안정책연구소, 2008
6. 경찰학, 박영사, 2008 초판, 2021 제9판
7. 범죄학, 박영사, 2005 초판, 2020 제7판
8. 경찰인사행정론, 박영사, 2013 초판, 2020 제3판
9. 피해자학, 박영사, 2011 초판, 2020 제3판
10. 사회병리학: 이슈와 경계, 박영사, 2019 초판
11. 허경미. (2012). 자생테러범의 급진과격화에 관한 프로파일링. 한국범죄심리연구, 8, 241— 259.
12. 허경미. (2012). 핵티비즘 관련 범죄의 실태 및 대응. 한국공안행정학회보, 21, 368—398.
13. 허경미. (2013). 수사기관의 피의사실 공표죄의 논쟁점. 한국공안행정학회보, 22, 282—310.
14. 허경미. (2013). 미국 전자감시제의 효과성 및 정책적 시사점 연구. 교정연구, (59), 35—60.
15. 허경미. (2014). 독일의 교정 및 보호관찰의 특징에 관한 연구. 교정연구, (62), 79—101.
16. 허경미. (2014). 한국의 제노포비아 발현 및 대책에 관한 연구. 경찰학논총, 9(1), 233—259.
17. 허경미. (2015). 범죄 프로파일링 제도의 쟁점 및 정책적 제언. 경찰학논총, 10(1), 205—234.
18. 허경미. (2015). 영국의 교도소 개혁 전략 및 특징에 관한 연구. 교정연구, (69), 83—110.
19. 허경미. (2016). 교도소 수용자노동의 쟁점에 관한 연구. 교정연구, 26(4), 141—164.
20. 허경미. (2017). 캐나다의 대마초 비범죄화에 관한 연구. 한국공안행정학회보, 26, 241—268.
21. 허경미. (2017). 교도소 정신장애 수용자처우 관련법의 한계 및 개정방향에 관한 연구. 경찰학논총, 12(2), 69—104.
22. 허경미. (2018). 성인지적 관점의 여성수용자 처우 관련 법령의 정비방향 연구. 矯正研究, 28(2), 81—110.
23. 허경미. (2019). 미국의 성범죄자 등록·공개·취업제한 제도에 대한 비판적 쟁점. 한국공안행정학회보, 28, 271—298.
24. 허경미. (2020). 난민의 인권 및 두려움의 쟁점. 경찰학논총. 15(2). 35—72.
25. 허경미. (2021). 지방자치행정 관점의 일원형 자치경찰제의 문제점 및 개선 방향. 한국공안행정학회보, 30, 275—307.

제2판
범죄인 프로파일링

초판발행   2018년 1월 30일
제2판발행   2022년 1월 1일

지은이   허경미
펴낸이   안종만 · 안상준

편 집   한두희
기획/마케팅   장규식
표지디자인   이영경
제 작   고철민 · 조영환

펴낸곳   ㈜ **박영사**
          서울특별시 금천구 가산디지털2로 53, 210호(가산동, 한라시그마밸리)
          등록 1959. 3. 11. 제300-1959-1호(倫)

전 화   02)733-6771
f a x   02)736-4818
e-mail   pys@pybook.co.kr
homepage   www.pybook.co.kr
ISBN   979-11-303-1446-4 93350

정 가   18,000원